ÉMILE BERGERAT

THÉATRE

EN VERS

(1884-1887)

ENGUERRANDE — LA NUIT BERGAMASQUE

LE CAPITAINE FRACASSE

PARIS

BIBLIOTHÈQUE-CHARPENTIER

11, RUE DE GRENELLE, 11

1891

THÉATRE EN VERS

THÉATRE

EN VERS

PAR

ÉMILE BERGERAT

1884-1887

ENGUERRANDE — LA NUIT BERGAMASQUE
LE CAPITAINE FRACASSE

PARIS

BIBLIOTHÈQUE CHARPENTIER

11, RUE DE GRENELLE

1891

ENGUERRANDE

POËME DRAMATIQUE

PRÉFACE

DE LA PREMIÈRE ÉDITION

PAR

THÉODORE DE BANVILLE

Voici un poème dramatique d'un éclat éblouissant, compliqué et mystérieux, dont le succès est assuré d'avance, parce qu'il répond non pas à un besoin, mais, ce qui est bien plus, à une aspiration ardente, à un désir effréné. Oui, empêtrés dans les niaiseries d'un théâtre incolore et d'une littérature vulgaire et mercantile, nous voulons, nous appelons à grands cris une œuvre où se trouve réuni tout ce dont nous avons soif, l'héroïsme, l'idéal, l'outrance (pour nous faire oublier tant de platitudes !) et cette étrangeté troublante, sans laquelle, comme le dit si bien Edgard Poë, la beauté rajeunie et transfigurée ne saurait nous plaire ; et cette modernité que réclame impérieusement le siècle de Balzac. Eh bien ! cette œuvre si douloureusement réclamée et souhaitée, la voici, étrange, originale, nouvelle, puissamment créée, jaillie comme l'éclair, écrite en vers larges, ingénieux, curieux, étincelants des ors, des pierreries et des inépuisables richesses de la Rime, et en même temps exprimant nos doutes, nos angoisses, notre inextinguible appétit de lumière et de joie, et l'hymne à la Beauté, qui vainement étouffée et comprimée, s'échappe irrésistiblement de nos âmes.

C'est pourquoi elle enchantera les délicats, les penseurs, les chercheurs, les femmes, dont l'instinct ne peut être perverti, et tous les artistes, les bons ouvriers, tous les êtres que ravit une idée ouvrant ses ailes, tous ceux à qui plaît un travail fait de main d'ouvrier, enfin toute cette glorieuse élite, plus nombreuse qu'on ne se l'imagine, qui, où qu'elle soit répandue et dispersée, emporte en elle l'âme divine et frémissante de Paris. Oui, ce drame d'*Enguerrande* est celui que nous voulions et que nous attendions, et si le poète l'a trouvé sans tâtonnement et sans défaillance, c'est qu'il a

osé se désaltérer dans le flot vivifiant, et boire à la vraie source.
On n'interroge pas le dieu ; on ne peut avoir la ridicule prétention
d'imiter Shakespeare ou de s'inspirer de lui ; mais on a le droit
de l'adorer passionnément, comme firent Berlioz et Delacroix qui
ne périront pas, parce qu'ils ont adoré le Maître de la force créa-
trice. Et précisément, ce qui fait la vitalité, la vigueur et la séduction irrésistible d'*Enguerrande,* c'est qu'elle a été conçue et écrite
dans l'infini, dans le profond, dans l'absolu amour de Shakespeare.

Aussi est-elle à la fois héroïque et rigoureusement moderne. Car
il faut s'expliquer là-dessus une fois pour toutes.

Ce qu'on a appelé *modernité*, par un barbarisme inutile, n'est
rien autre chose que le lieu commun dédaigné, et l'homme sincère-
ment étudié, sur le vif, sans concession, sans atténuation, sans
souci des antiques formules, comme Shakespeare nous ordonne
impérieusement de le faire. Or celui-là qui peint et montre dans sa
réalité l'homme que nous coudoyons, a par cela même, peint en
même temps celui du quinzième siècle et de tous les siècles, car
l'homme ne varie pas, reste semblable à lui-même ; et c'est pourquoi les si amusants Palermitains que nous montre Emile Bergerat, bourgeois, espions, conspirateurs, bayant aux corneilles,
parlant pour ne rien dire et échangeant les lieux communs politiques, sont très pareils aux personnages de Gavarni et d'Henri
Monnier. Ce sont bien des Parisiens du dix-neuvième siècle, et ce
n'est pas une raison pour qu'ils ne soient pas en même temps des
Palermitains du quinzième. Car l'immortelle bêtise a eu en tout
temps ses Prud'hommes et ses Pécuchets, sous la toge ou sous
l'armure, et son imbécile sourire, ébauché dans le paradis d'Asie
où les lions innocents broutaient l'herbe et les fleurs, ne se termi-
nera que dans la vallée de Josaphat, parmi les ossements réveillés
dans un sursaut par le cri stupéfiant de la trompette.

Il est de tous les temps aussi, mais surtout du nôtre, ce roi, pas
assez artiste pour arracher des colosses à la blanche nuit du marbre, mais en même temps trop artiste pour oser être conducteur
d'hommes, et pour mener des foules éperdues au rouge baiser de
la Guerre. Trop las en naissant pour les formidables luttes de la
vie, il ne voit plus clairement son droit de joncher le chemin de
cadavres offerts aux corbeaux, d'orbites aveuglés, de ventres ouverts par où tombent des entrailles sanglantes. Et puis, il ne croit
qu'à moitié à son compagnon naturel, à ce Bourreau, qui portait
sous son manteau écarlate une épée toujours souillée et toujours
essuyée. Plutôt que de rendre l'épouvantable justice, il serait né
pour se promener en causant avec ses amis, près des portiques ou
sous les lauriers-roses, ou pour tailler de blanches figures selon le

rite prescrit; mais il n'est pas bon pour cela non plus, parce que, hanté par les délicatesses raffinées, quêteur de sensations subtiles, proie des névroses, attirés par les énervantes amours, il est trop découragé et trop las. Las de quoi? De tous les sauvages travaux accomplis par ses aïeux rois, du long voyage de Xerxès, du sang versé par les Cambyses et par les Attilas, des siècles de guerre civile, de l'ennui des pâles Valois, de l'Italie toujours pantelante et déchirée.

Mais s'il est si bien le roi actuel et moderne, celui que nous avons vu soupant au cabaret, aimant tristement les filles, et vivant parmi des jeunes gens qui peut-être eussent été artistes s'ils n'étaient désœuvrés, pourquoi le poète ne nous le montre-t-il pas dans la tristesse épique du maigre habit noir, vêtu comme les autres viveurs, qui sont morts d'avoir cru vivre? Ce personnage de Gavarni, pourquoi l'habiller avec le pourpoint d'Hamlet et de Roméo? — Ah! le grand Henri Heine a, une fois pour toutes, répondu à cette objection d'une façon décisive et définitive. Comme il l'explique très bien, le poète, qu'il le veuille ou non, ne peint que ce qu'il voit, et les personnages qu'il nous montre sur la scène sont nécessairement ses contemporains. Mais cette palpitante vérité qu'il nous donne, qu'il est forcé de nous donner, gagne au théâtre à se travestir, à se barioler, à réveiller nos yeux par le piment carnavalesque du costume : et elle demeure d'autant plus vraie et éternelle qu'elle nous occupe moins par la vulgaire exactitude de l'habit et se montre vivante et sincère sous un vêtement de fantaisie. Ainsi que l'observe avec justesse le poète de *L'Intermezzo*, Racine n'aurait pas pu et n'aurait pas su peindre autre chose que la Cour de Louis XIV; cependant, qui en doute? ses La Vallière, ses Montespan et ses Henriette d'Angleterre gagnent à être embellies par le ragoût piquant d'un travestissement qui est emprunté à la Grèce héroïque des âges fabuleux, ou qui naïvement croit l'être. Et d'ailleurs c'est le seul moyen pour que, matériellement du moins, les personnages de théâtre puissent persister : car un costume idéal peut sans cesse être modifié ou renouvelé à souhait par le plaisir des yeux; tandis qu'après un demi-siècle écoulé, il devient impossible (nous l'avons tous vu!) de costumer avec l'exactitude historique un drame comme *Antony* par exemple, ou une pièce de M. Scribe.

Bien qu'il ait évidemment connu Paul Dubois et Falguière, et Daniel Vierge, et Bastien-Lepage, laissons donc au statuaire, au prince Gaëtan, son pourpoint rose, son blanc manteau jeté sur le bras gauche et son bonnet d'où s'échappe la longue chevelure; et d'ailleurs n'en a-t-il pas besoin pour pouvoir être convenablement appareillé à la reine Enguerrande?

1.

Car celle-là est véritablement l'héroïne, comme elle a toujours été vue à travers les âges, reine par la beauté, par la bravoure, par l'orgueilleuse fierté; elle serait reine par la séduction impérieuse si elle marchait pieds nus dans la boue avec des loques de vachère; et elle l'est aussi parce qu'elle est née d'une race victorieuse et divine.

Elle l'est par la grâce et par l'ineffable pureté virginale, et par l'horreur de tout ce qui tache et ternit la blancheur sacrée. Elle est une charmeresse comme Cléopâtre, elle est une guerrière comme Sémiramis, elle est une amazone comme Hippolyte et Antiope; elle est une jeune fille ingénue, étonnée pour le frisson d'une branche qui la touche, et riant de se voir reflétée dans le ruisseau qui s'enfuit. Ah! comme ils sont loin l'un de l'autre, lui, ce paresseux artiste, dédaigneux du trône, et elle, cette reine farouche, dont il a insolemment refusé la main, offerte par le ministre Mélibée! Des abîmes, des idées, des haines, un appétit de liberté sans frein et un orgueil justement blessé les séparent; mais le tyran, le maître de tous, le chasseur, le bourreau, l'échanson du vin délicieux, Celui qui, après la mort de tous les Dieux, est un Dieu encore, le cruel et bienfaisant Amour les rassemble par un coup de théâtre foudroyant et inattendu. Par quelque trou de serrure, par quelque fente d'une porte mal jointe dans la cabane où elle change ses habits trempés par l'eau de la mer, il montre à Gaëtan Enguerrande rayonnante, demi-nue, splendide apparition céleste, caressée par la lumière amoureuse, et bientôt après il les réunit, et frappés de la même blessure, brûlés du même feu, ces deux êtres ennemis, en dépit des guerres, des haines, des destins follement capricieux, mêlent leurs âmes, jusqu'à l'heure rédemptrice et suprême où ils gisent tous les deux, pâles et leurs chevelures souillées de sang, sur le champ de bataille où ils sont morts pour la délivrance de leurs deux patries réconciliées.

Mais jusque-là, quelles douloureuses et adorables scènes d'amour, dans ces forêts où ils s'enfuient ensemble, au bord de ces flots grondants, et sous ces noires ombres, et à travers les frissonnants paysages où les suivent des malédictions qu'ils entendent sans vouloir les comprendre! Ces scènes, coupées par les refrains insultants, par les hymnes désolés, par les plaintes des exilés, par les chansons de ceux qui s'en vont à la mort; ces scènes ardentes, extasiées, lyriques et symétriques parfois, où le mot, avec sa force virtuelle et avec tous ses artifices, se mêle, se tresse et se retourne en cent façons, pour exprimer l'inexprimable; où la magicienne Rime se fait couleur, musique, lumière, caresse, pour éveiller les plus amères, les plus profondes, les plus délicieuses sensations, je n'en sais pas dans aucun théâtre qui soient plus complètes et plus belles ; et toujours elles croissent en furie, en amour, en intensité, jusqu'à l'explosion cornélienne. où après avoir vu Gaëtan se laisser appeler lâche pour l'amour d'elle, Enguerrande l'adjure d'aller combattre contre elle-même et contre sa propre patrie.

La conclusion héroïque et logique, où, n'ayant pu signer en qualité de roi, la grâce des exilés, Gaëtan, mort, couché près de sa fiancée morte, la signe du sang de sa blessure, est un magnifique couronnement pour ce poème, qui est en même temps un drame.

Et comme tous les autres drames, celui-là se passe entre quelques personnages ; mais le peuple, la foule, la nature, tout ce qui souffre, s'émeut, s'irrite et espère à propos des doutes, des amours et des misères de ces rois, le poète n'a pas voulu nous le cacher. Il veut que nous entendions la mer gémir, les marins pleurer les absents, et les bourgeois échanger leurs niaiseries sur la place publique et les artistes parler de leurs rêves, et la fille du proscrit appeler éperdument l'exilé, enfermé là-bas par les flots horribles. Car lui, poète, il sent très bien que nous sommes las d'être enfermés dans ce cachot où personne ne pénètre, et qui est tantôt une vague salle de palais, tantôt un vague salon, meublé par un tapissier prolixe, et où nous sommes plus étroitement prisonniers que jamais, un demi-siècle après l'heure de triomphe et de joie où le grand Romantisme crut nous avoir mis en liberté définitivement.

Emile Bergerat n'a pas voulu de cette captivité pour nous et pour lui ; il a voulu que l'air, le ciel, la lumière, la nature, la vie humaine, le flot de la mer et le flot humain, ne fussent pas interdits à sa Comédie, et qu'elle eut le droit de se promener librement, au gré de l'action, à la fois très une et très compliquée, à travers les solitudes, les palais, les villes et les paysages.

Certes ! il serait très facile de le jouer, ce drame d'*Enguerrande*, en prenant au théâtre anglais ses changements de décors shakespeariens d'une exécution qui peut être ramenée à la plus initiale simplicité : mais je ne sais si les tapissiers français permettraient une telle profanation, par laquelle serait démontrée l'inutilité de leurs capitons et de leurs exubérantes passementeries. Ou bien encore le poète aurait pu émonder sa forêt vierge, faucher les fleurs, tailler ses arbres géants, et promener dans toute son exubérante nature le ciseau cruel et précis d'un bon architecte de jardins. S'il se fut résigné à ce sacrifice, il est évident que la Comédie Française se fut empressée d'accueillir un drame de premier ordre fortement conçu, construit avec une rare habileté scénique, et revêtu des ornements les plus somptueux et les plus riches de la poésie.

Ou si l'auteur d'*Enguerrande* l'eut préféré, il est certain que madame Sarah Bernhardt eut impérieusement réclamé un rôle qui semble fait exprès pour sa beauté, pour son talent, pour son âme de muse et d'héroïne. Mais Émile Bergerat n'a pas voulu appauvrir sa reine de Sicile et la priver de ses robes couleur de soleil et couleur de lune ; ce n'est pas moi qui l'en blâmerai.

La Poésie quand elle le veut, est son propre décorateur, son propre costumier et sa propre tragédienne ; il ne lui faut que du papier blanc, des caractères de plomb, et de l'encre d'imprimerie pour créer un théâtre où apparaît l'éblouissante vision de la vie.

Pour évoquer à nos yeux une scène lumineuse et luxuriante, avec sa joie, son amour, son délire, ses comédiens illustres et sa catastrophe à la fois tragique et sereine, ce poème, ce drame d'*Enguerrande* n'aurait eu besoin que d'être imprimé avec des têtes de clous, sur un papier à chandelles.

Les éditeurs, convaincus et artistes, ont préféré lui donner toutes les splendeurs du luxe typographique : *Enguerrande* est de force à ne pas fléchir sous cette royale parure. Du premier haillon venu, elle aurait su faire de la pourpre ; elle s'accommodera de la pourpre réelle qui lui aura été si généreusement donnée, pour l'amour de Shakespeare.

THÉODORE DE BANVILLE.

AU PUBLIC

LE PROLOGUE

Public, — ogre, — voici de la chair fraîche : mange !

Le drame auquel tu vas assister, — drame étrange,
Où le tonnerre cause avec le rossignol
·Au fond d'un bois, — n'est pas traduit de l'espagnol,
Ni de l'anglais, ni même, en dépit de la mode,
Du belge ! — Son poète a trouvé plus commode
D'en inventer le thème, étant très paresseux
De nature, et n'aimant à couver que ses œufs.

En outre, — et là tu vois mon rôle de Prologue
Paraître, comme au seuil de la porte un bon dogue, —
En outre, laboureur de son propre cerveau,
Ce poète s'ingère à t'offrir du nouveau,
Et prétend à te faire avaler, — ogre austère, —
Comme un plat sans piment l'amour sans adultère.
Ce n'est pas tout. —
         Les gens qui vont, ou font semblant
D'aller, escalader la cime du Mont-Blanc,
Sont timides auprès du fanfaron qui rêve
(Dôme du ciel, tiens bon !) de conclure une trêve
Avec la comédie en habit noir.....
               O deuil !
Ce perroquet au bec a déjà le cerfeuil.

Certes il est hardi d'attenter à la Muse
Moderne, en désirant que le peuple s'amuse

Et qu'au lieu d'assister à des conflits de clercs
De notaire, il assiste à des combats de clairs
De-lune ! Mais vouloir que le lustre illumine
Des hommes non vêtus en corbeaux ?.....

                                        Je fulmine !
Molière, s'il vivait — mais il est mort, Messieurs
Et Mesdames, — aurait du frac facétieux
Habillé jusqu'à son Pourceaugnac (Oh ! que n'ai-je
Le temps de le prouver !) et du plastron de neige,
Et du petit col droit, gloire de l'amidon.
Beaumarchais, sans résille et tel un cupidon
D'ambassade, eut trouvé Figaro moins morose.
Rien n'est beau que le noir, rien n'est laid que le rose,
Et tous ces grands auteurs qui n'y connaissaient rien
S'y sont mépris comme un simple..... shakespearien !

Or notre auteur s'en couvre !..... Excusez sa jeunesse.
Il faut que d'une erreur une autre erreur renaisse.
C'est pourquoi nous avons pour habilleur : Watteau,
Costumier d'un génie..... à couper au couteau,
Qui tient, selon la mode hélas ! avant-dernière,
Dans un Jardin d'Amour sa *Belle-Jardinière*,
Magasin rayonnant d'innombrables rayons
Où Monsieur Arc-en-ciel dessine aux cent crayons
De couleur, sur velours, sur brocart et sur soie,
Des ulsters pour azur et des complets pour joie. —
— Prologue, as tu fini ? — Mesdames, pas encor.
Notre drame — vraiment c'est triste ! a pour décor
Un pays où jamais Malte-Brun ne fit halte,
Qu'à nul Naturaliste ou Chevalier de Malte
Le meilleur géographe en ses calculs savants
Ne pourrait indiquer sous la Rose des vents.
C'est un pays qu'au nord limite la Féerie,
Au sud, la Vérité. Nommons-le : CHIMÉRIE.
En Chimérie, on aime, on pleure, on chante, on rit ;
Le cœur est sur la main, au bout des doigts l'esprit,
En Chimérie, et c'est d'où nous vient la pratique
De refermer les poings pour parler politique.

Mais quelle politique! Ah ! vous en jugerez !
Les a-t-il mal compris ou bien mal digérés,
Notre auteur, si vraiment il lit les Livres Jaunes,
Pour l'inintelligence en remontre aux béjaunes.
Ses notions sur l'art du bon Machiavel
Sont celles de Grassot embêté par Ravel,
Et rien ne se peut voir de plus gros que la trame
Où cet homme a brodé l'action de son drame.
Mais laissons à vos sens, frais pour de tels effets,
La consternation d'en être stupéfaits !...
Encore un mot pourtant.
                         Sourd à la règle, vague
Mais sévère, qui veut qu'un vrai poète élague
D'un travail qui n'est point, comme on dit « saveté; »
Toutes ces floraisons qui font brièveté
Dans la vie, et longueur au théâtre, — j'hésite
A vous en dénombrer la flore parasite :
Les trouvailles de style et de rimes en sont ; —
Notre auteur, enivré par les parfums qu'ils ont,
Les a laissés pousser, — il sied qu'il s'en repente, —
Comme une graminée au bois de sa charpente.
Il dit que les morceaux qu'on coupe — et je le dis —
S'ils ne sont pas sifflés ne sont pas applaudis,
Et pense que jamais on ne manqua le coche
Pour avoir, fut-on très pressé, dans sa sacoche
Mis des saphirs au lieu de cailloux de silex.
Au rideau maintenant. Ah ! dura lex, sed lex !

Le Prologue salue et se retire

AU GRAND POÈTE FRANÇAIS

THÉODORE DE BANVILLE

Son humble disciple,

ÉMILE BERGERAT

Février 1884.

PERSONNAGES

ENGUERRANDE, reine de Corse.
NOËMA, fille du peuple.
LYDIE, courtisane.
GAËTAN DE SICILE.
ORLIZ, peintre.
ARIAS, poëte.
DANIEL, statuaire.
RÉMI, musicien.
Le comte MÉLIBÉE
LE BOURGMESTRE DE PALERME.
LE GRAND JUGE.
UN GÉNÉRAL.
UN PRÉLAT.
UN VIEUX PÊCHEUR.
UN BUCHERON.
DEUX SBIRES.
DEUX BOURGEOIS DE PALERME.
DES CONSCRITS.
UNE SENTINELLLE.
UN DRAPIER.
Divers personnages d'une FOULE.

LA SCÈNE EN CHIMÉRIE

PROLOGUE

Le Palais Royal à Bastia

SCÈNE I

MÉLIBÉE, DEUX SBIRES, UN VALET

(MÉLIBÉE *est assis à sa table et travaille.*)

UN VALET, *à voix basse*

Les agents.

MÉLIBÉE *se lève et va aux agents*

Cette fois, ce n'est pas difficile.
Soyez avant deux jours à Palerme, en Sicile :
Le roi Jean Trois s'y meurt. Or, l'héritier qu'il a
Est son neveu : celui que Jean Trois exila
Jadis avec sa mère, et dont il prit le trône.
Son nom est Gaëtan. Sachez d'un lazzarone
Où demeure ce prince. Il vit bizarrement
Et fait, je crois de la sculpture.

PREMIER SBIRE

C'est charmant.

MÉLIBÉE

Vous trouvez ?

PREMIER SBIRE

Excellence, on est homme. Les Corses
Ont toujours eu du goût pour les faiseurs de torses.
J'aurais été sculpteur, si je n'étais..... agent.

DEUXIÈME SBIRE

On travaille pour l'art et non pas pour l'argent.

MÉLIBÉE

Le roi mort, faites-vous les têtes à verrues
De deux palermitains aisés, et, par les rues,
Hurlez, — en dûssiez-vous revenir étrillés, —
« Vive Gaëtan douze ! » — Est-ce compris ?

(*Il les congédie.*)

Brillez.

PREMIER SBIRE

Nous brillerons.

MÉLIBÉE

J'y compte. Ah ! soyez économes.

(*Ils sortent.*)

SCÈNE II

MÉLIBÉE *seul*

Et d'une. — Maintenant, passons aux astronomes.

(*Il feuillette un annuaire.*)

Les tempêtes du mois ? Orage, le dix-sept ;
C'est demain. Cet orage entre dans mon concept.
L'heure ? Midi. Le lieu ? La Méditerranée.
Si tu n'es pas, pour qui te médite, erronnée,
Science des climats, ceci prend un bon pli,
Et je mourrai content sur mon œuvre accompli.
Mon œuvre ! L'union des Iles ! Que Dieu daigne,
A la Sicile encor je coudrai la Sardaigne,
Et je ferai trembler ton Empire Latin,
Italie, et ton grand ministre florentin.
Deux obstacles : d'abord la République Sarde
Et puis ce Gaëtan singulier qui nasarde

Au trône de Sicile ! Un début de Néron !.....
On commence d'abord par trancher du héron
Devant la carpe, et puis l'on te revient, commère
On parle cependant d'un serment à sa mère ;
Mais de pareils serments n'ont point d'immunité,
Car l'Italie est là qui fait son unité.
La Sicile sans roi dans le bourbier barbote,
Et le pauvre caillou réintègre la botte.
De même pour toi, Corse ! Aussi, je te le dis,
O ma patrie, îlot tombé du paradis,
Pour toi la royauté veut dire *autonomie.*
C'est pourquoi je m'occupe un peu d'astronomie.
Les Sardes là-dessus font un essai mesquin,
Mais ils me reviendront. L'état républicain
S'il garantit la paix n'assure point la force.
Leur rêve cessera. Retournons à la Corse.

    (Il rêve.)

Notre reine Enguerrande, esprit ardent, cœur fier,
Vivant portrait du roi son aïeul, a d'hier
Ses vingt ans révolus. Il est temps qu'elle règne.
Elle veut qu'on l'adore, il vaut mieux qu'on la craigne,
Et ses hauteurs de vierge indomptable ont du bon.
Mais tout Régent qu'on soit, on est un vieux barbon :
Souvent Machiavel est doublé d'un Cassandre,
Et c'est un fort tison qui brûle sous la cendre
De la virginité royale, dans un corps
Où l'harmonie antique a mis tous ses accords,
Et qu'au dam de Vénus aurait primé le Pâtre.
La Corse peut en elle avoir sa Cléopâtre
Ou sa Sémiramis : c'est affaire d'amant.
Tout un peuple dépend de ce tempérament.
Machiavel écrit et Cupidon rature.....
Et c'est pourquoi je songe à la température !
J'ai donc fait pour le mieux, et si j'ai réussi
C'est ce que nous allons savoir, — car la voici.

    (Entre Enguerrande.)

SCÈNE III

MELIBÉE, ENGUERRANDE

ENGUERRANDE. *Elle entre en lisant une lettre de Gaëtan
de Sicile.*

« Madame, je n'ai pas l'honneur de vous connaître.
» Ne voulant rien devoir au sort qui nous fit naître
» Cousins, — car votre père était frère du mien, —
» Et désireux de vivre en franc bohémien,
» Libre, tout à mon art, sans servitude aucune,
» Je constate que j'ai, cousine, une lacune
» Énorme dans le crâne, à l'endroit cahoté
» Où l'on voit bossuer parfois la royauté
» Chez d'autres. C'est pourquoi, vous tenant pour personne
» D'élite, fière ainsi que belle, je frissonne
» A l'idée inhumaine et vile de vous voir
» Subir un mariage absurde, par devoir
» D'État, avec un être à régner moins idoine
» Qu'à confondre la Thrace avec la Macédoine.
» Je suis sculpteur. Je vis de peu. J'aime le nu ;
» Et je reste des jours entiers, homme ingénu,
» A regarder des plis onduler sur des hanches.
» Mes plaisirs les plus chers sont d'aller, les dimanches
» Faire la planche, en mer, avec quelques amis,
» Jeunes gens très bien faits, pas toujours très bien mis,
» Qui font l'amour souvent et parfois des poèmes.
» Mes amis sont charmants, mais ce sont des bohêmes.
» Puis ils boivent ! Enfin Palerme les a vus
» Former sur le gazon des groupes imprévus
» Avec des déités chastement titubantes
» Qu'ils baptisent du nom païen des corybantes
» Pour les besoins menteurs de leur cause ! Ainsi donc
» Entre vous, que revêt la pourpre de Sidon,

» Pour qui le Pacifique agglomère les nacres
» De ses perles, cousine, et ces pauvres Trinacres,
» Il n'est rien de commun. — Moi, prince déclassé,
» De hanter chez ces gueux, je ne suis point lassé,
» Et je dévide avec ces repris de justice
» L'étoupe des beaux jours que la Parque me tisse.
» — Voilà pourquoi je vous écris. — On m'a conté
» Que vous aimiez les arts, et, qu'au crayon Conté
» Vous aviez dessiné parfois, d'après la bosse,
» Des choses à ravir le vieil Abraham Bosse ;
» Je sais que vous touchez, comme on en touche au ciel,
» De l'instrument qu'Erard controverse à Pleyel ;
» Que vous êtes adroite à toute arme, écuyère
» Divine, et qu'à cheval, le soir, dans la bruyère,
» C'est une vision à fléchir les jarrets
» Lorsque au soleil couchant vous sortez des forêts !
» Je sais que vous avez vingt ans et que, rebelle
» A l'amour, vous voulez simplement rester belle,
» En attendant que passe en sa cuirasse d'or
» Le maître, le vainqueur, l'amant et l'Alcindor !
» Je ne suis pas celui dont l'orgueil vous chuchotte
» A l'oreille le nom. Modeste Don Quichotte
» Des moulins d'Art, je vais combattant le combat
» De la Forme, docile aux lois du célibat
» De qui nous vient la force, Enguerrande, et fidèle
» Au multiple idéal dont tu n'es qu'un modèle !
» Pardonnez donc, cousine, à ce prince des fous
» Qui pour vous épouser eut trop d'amour pour vous.
» Gaëtan de Sicile. »

     (A *Mélibée*.)

              A présent je vous somme
De relever l'affront que me fait ce jeune homme.
Nos ports sont pleins de nefs et nos coffres d'écus :
Que Palerme, réduite aux rigueurs d'un blocus,
Soit d'abord bombardée, et puis.....

               MÉLIBÉE

             Miséricorde !

ENGUERRANDE

Le feu pour la cité; pour son prince la corde,
Et pour les habitants l'extermination.
Tel est mon dernier mot. Meure la nation
Dont le chef, ou celui qu'on désigne pour l'être,
De sa main d'impudent m'écrivit cette lettre!

MÉLIBÉE

Elle m'avait semblé d'un tour assez galant.
N'y rend-il pas hommage, et même avec talent,
A la beauté qu'en vous l'univers dit parfaite?

ENGUERRANDE

Sans doute il est devin, somnambule ou prophète?
Il ne m'a jamais vue!

MÉLIBÉE

                    Il allègue d'ailleurs
D'un motif réputé bon entre les meilleurs :
Il veut rester garçon. Et voyez : il proclame
Que si femme devait et pouvait, par la flamme
De ses regards dompteurs, modifier la loi
Qu'il s'impose de vivre ainsi.....

ENGUERRANDE

                    Ce serait moi !
Ah ! certes ! La pilule est dorée en orfèvre.
Si je ne retenais ce que j'ai sur la lèvre
Je manquerais. Régent, au respect qu'on vous doit,
Tant votre aveuglement est à montrer au doigt!
            (*Elle marche, nerveuse.*)
Sans doute vous m'avez, par mode d'ambassade
Soumise à l'examen de ce prince maussade?
Il sait si mon ovale au rythme antique ment?
Vous lui fites tenir diplomatiquement
Par médiation de vos nonciatures
Celle qui rit le mieux de mes miniatures?
A-t-il compté mes dents ? Non ? Oh ! vous m'étonnez !
Il ne connaîtrait pas la longueur de mon nez

Par rapport à l'oreille, et si j'ai l'œil plus jaune
A midi que le soir aux lampes ? Combien j'aune
De la gorge aux talons en suivant les contours !
Non ? Il sait mieux cela que ma dame d'atours,
Ce jeune misogame et ce célibataire,
S'il daigne proclamer que nulle sur la terre
N'est plus digne d'abord du mouchoir d'un sultan,
Et puis de s'appeler madame Gaëtan !

MÉLIBÉE

Nous ne vous avons point de la sorte exhibée.
Que Votre Majesté s'en fie à Mélibée.

ENGUERRANDE, montrant la lettre

Pourtant il me refuse et vous l'avez souffert !

MÉLIBÉE

Il n'est point de refus pour qui n'a rien offert.
— Jadis, quand votre père et le roi de Sicile
Etaient jeunes, à l'âge où Dieu semble docile
Aux princes, ils étaient une paire d'amis ;
Et tous les deux, j'en suis témoin, s'étaient promis,
Lorsqu'ils deviendraient rois et pères de famille,
D'unir, s'ils en avaient, leurs enfants, fils à fille,
Et de nouer ainsi d'un fraternel lien
Le peuple corse avec l'état sicilien.
Ils en firent serment. Hélas ! les voilà quittes
Désormais, puisque seule en vingt ans vous naquites.
Nous vous devions au fils et non pas au neveu.

ENGUERRANDE

J'écoute.

MÉLIBÉE

Laissez-moi vous faire cet aveu,
Ma chère enfant : — je puis vous nommer de la sorte,
A cause du profond amour que je vous porte
Et de mon dévouement à tous vos intérêts. —
Le bon roi de Palerme est mourant. — Je serais,

Touchant moi-même au bout de ma longue carrière,
Heureux de remonter à vingt ans en arrière
Par l'accomplissement de ce rêve de rois
Jeunes et généreux, que nous fîmes..... à trois !

ENGUERRANDE

Ainsi, si j'ai compris le prône, il en résulte,
Comte, que c'est à vous que je dois cette insulte ?
Pour un vieux diplomate et pour un vieil ami
Vous ne commettez pas les bourdes à demi !

MÉLIBÉE

En Corse, hier encore, c'était un axiome
Que l'on parle autrement au régent du royaume !
Recevez mes adieux.

ENGUERRANDE

Non, recevez les miens.
Je veux, dussé-je errer avec des bohémiens,
Voir de près, approcher et poignarder moi-même
L'orgueilleux qui dit : Non ! devant mon diadème.
Se croit-il donc d'un sang plus rouge que mon sang !
Eh bien, je le verrai moi-même, en le versant.
J'ai dédaigné cinq rois et dix sultans d'Asie.
Allant pour m'obtenir jusqu'à l'apostasie.
Un rajah indien, abjurant Mahomet,
Donnait au Christ un peuple et tout le Dahomet :
J'ai refusé. Mais être à mon tour refusée !.....
Qui ?..... Moi, moi !..... Comte, adieu !.....

(*Elle sort*)

MÉLIBÉE

Pritt ! Voilà la fusée
Partie en gerbe ! Il va retomber des saphirs !
Maintenant, aquilons, succédez aux zéphirs ;
Cavernes des rochers, ouvrez-nous vos asiles,
Car j'ai réalisé mon « Union des îles ! »

FIN DU PROLOGUE

ACTE PREMIER

UNE PLACE DE PALERME

SCÈNE I

A gauche, le perron de la maison de Gaëtan, à droite, l'auvent d'un
drapier, rues à tous les plans, fond de ville et de port.

UN DRAPIER

LE DRAPIER, *sur le seuil*

Personne ! Par ces temps de crises politiques
Les chalands effarés évitent les boutiques
Comme si les marchands étaient des parias !

(*Entrent Orliz et Arias*)

Voici le peintre Orliz et son frère Arias,
Le poète. Eux, au moins, j'espère et je suppose
Qu'étant amis du prince, ils savent quelque chose.

(*Il va à Orliz et à Arias*).

SCÈNE II

LE DRAPIER, ORLIZ, ARIAS :

LE DRAPIER

Pas un chat ! vous voyez.

ORLIZ

Monsieur, lisez Bichat.
Si la rue est au chien, la maison est au chat.

LE DRAPIER, *riant*

Vous êtes en gaîté. Quelles nouvelles ?

ARIAS, *funèbre*

Sombres !
Il venait de manger une caille aux concombres !...

ORLIZ

Ainsi que vous et moi l'eussions fait, quand soudain,
Au moment d'attaquer un énorme boudin...
Blanc, je crois,...

ARIAS

Il porta la dextre à l'épigastre...

ORLIZ, *lyrique*

Et sa digestion se fit dans un autre astre !

LE DRAPIER, *levant les mains*

Le roi Jean Trois est mort ?

ARIAS

Non... Il est décédé
Seulement. Roi ne meurt.

ORLIZ

Et c'est l'abécédé
Du principe.
(*Bas à l'oreille*)

Jouez cependant à la baisse.

ARIAS, *il prend le bras d'Orliz et va au perron*

Je te gage un goujon contre une bouillabaisse
Que si le roi n'est pas mort, il aura vécu
A l'heure où, cette nuit, monsieur sera cocu.

ORLIZ, *revenant au drapier*

Tablez expressément sur cette concordance.

(*Il lui serre la main.*)

ARIAS, *même jeu*

Et que vos cornes soient des cornes d'abondance !

Ils entrent chez Gaëtan)

LE DRAPIER, *furieux, les apostrophant*

Mauvais drôles ! Gibier de gibet ! Les coquins !
Artistes !... Ce n'est pas assez : Républicains !
Voilà les conseillers dont s'entoure le Prince !...
La jeunesse !... Rentrons : la mâchoire me grince.

(*Il rentre.*)

SCÈNE III

DEUX RENTIERS

PREMIER RENTIER

Ce que vous m'apprenez me tue : Il serait mort
Depuis ?...

DEUXIÈME RENTIER

...Huit jours !...

PREMIER RENTIER

Monsieur, c'est à perdre le nord !
Quoi ! La Sicile, ainsi qu'une femme brehaigne,
Languirait dans l'horreur d'un pareil interrègne,
Sans s'en douter, ayant pour monarque un linceul !...
Mais alors, le timon de l'État va tout seul ?

(*D'une voix tremblante.*)

Être sans Roi, Monsieur, c'est être en République !

DEUXIÈME RENTIER

Notre prospérité cependant est biblique.
Le commerce va bien, les emprunts sont couverts.
La Bourse...

PREMIER RENTIER

Avez-vous bien compté tous vos couverts
D'argent ?

DEUXIÈME RENTIER

Je n'en ai point. Je me sers d'alfénide.

PREMIER RENTIER.

C'est fort prudent au moins.

DEUXIÈME RENTIER

Oui, mais cela s'oxyde.

PREMIER RENTIER

Et vous dites : huit jours ?

DEUXIÈME RENTIER

Soit vendredi dernier.
C'est le jour où la rente a monté d'un denier.
J'en ai beaucoup vendu.

PREMIER RENTIER

J'étais sur le fourrage.
Il a si bien marché. C'est à perdre courage.
Sans Roy !!

DEUXIÈME RENTIER

Depuis huit jours.

PREMIER RENTIER

Je redouble d'effroi.
Mon journal dit, Monsieur : « Un royaume sans roi
Est semblable ».... attendez.... « au bipède acéphale
Qui marche au bord du puits, poussé par la rafale !... »

DEUXIÈME RENTIER

Le bipède, Monsieur, ne m'est pas bien présent ;
Mais le journal est bon !

PREMIER RENTIER

Je vous en fais présent

(*Il sortent, en se repassant le journal.*)

SCÈNE IV

L'atelier de Gaëtan

GAËTAN, LYDIE, DANIEL, RÉMI ; puis ORLIZ
et ARIAS

GAËTAN, *à Daniel qui contemple sa statue*

C'est mauvais, hein, bourru ? Soulage donc ta bile !

DANIEL

Mauvais ! C'est étonnant tout simplement ! — Habile,
Non ! Mieux : sincère ! — Elle est d'un fou, cette Vénus,
D'un fou !..... mais elle sort des types convenus.
Sais-tu ce qui m'en plait ? elle manque de patte !
C'est sa naïveté canaille qui m'épate !
L'Institut s'en tordrait ! Eh bien, on met trente ans
A rattraper ce charme exquis du jeune temps.
Et l'on en meurt ! Quel rêve amoureux de la forme !
Ah ! tu l'aimes, la femme !

RÉMI

Oui, la justice informe.

LYDIE

Pardon, c'est mon portrait,

RÉMI

On le dit.

DANIEL

                              Mais, crois-moi,
Tu ne feras plus ça lorsque tu seras roi.

GAËTAN

Je ne le serai pas, mon maître ; car j'estime
Qu'il n'est plus sot métier que de roi, légitime
Ou non, par coup d'état ou par grâce d'état.
Dans l'œuvre des Sept jours, la bête potentat
N'existe point ; elle est fabuleuse et fossile.
Tel mon oncle, monarque absurde de Sicile !...
Chers amis, le bonheur est la seule vertu.

  (*Entrent Orliz et Arias.*)

           LYDIE, *lui versant à boire.*

Lorsque tu seras roi, Gaëtan, boiras-tu ?

GAËTAN

Je ne serai pas roi, Lydie.

           ORLIZ, *entrant.*

                      Et si ton oncle,
Subitement, ce soir, — un roi meurt d'un furoncle ! —
Rendait à Dieu son âme avec son numéro
Chronologique ?

GAËTAN

      Eh bien ?.....

           ARIAS

                      De Gaëtan zéro
Te voilà bombardé Gaëtan douze ou treize ?

           GAËTAN, *se lève, le verre en main*

Oyez tous. — Par ce vin d'or, aux reflets de braise
— Lydie, à tes cheveux phosphorescents pareil, —

Par les vignes qui l'ont pompé dans le soleil
Et par l'Etna qui l'a distillé dans sa forge,
Je jure que ceux-là mentiront par la gorge
Qui diront avoir vu Gaëtan couronné
Paître un peuple.

> (*Il se rassied.*)

     Tenez ce bruit pour erroné.

ARIAS

Serment de présomptif et de prince de Galles !

RÉMI

Redemande du vin, si c'est toi qui régales...

LYDIE

D'où te vient cette horreur du trône, à vingt-cinq ans ?

GAËTAN

De ceci : que l'habit royal a des clinquants
Dont les scintillements au milieu des javelles
Font trembler les perdrix et fuir les bartavelles ;
Et que les Toisons d'or sont lourdes dans les foins,
Quant on s'embrasse, autant que les sceptres aux poings.
Lydie, elle me vient cette sage épouvante,
D'une sélection raisonnée et savante ;
Puis d'un tempérament que j'ai, très défini ;
Enfin d'un cours d'histoire « ad usum delphini »
Où l'on voit que les rois morts dans leurs lits sont rares.
Pour eux les arsenics et pour eux les curares,
Et ces petits couteaux à treize, doux cadeaux,
Par lesquels l'amitié s'entretient dans le dos
De peuple à prince ; car soit d'abord qu'on s'ennuie
Des Haroun-al-Raschid armés du parapluie,
Baromètre de paix, débonnaire attribut,
Soit que les conquérants soient jetés au rebut,
On détrône, on restaure, on chasse, on guillotine,
De la guerre étrangère on tombe à l'intestine ;
Le roi qu'on veut avoir gâte celui qu'on a ;

Auguste tend un siège et le prend à Cinna !...
Alors je m'en réfère à ces jours d'équilibre
Où l'homme, simplement, se réveillera libre,
Comme au commencement du monde ; et j'en conclus
Que la profession royale ne va plus.
Je me suis donc promis d'en exercer une autre.

ORLIZ

Laquelle, bachelier ?

GAËTAN

Mais, bacheliers, la vôtre.

ARIAS

Artiste ? Fainéant ! — Il faudrait qu'on créât,
Afin d'utiliser ton baccalauréat,
Une profession spéciale et gentille.

ORLIZ

Il n'en a pas besoin. Enfiler une aiguille
Est un état, ainsi que de battre des œufs.
Je pense que dans l'art de dénouer les nœuds.
Un cordier de génie en sait moins qu'Alexandre.
Faire grincer l'ivoire au cœur du palissandre
Semble au premier abord inutile ? Rémi,
Harmoniste effrayant, demeuré notre ami,
Des dix doigts de ses mains ne fait pas autre chose.
Tout est métier qui veut que l'homme se repose,
Un jour sur sept, du mal qu'il se donne à mourir.
Qu'est-ce que nous faisons, nous, pour en discourir ?
Le poète Arias exerce la métrique :
L'État impose-t-il ce métier excentrique ?
Statuaire, Daniel déforme le paros,
Et mêle le silence auguste des héros
A la scurrillité des bourgeois. Qui le paie ?
Lydie, être charmant dont le miroir s'égaie,
Cumule : elle est modèle et coiffe les moulins.
L'État patente-t-il ces métiers sibyllins ?
Moi-même, travailleur mal classé, qui s'honore
De battre du tambour sur la toile sonore,

Apprenez-moi quel est mon rôle social
Lorsque avec du réel je fais de l'idéal ?...

RÉMI, *l'oreille collée à un coquillage*

Le bruit que fait la mer est doux dans une conque !
Parle encore...

GAËTAN

Il dit vrai. Tout métier est quelconque...
Hormis celui d'être homme et j'ai le mien.

ARIAS

Lequel ?

GAËTAN

Le plus beau, le plus doux, le vrai, l'originel ;
J'aime ! —

LYDIE

Est-ce moi ?

GAËTAN

— D'abord. Et puis toutes les femmes
En une.

LYDIE

Je « les » suis.

GAËTAN

Ange, tu te diffames !
Tu n'en est que cent mille.

LYDIE

Ingrat !

ARIAS

Caligula,
En qui se réduisit et se coagula
La doctrine dont tu sembles catéchumène,
Voulait décapiter d'un coup la race humaine.
Toi, tu veux dessécher l'amour et l'apaiser
Sur une seule bouche et par un seul baiser ;
Id est : te marier. Si c'est là ton commerce
Il n'est pas neuf : depuis Ménélas on l'exerce.

DANIEL

Se marier?... Qui?... Lui?... Mais je te le défends !
Et c'est de ta Vénus qu'il nous faut des enfants.

ORLIZ

Le malheureux ! Il boude au trône et se ménage
Pour être quoi ? Mari !... Soit, tyran de ménage.

RÉMI

Tout mon être s'emplit d'un mineur désolé,
Et je me fais l'effet d'un bémol isolé !

LYDIE

J'entre au cloître, et j'invente, à la barbe des Carmes,
Un élixir amer composé de mes larmes.

GAÉTAN

Quand vous aurez fini de m'enterrer vivant?...
Je viens de refuser une reine, bravant
Deux peuples désireux de cet épithalame.
La femme que je cherche à travers toute femme
Est ou n'est pas. Si Dieu l'a faite, qui vous dit
Que je dois la rejoindre en ce monde maudit
Trop petit pour le rêve et trop grand pour la vie ?
Est-on dans le zénith, la montagne gravie ?
Chasseur, mon oiseau bleu ne raie pas l'azur
Et laisse mes limiers honteux ! Rien n'est moins sûr
Que la forme rêvée; et pour nos Galathées
Ce sont les dieux souvent qui restent nos athées.
Où vit-elle, la femme à qui Dieu concéda
La bouche d'Erigone et le cou de Léda,
La jambe d'Atalante et la gorge d'Hélène ?
Et quelle floraison la vêt de son haleine?...
Mais je n'ai nul espoir, n'ayez aucun souci.
Quatre biens sont réels sur terre et les voici :
Être jeune. Être fort. Être beau. Vivre libre.
Pour qui détient ces dons, la Seine vaut le Tibre,
Et le Tibre l'Euphrate, et l'Euphrate l'Indus,

Les forêts et les monts au soleil épandus,
Le désert où tout meurt, la ville où tout abonde,
Lui font une patrie énorme et vagabonde
Dont il est roi sans trône et citoyen sans lois.
Il est l'hôte adoré. De partout à la fois.
Il semble que la vieille humanité renaisse
A voir sa liberté, sa force et sa jeunesse ;
Et que tous les aïeux s'échappent du tombeau
Pour bénir cet enfant jeune, fort, libre et beau.
Tel est mon idéal.

ARIAS

Bravo ! Moi, je propose,
Tandis que Lydia va reprendre la pose,
D'entonner tous en chœur l'hymne à la Lune !... Il est
D'Orliz, qui n'en fait pas métier. Ce qui m'en plait
C'est son absurdité. Mais il contient peut-être
Le mot du siècle... Allons, ton aubade, cher maitre ?

(*Il donne une guitare à Orliz.*)

ORLIZ *chante*

HYMNE A LA LUNE

Comme la lune en plein midi
Qui se montrerait un lundi
      A Pampelune,
Ma belle amie, une Falcon,
Vient d'apparaître à son balcon...
      Comme la lune.

Comme la lune ses regards
— As-tu vu la lune, mon gars ?
      — Aucune, aucune !... —
De mon cœur flocon à flocon,
Désembobinent le cocon...
      Comme la lune.

Comme la lune, au fond d'un puits
S'endormirait toutes les nuits,
      Ou de deux l'une,
Sa duègne consulte un tricon
Et ferme son œil de faucon...
      Comme la lune.

Comme la lune ayant un trou
Ma bourse a sa fente par où
        Fuit ma fortune.
Hélas ! débouchez ce flacon
D'absinthe et non d'amer-picon...
        Comme la lune.

Comme la lune dans son plein,
Son mari, Géronte au déclin
        Nous importune ;
Tordons le col à ce gascon,
Sinistre vieillard infécond...
        Comme la lune.

Comme la lune avec les dents
J'irai, bravant les accidents.
        Prendre la brune.
Quand on est poète il faut qu'on
Fasse triompher l'Hélicon...
        Comme la lune.

Comme la lune, ami Pierrot,
Qui se reflète dans un broc
        J'ai ma lacune !
César passa le Rubicon ;
Lamartine était de Mâcon...
        Comme la lune !

ARIAS

Assez ! c'est trop joli !...

RÉMI

        Parmi vingt chants moraux
Cette aubade serait primée aux jeux Floraux.

GAËTAN

Je la paie cent sous. Mais qui passe la porte ?

SCÈNE V

LES MÊMES, LE BOURGMESTRE, LES SÉNATEURS

LE BOURGMESTRE

Sire, votre oncle est mort.

GAËTAN

Que le diable l'emporte!

(*Rumeurs.*)

Et vous avec! Pardieu, Jean Trois ou Childebrand,
Qu'il soit mort ou point mort, qu'est-donc qui vous prend
De me traiter de Sire, à plusieurs, quant je sculpte?

LE GÉNÉRAL

Prince, nous ignorions que ce fut insulte
De vous offrir un trône auquel vous avez droit.

GAËTAN

Monsieur, il est toujours d'un ami maladroit
D'entrer chez un artiste alors qu'il a séance...
Ce procédé bourgeois blesse la bienséance
Et heurte ce bon ton dont Brummel et d'Orsay
Nous ont laissé le Code immuable et forcé.
Ce Code est le papier où je me légifère.....
Vous possédez un trône et ne savez qu'en faire?
Débarrassez-vous-en par une tombola!

LE PODESTAT

Devons-nous au Conseil rapporter ce mot-là?

GAËTAN

Si vous voulez. D'ailleurs finissons-en. Je pense
Que j'ai suffisamment acquis une dispense

De régner, par les maux que tu nous a coûtés,
Trône maudit ! Tenez, Messeigneurs, écoutez. —
J'avais douze ans. J'étais à Paris, au Lycée.
Vous savez les débuts de la triste Odyssée :
Mon père, assassiné sans qu'on ait su pourquoi
Ni par qui, simplement parce qu'il était roi.
Mon oncle Jean, prenant sous couleur de tutelle
La régence d'abord. Que ma mère n'eût-elle
L'idée à ce moment d'abdiquer en mon nom !.....
Elle serait au moins morte en paix. Hélas ! non.
Mais passons sur le fait de couronne usurpée ;
Mon oncle, ce jour-là, fit blanc de son épée.
Nous vivions donc heureux en France. J'adorais
Ma mère. Sur un mot de sa bouche, j'aurais
Mis très tranquillement le feu dans Notre-Dame
Ah ! comme elle m'aimait aussi, la pauvre femme !
Je suivais tous les cours de l'Université
Française, et peu sensible à notre adversité.
— Les enfants de bourgeois n'étant pas plus barbares
Que d'autres, et jouant, comme des rois, aux barres. —
Un soir, je me souviens qu'il neigeait — j'étais seul
Dans ma chambre. On voyait, comme dans un linceul,
— Nous demeurions alors sur la place du Havre, —
Paris tout blanc avec des lignes de cadavre.
Tout à coup j'entendis des cris. Des cavaliers
Passèrent au grand trot. et sur les escaliers
D'un monument public, je vis une cohue
Qui huait un jeune homme à cheval, comme on hue
Un assassin. Ma mère était auprès de moi.
Très pâle. Elle me dit : « Cet enfant, c'est un roi ! »
Et comme elle tremblait, par ce soir de décembre,
Je la reconduisis moi-même dans sa chambre
Et je la mis au lit en lui baisant les pieds.
Alors, de ses chers yeux par mes yeux épiés
Une larme !... Jamais je n'avais vu ma mère...
Pleurer !... J'ai bu la larme à sa paupière amère...
Puis elle m'attira sur son sein : et sans bruit,
A voix basse, dans les cheveux, toute la nuit,
Elle me chuchota son roman de tristesse !

Et l'Enfant et la Femme, et l'Infante et l'Altesse,
Et la Reine et la Mère avec leurs majestés !...
Oh ! gardez les troupeaux dans les champs détestés,
Pauvres filles de ferme et servantes d'étable !
Car vraiment cette histoire était épouvantable !
Puis quand elle eût fini : « Jure-moi, jure-moi, »
Fit-elle « Que jamais tu ne deviendras roi ;
» Car Dieu n'a pas créé des hommes et des femmes,
» O mon enfant chéri, pour ces métiers infâmes ! »
Et son sein maternel battait d'un tel tourment
Que le matin venu j'avais fait le serment...
C'est fini, vous pouvez vous retirer. — Lydie,
A la pose. Souffrez que je vous congédie,
Nous travaillons d'après des modèles tout nus.

> *(Ils sortent, excepté le Podestat).*

ARIAS

Et les voilà partis comme ils étaient venus.

LE PODESTAT, *gravement*

Prince, préparez-vous au verdict populaire.

> *(Silence général.)*

Le grand Juge, vêtu de pourpre consulaire,
Vous fera le récit des gestes glorieux
Accomplis par les Rois qui furent vos aïeux :
Les combats, les édits célèbres, les croisades,
Les monuments publics, les riches ambassades,
Toute l'histoire enfin, depuis dix fois cent ans,
De vos prédécesseurs les onze Gaëtans !
Et si vous dites : Non ! on vous lira la Charte !

> *(Rumeurs. Il s'adresse à tous.)*

Puis, si la Charte lue, il dit : Non ! une carte
De la patrie, avec ses frontières, sera
Sous ses yeux étalée ! — Alors, dans l'Agora,
Le Peuple — c'est ainsi qu'en Sicile on procède, —
Criera : « Le Roi Jean Trois est mort ! Qui lui succède ? »
Et si le prisonnier ne répond pas : « C'est moi ! » —

Qualifié de lâche et de larve de roi
Il sera tout vivant scellé sous une dalle
Funèbre, dans la crypte antique et féodale,
Pour y mourir auprès d'une cruche de grès
Sous un marbre sans nom, sans date et sans regrets.
Adieu.

> (*Le Podestat sort.*)

GAËTAN, *renverse sa statue*

Meurs donc, statue, et demeure impétrie !
Que l'exil éternel me rende une patrie,
Et le droit d'être un homme ! En route, mes amis,
Et cherchons nos destins où Dieu nous les a mis.

> (*Ils sortent*).

SCÈNE VI

La place de Palerme

LES SBIRES, DIVERS PERSONNAGES D'UNE FOULE

PREMIER SBIRE, *déguisé*

Son refus d'épouser Enguerrande de Corse
Est une insulte.

DEUXIÈME SBIRE

Il faut qu'il l'épouse de force.

UNE FEMME DU PEUPLE

Mais s'il ne l'aime pas, ce jeune homme ?

UN TAPISSIER

Tant pis.
Moi, je ne suis pas prince, et je vends des tapis ;
J'ai pourtant épousé ma femme, une harpie,
Car elle avait du bien.

UN PASSANT

La plaie a sa charpie.

(*Il sort.*)

PREMIER SBIRE, *sur une borne*

Le prince Gaëtan se doit au peuple. Il est
Notre propriété commune. S'il nous plait
Qu'il succède à son oncle et soit roi de Sicile,
Il le sera ! Sinon, citoyens, qu'on l'exile,
Une seconde fois !...

DEUXIÈME SBIRE

... Pourquoi n'est-il pas né
Fils de n'importe qui ?...

LE TAPISSIER

... Que n'a-t-il un ainé ?

UN ARTISAN

Pourquoi n'est-il pas chef d'un pays démocrate ?

UN GAVROCHE

Il n'aurait pas besoin de se fouler la rate.
Tous les jours que Dieu fasse, il irait sur les quais
Jaser dans les bateaux avec les perroquets
Et savoir de leur nez quel temps il fait en Chine !

L'ARTISAN

Est-ce pour des cerneaux que le peuple s'échine ?

PREMIER SBIRE

L'exil n'est pas assez, j'opine à l'échafaud,
Car la reine Enguerrande est Celle qu'il nous faut.

LE TAPISSIER

Qui l'empêche d'ailleurs de prendre une maitresse
Brune, blonde, châtaine ou même mulâtresse ?
Et d'avoir des bâtards autant que deux ou trois

Papes en béniraient? C'est sacré chez les rois,
Et d'un bâtard on fait une branche cadette.

> (*L'orage commence.*)

PREMIER-SBIRE

Qu'il épouse d'abord et qu'il paie sa dette.

DEUXIÈME SBIRE

Vive Gaëtan Douze !

PREMIER SBIRE

Allons, le crions-nous ?...

> (*Hésitation générale. — On entend un coup de canon.*)

UNE FEMME DU PEUPLE

C'est le canon. Le roi se meurt. Tous à genoux.

> (*Second coup de canon.*)

PREMIER SBIRE

Que le roi Gaëtan périsse ou qu'il épouse!..

> (*Troisième coup.*)

DEUXIÈME SBIRE

Le roi Jean Trois est mort. Vive Gaëtan douze !

> (*Grand tumulte. — Le peuple évacue la place. — L'orage
> grossit. — Les Sbires demeurent seuls en scène.*)

PREMIER SBIRE

C'est fait. Il était temps, il tonne, il va pleuvoir ;
Et vois-tu, quand il pleut, impossible d'avoir
Une émeute décente. Ah ! le peuple, un gribouille !
Il brave ce qui brûle et tremble à ce qui mouille.

> (*Ils sortent.*)

LE RIDEAU BAISSE SUR UN ORAGE

ACTE II

Le sommet d'une falaise au bord de la mer. — A gauche une
cabane de pêcheur. — A droite l'entrée d'une forêt. — Un violent
orage.

SCÈNE I

UN VIEUX PÊCHEUR, *assis dans sa cabane*

Le terrible ouragan, et quel ciel ténébreux !
Pour la seconde fois le Sauveur des Hébreux
Dans un buisson de feu va-t-il donc apparaître ?
Vent du diable ! On dirait qu'une botte de reître
Cogne à ma porte et veut la jeter hors des gonds.
Oui, tirez-nous, éclairs, vos langues de dragons !
C'est bien. Retroussez-moi vos cotillons, nuées !
Ça ne prend pas : je suis trop vieux, prostituées !
Nous n'irons plus en mer, les agrès sont coupés.
Certe ! ils ont les mollets d'un bon chanvre étoupés
Ceux qui, par ce temps doux, vont au bal chez Neptune !

UNE VOIX LOINTAINE

A l'aide !...

LE PÊCHEUR, *écoutant*

... A-t-on crié ? Si c'est toi, ma Fortune,
Je n'ai point de hangar pour ta roue...

LA VOIX

        ... Au secours !...

LE PÊCHEUR, *sortant de sa cabane*

Eh ?... Je n'entends plus rien. Il n'est tel que les sourds
Pour rêver qu'on appelle. Une pauvre mouette

Se sera plainte à moi du vent qui la fouette.
Je n'y peux rien, ma mie, il faudrait t'approcher.
Qu'est-ce donc que je vois de blanc sur ce rocher ?
Est-ce ainsi que chez moi, Forme, tu te promènes,
Sans te nommer ?

LA VOIX

... Oh ! Ah !...

LE PÊCHEUR

     ... Ce sont des voix humaines...

Du courage. Je viens.

  (*Il sort en courant.*)

SCÈNE II

ORLIZ, ARIAS. (*Ils sortent de la forêt.*)

ARIAS, *débouchant*

    Orliz, voici la mer.
Nous sommes égarés.

ORLIZ, *se secouant*

     C'est ce qu'on peut nommer
Un temps propice à faire endêver les gendarmes
D'une gendarmerie !...

ARIAS, *criant entre ses mains*

    « A vendre : cent vacarmes
D'une collection complète de boucans,
Depuis ceux du canon jusqu'à ceux des volcans ! »
— Je suis sourd pour la vie...

ORLIZ

     Et moi je suis aveugle,
Cette forêt qui hurle à cette mer qui beugle,

Qu'est-ce, Arias, auprès du ton, faux de couleur,
De ces éclairs mal peints sur ce fond sans valeur?
Quand on pense, pourtant, qu'ils sont sur la cimaise!

ARIAS, *apercevant la cabane*

Que vois-je?... Un casino!...

ORLIZ

Déjà?

ARIAS

J'en suis bien aise,
Car j'ai fort soif. J'ai soif jusqu'à l'accablement,
Et si j'osais le dire : épouvantablement.

(Il va à la porte et heurte.)

Personne! Cette plage a besoin de réclame.
Voici toujours du feu.

(Ils entrent et se chauffent.)

ORLIZ, *en se chauffant*

Quand il créa la flamme,
L'Éternel, devant qui je tombe agenouillé,
Songeait au clair-obscur!...

ARIAS, *secouant ses hardes*

... Moins qu'au linge mouillé.
Où diable Gaëtan peut-il être?

ORLIZ

Il chevauche.
Au lieu de prendre à droite il aura pris à gauche.
C'est ainsi qu'on explique avec facilité
Le rôle du destin dans la fatalité.

ARIAS

Tu m'obligerais fort de m'expliquer ce rôle
Dans ma présence ici.

ORLIZ

Magnifiquement drôle !
Palerme est divisée en deux partis : le tien,
C'est-à-dire le nôtre. Il opine au maintien
De l'interrègne, et veut simplement qu'on s'allie —
Pour tenir en respect l'annexante Italie —
A la Sardaigne. L'autre, où l'on voit le Sénat
Et les autorités, voudrait qu'on assénat
A Gaëtan un coup tellement... royaliste
Qu'il en demeurerait couronné, sur sa liste
Civile !... La Discorde agite ses ferments.
Ce jeune homme est de ceux qui tiennent leurs serments.
Que font ces cuirassiers du gilet de flanelle ?
Ils posent sous son mur... cherche !... une sentinelle
Comme on pose une mouche ; et, par cet homme armé,
Gaëtan est contraint de rester enfermé
Dans son « home » et d'attendre, en pétrissant la glaise,
Ce qu'on nomme un « meeting », mon cher, en langue anglaise.

ARIAS

Son atelier se change en bastille ?

ORLIZ

Tu vois.
Mais s'il est très mauvais écuyer de pavois,
Gaëtan, à cheval, a beaucoup du centaure...
C'était à l'heure exquise où l'homme se restaure,
Et tu dormais, étant à la sieste enclin.
Notre hôte nous fit un clin d'œil, et, dans ce clin,
Tu fus le cavalier d'un cheval débonnaire
Avec lequel tu viens de franchir le tonnerre
Pour t'embarquer parmi ces éclairs rabougris.

ARIAS

Et nous allons ?

ORLIZ

En France, où tous les rois sont gris.

ARIAS

La génération qui s'y dit : la nouvelle
Y croira-t-elle, Orliz, à ce roi de Nivelle?

ORLIZ

Elle n'y croira pas plus que nous n'y croyons;
Mais tu tiens une plume et moi j'ai des crayons ;
Du diable après cela si l'histoire en appelle
D'un fait dont tu seras l'Homère et moi l'Apelle!...
Tâchons de retrouver notre héros.

ARIAS
                                    Quel vent!..,
(Ils rentrent dans la forêt.)

SCÈNE III

ENGUERRANDE, MÉLIBÉE, LE PÊCHEUR

LE PÊCHEUR

Hardi, mademoiselle, et du gaillard d'avant!
C'est bon. Soutenez-la de babord, camarade.
Deux vieux valent un jeune.
        (Ils assoient Enguerrande.)
                        Eh! nous mouillons en rade.

MÉLIBÉE

Comment vous sentez-vous, princesse?

ENGUERRANDE
                                Mieux, merci.
Sous ces linges pleins d'eau j'ai tout le corps transi.
Du feu.

LE PÊCHEUR

Quelque follet alimenta mon âtre,
Il flambe encore. Entrez. — La cabane est noirâtre.
Et moins bonne à loger des hôtes de haut rang
Qu'à chauffer le grillon et fumer le hareng.
Mais vous y serez mieux, fussiez-vous moins vêtue
Que notre roi Jean Trois ne l'est sous sa statue
Dans la chambre de marbre où sa Majesté dort;
Car la cendre qu'il fait, il la fait, étant mort,
Lui-même; et celle-ci du moins fleure le hêtre.

ENGUERRANDE

Nous sommes en Sicile?

LE PÊCHEUR

                    Autant qu'on peut y être.
Mais on y vient aussi par des bateaux moins laids
Que le vôtre, j'entends votre cage à poulets.

MÉLIBÉE

Reposez-vous, ma chère et vaillante Enguerrande
Je vais pourvoir à tout.

ENGUERRANDE

                    Pêcheur, que Dieu te rende
Ton service au centuple.

    (*Elle s'enferme.*)

LE PÊCHEUR, *riant*

                    Il ne tardera pas!...
Mais si vous m'en croyez vous mettrez habit bas
Et vous vous sècherez, sauf le respect, ma reine,
Comme si vous n'étiez qu'une simple sirène.

    (*Ils sortent.*)

SCÈNE IV

GAËTAN, NOËMA

(Ils viennent de la forêt couverts du même manteau.)

NOËMA, *se dégageant.*

Monsieur, ma peur se calme et la tempête aussi.
Je n'ai plus froid. Gardez votre manteau. Merci.

GAËTAN, *la retenant.*

Reste. La pluie est rude à tes jeunes épaules,
Et le tonnerre encor tiraille sous les saules.
L'abri vaut bien celui de quelque auvent banal?

NOËMA

Vous m'y parlez, ainsi qu'au confessionnal,
De trop près et trop bas. J'en reste toute coite.
D'ailleurs, je suis mal faite à la douceur de l'ouate.

GAËTAN

Conserve le manteau, car je t'en fais présent.

NOËMA

Êtes-vous sitôt las d'un rôle bienfaisant
Qu'il vous faille changer un service en aumône?

GAËTAN

C'est mordant. Que d'esprit! Es-tu fille d'un faune,
Dryade?... Il sera donc le tapis de tes pieds.

(*Il jette son manteau sous les pieds de Noëma.*)

Tiens, vois; et si mes torts te semblent expiés,
Dis-moi ton nom, ton âge et ta vie.

NOËMA

       On me nomme,
Noëma ; j'ai seize ans, et je suis fille d'homme.
Non de faune. C'est tout.

GAËTAN

      Et ce n'est pas très long.
Comment est-on si brune avec un nom si blond ?

NOËMA

Vous vous moquez. Un nom n'a de couleur que celle
Du souvenir heureux ou triste qu'il recèle.
Que celui de mon père est sombre !

GAËTAN

       Et la raison ?

NOËMA

Hélas ! il est là-bas, derrière l'horizon.
Exilé dans une île où nulle herbe ne pousse !...
Oh ! quand il m'embrassait que sa barbe était douce !...

GAËTAN

Exilé ? Pour quel crime ?

NOËMA

      Il n'aimait pas les rois
— Car il faut qu'on les aime encore ! — Aussi Jean Trois
L'a fait prendre, et mes yeux en ont perdu la trace.
Depuis qu'il est parti personne ne m'embrasse.

GAËTAN

Et ta mère ?

NOËMA

     Elle est morte à cause de cela...
Connaissez-vous cette île où le roi l'exila ?

GAËTAN

Oui. — Mais de quoi vis-tu ? car ta main est si blanche
Qu'elle semble attester d'un éternel dimanche ?

Quand je t'ai recueillie au fond de la forêt,
Effarée et tapie en ce trou de furet,
Que faisais-tu ?

> *(Elle rit.)*

Tu ris ?

NOËMA

Si ce souci vous ronge,
J'emplissais un panier de morille et d'oronge
Pour le vendre au marché. C'est mon métier d'hiver.
Je vis de la forêt comme on vit de la mer.
Je suis riche, et serais heureuse, — n'était l'île.
Est-elle loin, Monsieur, cette île, où l'on exile
Les pauvres gens ?

GAËTAN

Très loin.

NOËMA

Plus loin qu'un vol d'oiseau ? --

(Gaëtan ne répond pas.)

Vous ne répondez pas ?... Que celui d'un vaisseau

(Gaëtan garde le silence.)

Oui ? Que l'essor du vent ? Plus loin que la pensée ?...

GAËTAN, *lui prenant le bras.*

Noëma, quand je t'ai lourdement offensée
Tout à l'heure, réponds, as-tu cru que j'avais
Prémédité cet acte imbécile et mauvais ?

NOËMA

Oh ! non. Vous êtes bon. Très bon. Bon de nature.
Je m'en vais vous tirer votre bonne aventure.

(Elle lui prend la main.)

Vous serez malheureux. Vous n'êtes pas assez...
... Comment dire ? Moderne !... et vous compatissez

5

Avec trop d'abandon aux misères des autres.
C'est de ce défaut-là que vous viendront les vôtres.
Dieu vous garde du trône !

GAËTAN

Es-tu sorcière ?

NOËMA

Non !

GAËTAN

L'homme que tu dépeins m'a donc volé mon nom ?
Continue.

NOËMA

Il faudrait qu'elle vous comprit, celle
Qui demoiselle altière ou simple demoiselle,
Piquera votre cœur sanglant dans ses cheveux !
Votre rêve est trop vaste : il est pour nos neveux.
Ne vous mariez pas.

GAËTAN

Pour savoir tant de choses
Sur ma personne, as-tu l'art des métamorphoses,
Petite fée, ou bien endors-tu mes valets ?

NOËMA

Je suis l'enfant qui vend des fleurs sous le palais.

GAËTAN

Je ne t'avais jamais regardée, ou je meure !

NOËMA

Jamais.

GAËTAN

Ainsi c'est toi qui mets dans ma demeure
L'air embaumé, salubre et libre des forêts ?
Et tu m'as refusé mon...

(*Il montre le manteau.*)

NOËMA
Je préfèrerais
La grâce de mon père.

GAËTAN
Achète-là toi-même.

NOËMA
Par quoi ?

GAËTAN
Par un baiser.

NOËMA
Monseigneur, quand on aime
On les donne ; sinon les baisers sont des prêts.
La liberté d'abord et le baiser après.

(*Elle se sauve.*)

SCÈNE V

GAËTAN, *seul.*

Non, demeure !... Envolée, et déjà sous la nue !
Qui sait si cette enfant fière, gaie, ingénue,
Qui chante son amour ainsi qu'un doux noël,
N'est pas l'Être idéal à la fois et réel
Que je cherche à tâtons dans l'ombre de mon âme ?
Non. Si. Peut-être. Hélas ! que le doute est infâme !
Point d'écho dans mon cœur à cet appel aimant.
Ah ! Pôle de l'amour, nulle aiguille d'aimant
Ne guide à ton mirage en cette mer sans rive !...
C'est toujours par hasard que vers toi l'on arrive.

(*Il s'assied.*)

Dans les steppes du ciel, par un sens inconnu,
Le ramier rentre au nid comme il en est venu.
La plante, tout au fond de l'étendue immense,

Sent s'ouvrir la corolle amie et l'ensemence.
Tout s'appareille au gré d'un ordre très distinct ;
Et seul, le couple humain, aveugle et sans instinct,
— Lugubre exception à la clarté d'un monde
Où jusque dans la mort la certitude abonde, —
Brûle à son bonheur, passe, et ne le connaît pas!...
— Je la laisse partir et ne puis faire un pas.
Un coude ami me pousse, un bon ange se fâche,
Et ma volonté molle expire... et je suis lâche!...

> (*Il se relève.*)

Allons! Comme dirait Orliz, « C'était écrit. »
C'est l'excuse du diable et des hommes d'esprit...
Mais où les miens sont-ils? Sans doute à ma recherche
Vouloir les retrouver, autant vaut d'une perche
Gauler la lune!... Et puis, ce bois en désarroi
Est plein de citoyens qui font la chasse au Roi.
D'ici, je puis du moins me sauver à la nage...

> (*Apercevant la cabane.*)

Et même me cacher, si j'en crois l'homme sage
Qui bâtit ce terrier sur les plans d'un lapin.
Terrier? J'exagérais. Ce n'est qu'un four à pain.
Diantre! L'asile est sûr, mais il est un peu rouge :
Je ne suis pas encor damné. Mais on y bouge...
Voyons l'enfer.

> (*Il regarde par la fenêtre et recule.*)

                Je rêve!... Amour, j'ai blasphémé;
Venge-toi! Gaëtan n'avait jamais aimé.
Quel homme sort de moi? Qu'est-ce donc? — Sois bénie,
Hutte posée au bord de la mer infinie.
Où, comme aux jours de foi, dans les feux de l'autel,
La Forme est apparue aux regards d'un mortel.
O temple, ô sanctuaire, ô saint des saints, l'oracle
Est promulgué! J'adore. Arrête le miracle,
Mes yeux peuvent s'éteindre, ils ont vu la Beauté.
Je sais!... Je crois!... J'ai vu!...

> (*Enguerrande sort de la cabane.*)

SCÈNE VI

GAËTAN, ORLIZ, ARIAS, *venant de la forêt.*

ARIAS

Cherchons de ce côté.
Tiens !... le voici. Mon cher, un, deux, trois, vent arrière !..
Je crois que nous avons tout Palerme au derrière,
Décampons.

GAËTAN

Laisse-moi.

ORLIZ

Bigre ! mais c'est urgent.
Ton cas, jeune chasseur, est d'être diligent.
La couronne te pend au nez, comme une tourte
Au front d'un pâtissier. La route la plus courte
Est la droite. Filons.

ARIAS

Ton cheval t'a trahi.

GAËTAN

Quand je dis : laissez-moi, je veux être obéi.

ORLIZ *à Arias*

Sous sa peau de mouton le lion se réveille.

GAËTAN

Amis, pardonnez-moi, je délire.

ARIAS

A merveille.
Seulement ton délire est grave, amèrement,
Car ils viennent à toi, comme à l'enterrement

5.

De Malborough, portant, l'un. des clefs, l'autre, **un sabre.**
Le dernier officier, individu macabre,
D'écarlate vêtu, tend à savoir jusqu'où
Le diamètre exact du cercle de ton cou
S'allonge.

ORLIZ

Et d'autre part l'officier qu'il escorte,
Sur un coussin, brodé divinement, t'apporte
Les clefs d'un coffre-fort appelé Royauté.
S'ils te prennent, tu dois, en toute loyauté,
Choisir entre le sabre et les clefs.

ARIAS

Une barque,
Que nous avons trouvée au fond d'une baie, arque
Pour te sauver, son mât. sous la brise...

GAËTAN

Merci.

(*Enguerrande apparaît.*)
C'est Elle. Allez-vous en, je veux mourir ici.

(*Il les chasse d'un geste. Ils sortent.*)

SCÈNE VII

GAËTAN, ENGUERRANDE

GAËTAN, *à Enguerrande qui veut passer.*

Arrête. Ne crains rien. Femme, tu m'es sacrée...
Qui nous sommes tous deux, le dise qui nous crée !
Je viens de la forêt, et toi tu viens des flots.
Je t'aime, et je te vaux par l'amour. Point de mots
Banals. Point de pudeur feinte ou vraie. — **Inconnue,**
Telle que l'Aphrodite éternellement nue,

Mes yeux ont contemplé ton corps olympien.
Prends ce poignard, et frappe, et je dirai: C'est bien !
   (Il tombe à genoux en lui tendant le poignard).

     ENGUERRANDE *saisit le poignard et le lève*

Infâme ! Meurs !...
    (Elle jette le poignard.)
        ... Va-t-en.

       GAÉTAN

            ... La terre est parcourue.
J'en ai touché la fin quand tu m'es apparue !...
Cherche un autre tourment, l'exil est enduré.

       ENGUERRANDE

Je te ferai crever les yeux.

        GAÉTAN

      Je chanterai.

       ENGUERRANDE

Je t'arracherai donc la langue de la gorge
Avec le fer rougi.

        GAÉTAN

     Va, fais chauffer la forge,
Je rêverai.

       ENGUERRANDE

    Tais-toi.
   (Un silence.)
      Quel est ton nom ?

       GAÉTAN

           Amour.

       ENGUERRANDE

Et ton métier !

GAËTAN

T'aimer.

ENGUERRANDE

Quel est ton âge ?

GAËTAN

Un jour.

ENGUERRANDE

Insensé, tu mourras... Viens à mes pieds. Tu trembles ?

GAËTAN

Non, je respire, ainsi qu'au soleil font les trembles ?

ENGUERRANDE, *lui posant la main sur le front.*

Plains ta mère d'avoir un fils au front si beau.

GAËTAN

Il a donc le reflet de ton front pour flambeau.

ENGUERRANDE, *lui caressant les cheveux.*

Tes cheveux étaient doux.

GAËTAN

Ton souffle les embaume.

ENGUERRANDE, *lui prenant la main*

Ta main brûle pourtant...

GAËTAN

Une âme, dans sa paume

Flamboie...

ENGUERRANDE

Et ta voix pleure ?

GAËTAN

... Au charme de ta voix.

ENGUERRANDE

Puisque tu sais oser, parle. Pour une fois,
Je saurai si le mot peut être égal à l'acte.

GAËTAN

Je te veux tout entière, inaliénable, intacte,
Comme un domaine clos, pour moi seul majoré
Par l'amour, et que, mort, seul encore j'aurai.
Et je te veux aussi comme sa proie un aigle,
Par faim de toi, selon l'imprescriptible règle
Qui fait l'homme amoureux comme on est carnassier.
Semblable à l'assassin qu'on vient de gracier
Et qui retourne au meurtre, éperdu, je te joue
Contre ma tête, en plein soleil, devant la roue,
Qui tourne à l'échafaud ! Et je te veux encor
Comme un spectre d'avare arde pour son trésor
Et jouit d'être seul avec lui dans la tombe !...
Ma colombe, sans cause, et parce que colombe,
Je te veux, car je suis simplement ton chasseur.
— Mais je te veux aussi comme un frère sa sœur,
Comme un chevreau sa mère, une enfant sa poupée,
Le papillon la rose, un soldat son épée,
Un moribond de l'eau, son salut un chrétien.
Attendu que mon être est nécessaire au tien
Et ta chair à ma chair !... C'est pourquoi je me vante
Que morte je t'aurai si je ne t'ai vivante.

ENGUERRANDE

Va, je ne te crains plus et déjà je te plains,
Jeune homme ! Le désir, dont tes regards sont pleins,
Allumé par le vent, jette trop d'étincelles.
Et le vent l'éteindra... Je ne suis pas de celles
Que démente l'ardeur du verbe, ayant traîné
Plus d'un poète et plus d'un homme couronné
A ma jupe... J'ai cru que tu m'avais troublée.
Un moment j'ai senti mon âme dédoublée
Aller à toi : j'ai pris de tes mains le poignard
Et je t'ai désiré mort...

(Geste de Gaëtan.)

       Non, il est trop tard !...
Quel amant est-il donc celui qui ne devine
Que l'âme est surhumaine où la forme est divine ?
Tu m'aimes ? — Ne m'as tu pas vue ? Et penses-tu
Que l'amour à mes yeux t'ajoute une vertu ?...
Le fossoyeur aussi nous voit dans le suaire !
J'avais mieux espéré de ton goût statuaire.
Retourne à l'ébauchoir : car si tu sais oser,
C'est là ton seul savoir. Je puis encor poser,
Puisque ton oraison, d'extase envenimée,
Mauvais Pygmalion ne m'a point animée !

GAËTAN

Raille... J'entends ta voix... Mais tu ne feras point
Que notre hymen fatal et secret soit disjoint.
La voilà, la voilà, la chambre nuptiale,
A la fois lit suprême et tombe initiale
Où j'ai bu d'un seul trait et pour l'éternité
Ta splendeur, ton orgueil et ta virginité !

ENGUERRANDE

C'est que ta passion s'est enivrée en rêve,
Car je dormais. L'hymen est un viol. — Mais trêve
A ce jeu déloyal. Jeune homme, finissons,
Car je n'ai plus de temps à perdre à tes chansons.
Sache, qui que tu sois, de quel prix on m'achète.
Ecoute : folle ou non, je me suis mis en tête
De n'épouser qu'un homme ayant titre de roi...
Prends cette bague, règne, et rapporte-la moi,

GAËTAN

C'est déchoir, car je t'aime. Etre roi ? Triste leurre !
Qui dit que je ne puis pas l'être avant une heure ?...
As-tu tant de mépris pour ton propre pouvoir ?...

ENGUERRANDE

Sois-le donc, car j'ai dit.

GAËTAN

                    Tu ne peux pas savoir
Quel piège aventureux tu te tends à toi-même ;
Et ce n'est pas résoudre un aride problème
Que de te satisfaire et de tomber des cieux
Quand on vient d'être assis à la table des dieux.

ENGUERRANDE

Être roi ? Dans une heure ? A moins qu'on n'extravague !...
Lorsque tu le seras, rapporte-moi ma bague.

GAËTAN

Garde donc ton anneau : je ne le serai pas.

ENGUERRANDE

Voilà que ton amour, Hercule, est déjà las,
Et que sur le gazon tu poses ta massue !...
Homme de mots, adieu ; ta leçon est mal sue.

  (Elle remonte lentement.)

GAËTAN

Oh ! ne me tente point. Un terrible serment
Me lie !... Oh ! sois clémente à mon égarement !
J'ai juré sur les pieds d'une morte...

  (Enguerrande remonte encore.)

                              Diffère...
Je n'ai qu'à dire un mot, je n'ai qu'un geste à faire...
Tu fais trembler ma mère au fond du paradis !...

  (Enguerrande secoue la tête.)

Pour secouer la tête à ce que je te dis
Es-tu reine ?

ENGUERRANDE

          Es-tu roi pour vouloir qu'on te rende
Compte des volontés d'une femme ?

GAËTAN, *reculant*

... Enguerrande !!!
C'est vous.

ENGUERRANDE, *redescendant vivement*

D'où le sais-tu? Comment? Qui te l'a dit?
J'admire, en vérité, ton instinct de bandit.
Ah! l'amour cette fois sonne ma destinée...
Je veux savoir à quoi vous m'avez devinée.

GAËTAN

Si vous le demandez, vous ne comprendrez pas.
De même que le cercle atteste le compas,
Voici qu'à mon amour votre beauté se nomme.
Vous êtes Engüerrande. Il le fallait.

ENGUERRANDE

Jeune homme,
Une divinité t'escorte. Je faiblis.
Mais il faut que certains arrêts soient accomplis.
Toi qui fais des serments dont tu n'es point parjure,
Sache que j'ai subi, reine et femme, une injure
Dont l'auteur doit mourir, car je le veux ainsi!
Si dans trois jours cet homme est mort, reviens ici.
L'amour et la vengeance ont même autel en Corse.

GAËTAN

Voici ma dague, prends, et grave sur l'écorce
De cet arbre le nom de l'homme désigné.

ENGUERRANDE, *écrit avec le poignard le nom de Gaëtan*
Lis.

GAËTAN

J'ai lu. Maintenant signe en bas.

ENGUERRANDE, *gravant son propre nom*

C'est signé.

GAËTAN

En Sicile, l'amour et la mort ont les mêmes
Calices ! — Cet homme a vécu, si tu m'aimes !

(Il sort et passe devant Mélibée.)

SCÈNE VIII

ENGUERRANDE, MÉLIBÉE

MÉLIBÉE, *regardant sortir Gaëtan*

(A part.)

Parbleu ! si le Hasard est un nom de Satan,
Il collabore à mes projets... C'est Gaëtan.

(Haut.)

Princesse, on vous attend à Palerme. La ville
Vous envoie une escorte, et, de façon civile,
S'excuse de l'état où vous la surprenez.

ENGUERRANDE

Qu'y a-t-il ?

MÉLIBÉE

Dans les crocs d'un dilemme engrenés,
Les bonnes gens sont fort troublés ; car l'Italie
Par une note aussi nette qu'elle est polie,
Leur assigne le laps de quinze jours, je crois,
Pour sortir d'anarchie et remplacer Jean Trois.
Or le prince héritier renonce à la couronne.
La Sicile, malgré la mer qui l'environne,
Ne peut point résister à l'Empire Latin,
Ainsi que me l'écrit l'électeur palatin,
A moins de s'allier la République Sarde.
La jeunesse, il est vrai, veut que l'on s'y hasarde :

Mais les sages, les vieux, se flattent de revoir
Leur prince légitime accepter un pouvoir
Auquel est attaché le sort de l'industrie,
Du commerce, et celui même de la patrie.

ENGUERRANDE

Gaëtan sera mort dans trois jours!...

MÉLIBÉE

Chi lo sa !...
Je connais votre injure et sais ce qu'il osa ;
Mais enfin...

ENGUERRANDE

... Il sera mort dans trois jours, vous dis-je !

MÉLIBÉE

Votre ressentiment au moins tient du prodige !
Mais vous ne voudrez pas, vous, reine, vous venger
D'un jeune homme un peu fou sur un peuple en danger.
Je n'en veux pour garant que le regard plus tendre
Dans lequel votre haine a paru se détendre
Tout à l'heure, quand il a quitté vos genoux.

ENGUERRANDE

Que me dites-vous donc, et de qui parlons-nous ?

MÉLIBÉE

De Gaëtan !... C'est lui qui sort d'ici.

ENGUERRANDE, *défaillant*

Je tombe !
Comte, mon vieil ami, votre bras.

MÉLIBÉE, *à part*

Ma colombe.
Vous ne volerez plus, vous êtes dans mes rêts.

ENGUERRANDE

Non, ne me parlez pas... Venez... Je pleurerais.

(Gaëtan rentre avec le peuple.)

SCÈNE IX

ENGUERRANDE, MÉLIBÉE, GAËTAN, ORLIZ, ARIAS, LE BOURGMESTRE, LE GRAND JUGE, Peuple ef Soldats.

GAËTAN, *à cheval*

Certes ! c'est une loi d'un caractère hybride
Celle qui me contraint, Messieurs, de tourner bride
Pour vous suivre !

LE BOURGMESTRE

Seigneur, nous sommes députés
Par vos humbles sujets, notables réputés
De Palerme, Messine, et même Syracuse,
Auprès de vous.

GAËTAN

Parlez.

LE BOURGMESTRE

Messire, on vous accuse
De vouloir renoncer à la succession
Légitime, du roi votre oncle.

ORLIZ *à Arias*

Attention !

LE GRAND JUGE

Ce par où nous verrions que Votre Honneur s'applique
A fonder l'anarchie avec la république,

LE BOURGMESTRE

Donc, prosternés tous deux, Monsieur le Juge et moi,
Nous vous sollicitons de succéder au roi,
Roi vous-même... ou d'avoir la bonté de nous suivre.

GAËTAN

Où me conduirez-vous ?

LE GRAND JUGE

              Oh ! Sire ! — au son du cuivre
Et l'oriflamme en tête, au palais où sont mis
Ceux qui, chefs ou soldats, devant les ennemis
Ont déserté... pardon ! chacun selon grade,
Les uns sur le sol nu, les autres sur l'estrade.
Or, par votre naissance et de ce simple chef,
Vous avez droit au rang de général en chef.

GAËTAN

La Sicile est en paix.

LE GRAND JUGE

              Certes ! Mais l'Italie
Dans un memorandum auquel je me rallie
Nous fait savoir : d'abord, la part qu'à notre deuil
Elle prend, non sans voir d'un assez mauvais œil
L'interrègne durer si longtemps à Palerme.
Elle ajoute que si, dans trois jours, dernier terme,
Nous n'avons point trouvé de roi sicilien,
Elle sera contrainte à serrer le lien
Qui nous unit, — ainsi que l'or blanc au platine, —
Par les mœurs et la langue, à la race latine ;
Et de nous englober « manu militari » !...
Vous êtes le dernier bourgeon d'un sang tari
Et la dernière fleur de notre indépendance !...
Sire, faites honneur à votre descendance.

GAËTAN

Et si je ne veux pas !... Que m'arrivera-t-il ?

LE BOURGMESTRE

La dégradation d'abord, et puis l'exil.

GAËTAN, *montrant Enguerrande*

J'obéirai, sans plus, aux ordres de Madame.

MÉLIBÉE, *à part*

Amour, n'embrouille pas les fils de cette trame

ENGUERRANDE

Es-tu donc Gaëtan de Sicile ?

GAËTAN

Oui.

ENGUERRANDE, *aux Échevins*

Je suis
Enguerrande de Corse ! — Au juge !

GAËTAN

Je vous suis.

(Gaëtan suit les Palermitains.)

FIN DU DEUXIÈME ACTE

ACTE III

SCÈNE I

Un appartement, le soir, dans le palais. — Palerme

ENGUERRANDE, *seule.*

(*Une veilleuse brûle*).

Celui-là qui dira de quoi l'âme est pétrie,
Pourquoi l'on aime un chien, un homme, ou la patrie,
Déchirera le voile au fond du Lieu Sacré.
En proie à la douceur de ce charme exécré,
A m'environner d'ombre en vain je m'évertue,
Jamais, jamais assez je ne me sens vêtue !
Vivre dans un baiser qui flotte, quel tourment!
Et comme il est cruel !... Et comme il est charmant !...
Qui donc est en prison de nous deux, orgueilleuse ?
Il me cerne. Il m'étreint... Meurs, ô pâle veilleuse.

(*Elle éteint le flambeau*).

Et j'ai cru me venger ! De quoi ? De son amour ?
Il avait donc raison : le sceptre, ni la cour
Ne font qu'on règne ; on est « le roi » lorsque l'on aime.
Il est le roi. Le mien !... Suis-je reine moi-même
Que tant je vis en lui?... Souffle dans mes cheveux,
Souffle encore!... Va-t'en... — Non, reviens. Je te veux !...
Ah ! comme il me possède !... Éloigne-toi, fantôme.
Rentre dans ton cachot. Va mourir. Nul atôme

De toi ne doit rester sur terre et se mêler
A l'air que je respire et voudrais exhaler.

    (Entre Mélibée).

Qui vient là ?

SCÈNE II

ENGUERRANDE, MÉLIBÉE

MÉLIBÉE

Moi princesse,

ENGUERRANDE

           Ah ! venez, Mélibée !...
J'ai très peur.

MÉLIBÉE

      Cette chambre est de nuit imbibée !...
Vous êtes sans flambeaux, et c'est l'heure où tout dort,
Même les prisonniers ! Et par grâce du sort,
Eux surtout... Êtes-vous inquiète du vôtre ?
Une prison n'a pas de plume, où l'on se vautre,
Ni de divans douillets, comme les ateliers :
Mais, le soir, on entend les chants des bateliers
Sur la mer, car sa geôle au port est contiguë.

ENGUERRANDE

Quelle geôle ?

MÉLIBÉE

      ... J'entends la chambrette exiguë
Où le prince... Pardon, mais vous n'ignorez pas
Qu'il a voulu, chez lui, recourir au trépas ?
On l'a surpris à temps. Vraiment, je m'émerveille
Du soin avec lequel son peuple le surveille !
Il avait l'arme au front... On l'a donc désarmé,

Et, pour plus de prudence encore, renfermé
Dans la prison d'Etat, où, crainte de bévue,
Ce sont des citoyens qui le gardent à vue !

ENGUERRANDE

Vous dites qu'il voulait mourir.

MÉLIBÉE

             Oui : ses valets,
Stupéfaits de le voir rentrer dans son palais
Dont il s'était enfui depuis une heure à peine,
L'ont entendu fermer à triple tour le pène
De sa porte, et jeter à bas une Vénus
Superbe, qu'il faisait. Au bruit, ils sont venus,
Et... vous savez le reste. Est-il fou, maniaque,
Amoureux, pris d'humeur sombre et démoniaque?.
Préfère-t-il la mort au trône? Je ne sais,
Ni personne peut-être, hormis... vous pâlissez ?

ENGUERRANDE

Est-ce tout ?

MÉLIBÉE

          Oui ; pourtant, je tiens de ma police...
Mais non, je crains encor que votre front pâlisse. —
Enfin, des jeunes gens, ses amis, — il en a
Qui pour le délivrer feraient sauter l'Etna, —
Voudraient vous dérober le fruit de votre haine !
Au signal convenu — c'est une cantilène, —
Les geôliers achetés ouvriraient son cachot ;
Et le prince, qui n'est ni bancal, ni manchot,
N'aurait plus qu'à passer devant la sentinelle...
Heureusement pour nous, Palerme a la prunelle
Ouverte, et s'il veut bien ne pas mourir de faim...
— On ne craint que cela !... — dans quelques jours enfin,
Vous pourrez retourner à Bastia vengée !

ENGUERRANDE

Est-ce tout? Reste-t-il encore une gorgée
Au calice? Avez-vous tout dit? Est-ce fini ?

MÉLIBÉE

Je n'en sais pas plus long. Mais il est bien puni !
Votre haine...

ENGUERRANDE

          Ma haine ?... Oui, ma haine ! Vous dites
Ma haine !... Il n'en est pas chez les âmes maudites
De plus forte, en enfer ! Si l'on aimait autant
Que je le hais, je crois que le globe, en sautant,
De ses débris de feu brûlerait la nature.
Ma haine, c'est cela. Car rien ne la sature.
Menez-moi, Mélibée, à l'homme que je hais.
Je veux jouir de voir le damné que je fais,
Et même y raffiner par la joie imprévue
De l'effroi dont il va trembler rien qu'à ma vue.

MÉLIBÉE

Ces sentiments sont ceux que j'avais devinés :
Dignes de votre cœur. Je vous conduis. Venez.

     (*Ils sortent*).

SCÈNE III

UNE PLACE A PALERME

A gauche une tonnelle ; à droite, la poterne de la prison d'État,
gardée par un factionnaire.

ORLIZ, ARIAS, DANIEL, REMI, et plusieurs jeunes gens,
   qui sont attablés, boivent et jouent. LE FACTIONNAIRE.
   De temps en temps, des exempts de ville passent au
   fond. — Allées et venues dans le cabaret, qui s'emplit peu
   à peu.

   RÉMI, *posant une fiole où il a bu. Il est un peu gris.*

Il appert du cachet que cette cire accuse
Que le vin que voici serait du Syracuse ?

(Avec indignation).

Oh !

(Il boit).

ARIAS, *à Daniel, à mi-voix.*

Combien sommes-nous ?

DANIEL, *à mi-voix.*

Vingt ici, cent dehors.

RÉMI

Ton vin de Syracuse est du vin de Cahors
Baptisé d'eau par un distillateur arabe !

ORLIZ

Le temps me paraît long.

ARIAS

Il marche comme un crabe.

DANIEL

Pourvu qu'il se décide à sortir ! Il est fou
De sa corse !...

RÉMI

Il paraît que l'on fait à Corfou
Du Marsala très vieux et très bon qui vient d'Ypre,
En Flandre, et que l'on vend aux Anglais pour du Chypre.

ORLIZ

Cette viticulture est en progrès constants.

DANIEL

Noëma va venir, et dans quelques instants,
— A moins qu'il soit vraiment féru de suicide —
Notre ami sera libre.

RÉMI, *posant son verre.*

Hélas ! qu'il est acide,
O Suresnes, ce vin sur tes coteaux mûri !

(Il apostrophe la fiole).

Toi, médaillé ? Menteur ! Ou bien par quel jury ?

DANIEL

Le mot de ralliement ? Sardaigne et République.
Mais silence ! Je vois une figure oblique.

(*A Orliz*).

Feins donc de dessiner quelque chose.

(*Des exempts passent au fond*).

ORLIZ, *tirant son album.*

Compris.

(*A Arias*).

Comment vois-tu ce mur ?

ARIAS

Je le vois d'un ton gris.

ORLIZ

C'est ton école ! Moi, je le vois d'un ton neutre,
Et de même couleur à peu près que ton feutre,
Mais plus dur et plus haut.

ARIAS

Pour en venir à bout.
Comment t'y prendrais-tu ?

ORLIZ

C'est simple comme tout.
J'en construirais d'abord la stricte anatomie ;
Et puis je frotterais de laque et de momie.
Non pourtant sans cobalt, car le cobalt est froid
Et ce mur n'est pas chaud... Et même il n'est pas droit.

RÉMI

Mais pour t'en évader ?

ORLIZ

Je séduirais la fille
Du geôlier.

RÉMI

Si la fille était, plus qu'un gorille,
Laide ?

ORLIZ

J'aurais un clou, comme Casanova,
Ou d'autres, car personne en ceci n'innova.

ARIAS

Le peintre était son frère.

ORLIZ

Oui ; sans talent notoire,

ARIAS

Cependant il vécut heureux, nous dit l'histoire.
D'où je conclus qu'avec ta laque et ton cobalt,
On est Casanova, mais non pas de Seingalt.

ORLIZ

Si Gaëtan pouvait t'entendre quand tu railles,
Il regretterait moins l'épaisseur des murailles !
Laisse-moi travailler. De ce croquis frustrés
Les abonnés rêveurs des journaux illustrés
N'imagineraient point comment une poterne
De prison se profile à sa façade externe.
Ah ! si ce militaire au moins voulait poser.
Il serait historique !

(*A Arias et à Rémi*).

Amis faites causer
Ce modèle ambulant.

(*Arias et Rémi vont au factionnaire.*)

ARIAS

Monsieur la sentinelle !...
Il fait un temps vraiment à quitter la flanelle,
Et nous avons quarante à ce vieux Réaumur !...

RÉMI

Vous marchez cependant à l'ombre de ce mur
A pas précipités, honneur de la Sicile !...
Et même vous avez au dos un ustensile
Qu'on surnomme arme à feu, parce qu'il en produit.

ARIAS

Puis-je savoir de vous, homme d'arme, où conduit
Cette porte quand on l'enfile ?

LA SENTINELLE

Au large !

ARIAS, *reculant.*

Au large ?

Vous m'étonnez. Au large ?

LA SENTINELLE

Au large, ou je décharge !

RÉMI

(*Les exempts disparaissent.*)
Ce métier endurcit le cœur.

DANIEL, *se levant.*

Ils sont partis.

Et voici Noëma.

RÉMI, *à Orliz.*

Ramasse tes outils.

SCÈNE IV

LES MÊMES, NOËMA

NOËMA

Bonjour, Messieurs !

ORLIZ

      Bonjour, petite. Est-elle fraîche !
Regardez-moi ces yeux de bambin dans sa crèche,
Ce teint d'ambre, par l'or de nos soleils jauni,
Et ces seins blancs pareils à deux pigeons au nid !...

NOËMA

Monsieur Orliz, c'est mal !

ORLIZ

      Bon, je ris. Point de brouille.
Vends-tu beaucoup de fleurs ?

NOËMA

      Non, la forêt se rouille.
Je n'y vais plus. Je chante à présent des chansons
Sur des airs que je fais, ainsi que les garçons.
En Sicile, l'on aime encor la poésie.

ARIAS

Et tu rimes ?

NOËMA, *gaiement.*

Je rime.

ARIAS

      Est-ce avec courtoisie,
Ou témérairement, comme il sied aujourd'hui ?

NOËMA

Honnêtement, avec la consonne d'appui...
Voulez-vous voir ?

TOUS

Voyons.

NOËMA

Triste ou gaie ?

DANIEL

A ta guise.
Selon ce que ton cœur aime, pleure ou déguise.

NOËMA, *chantant.*

REFRAIN

A revenir des Groenlands
Qui vous fait lents
Comme vous l'êtes
A revenir des Groenlands
O goélettes
Et goélands ?

DANIEL

C'est le signal ! Messieurs, groupons-nous, s'il vous plait.

NOËMA, *chante.*

Qu'ils sont loin, les pays dolents
Où les pères vont sans fillettes !...
Le mien a-t-il des cheveux blancs
Comme vos plumes, goélands ?...
O mer, tu bats et tu halètes,
Et tu t'en vas par vains élans
Vers le proscrit aux bras tremblants
Comme vos voiles, goélettes !

DANIEL

Il ne sort pas... Allons, le deuxième couplet.

NOËMA

Comme aux pieds des saints, les galants
Vont accrocher des amulettes,
J'ai suspendu mes pleurs brûlants
Au cou soyeux des goélands.
Comme aux flèches des arbalètes
On cisèle des cœurs parlants
J'ai sculpté des baisers volants
A la poupe des goélettes.

ORLIZ

Personne! Il n'a pourtant qu'à franchir cette porte.

DANIEL

Il ne nous aime plus, et sa corse l'emporte,

NOËMA

Vents qui poussez de vos houlettes
Des vagues les troupeaux bêlants,
Sur les falaises violettes
Ramenez-nous nos goélettes,
Et toi qui portes dans tes flancs
Tout l'encens de nos cassolettes,
Nuage rose qui volètes
Ramène-moi mes goélands !

DANIEL

Tout est fini ! Sicile, un grand artiste est mort !...
        (*Il sort avec une partie aes personnages*).

ARIAS

Voilà ce qu'on devient lorsque l'amour vous mord.

ORLIZ, *ému par la chanson*.

Sacrebleu ! M'en voilà pour toute la soirée.

.ARIAS

Et moi pour tout un mois. J'ai l'âme déchirée.
C'est absurde !... Mignonne, accepte ce doublon.
Nous devions l'égorger au culte du houblon
Tout à l'heure. Il sera mieux dans ta tirelire.

7.

NOËMA

Tra deri dera.

ORLIZ

Prends donc !

NOËMA

Tire lire lire !

ARIAS

Mais nous sommes, Orliz et moi, pauvres aussi.

NOËMA

Entre artistes, Messieurs, l'art est pour rien. Merci.

ORLIZ, *regardant la sentinelle qui pleure*

Regarde ce soldat éponger ses prunelles !
Poète, toi? Fais donc pleurer des sentinelles !

(*Ils sortent.*)

NOËMA

A revenir des Groenlands
Qui vous fait lents
Comme vous l'êtes?...

SCÈNE V

Dans la prison

GAËTAN, puis ENGUERRANDE

(*On entend la voix de Noëma derrière le mur.*)

A revenir des Groenlands
O goélettes
O goélands !

(*Entre Enguerrande.*)

GAËTAN, *à la lucarne de la prison.*

Je t'entends, je t'entends, Noëma, cœur fidèle !...
Je ne sortirai pas. Semblable à l'hirondelle
Tu te heurtes au mur de ma prison avec
Ton pauvre petit brin de chanson dans le bec.
Ne chante que pour toi, car ta bonté dévie !...
Adieu, mes chers amis. Sur le seuil de la vie,
Heureux et satisfait, j'entends le bruit profond
De l'espace, et celui que les âmes y font
Qui volent deux à deux, et, sous le même voile,
Montent, dans un baiser éternel, vers l'étoile !

ENGUERRANDE

Gaëtan !

GAËTAN, *se retournant brusquement.*

C'est toi, toi, toi ! Je me meurs ! C'est toi!
Quel noir magicien te tenait sous sa loi ?
A quel roc du néant t'avait-il enchaînée
Que tu ne venais pas subir ta destinée?
Ton souffle était ici, comment respirais-tu ?

ENGUERRANDE

Certes ! C'est un pouvoir d'une étrange vertu
Que celui qui me tient au poignet et me broie !
Ah ! braconnier, sois fier, tu peux montrer ta proie !
Si c'est cela l'amour, c'est l'œuvre des démons
Et non celui des dieux. Alors nous nous aimons ?
Je t'aime aussi. Je t'aime horriblement. Je t'aime,
Et je subis ta force ainsi qu'un anathème...
Pis encore, comme une amère trahison !
Car cela n'est pas vrai !... Car tu n'as pas raison !...
Et l'on n'est pas d'un homme ou d'un dieu terrassée
Parce que dans un rêve il vous tient embrassée.
Cesse de me hanter et je m'évade. Éteins
Ton regard et j'échappe, heureuse, à mes destins.
Anéantis ta voix qui me parle à l'oreille
Jour et nuit, je suis libre, et je m'enfuis, pareille
A la perdrix qui sort du cercle de l'autour.

Ne sois pas toujours là ; ne flotte pas autour
De mon corps frémissant que ta présence attire ;
De ton absence même arrête le martyre,
Ne sois pas... Tiens, va-t'en, voleur d'amour, va-t'en !...
Je ne veux pas t'aimer. Obéis, Gaëtan,
Oh ! pars ! Mais vis surtout !...

GAËTAN

                    Dans quel monde, Enguerrande ?
Quelle terre veux-tu qui remplace et me rende
Ce cachot enchanté dont les murs agrandis
S'élargissent autour de nous en paradis ?
En étendant les bras je touche les deux pôles.
Si ta tête levée atteint à mes épaules,
Mon front passe la ligne où l'univers finit !...
Fuir ?... Où ?... J'ai ta beauté profonde pour zénith,
Pour forêt tes cheveux et pour désert ta bouche ;
Ta main borne ma route à tout ce qu'elle touche ;
Dans la mer de tes yeux je vois tomber les jours ;
Tout ce qu'on croit sans fin s'arrête à tes contours
Et mon amour atteint tout ce qu'on dit immense.
Donne-moi l'univers !

ENGUERRANDE

                    Hélas ! tyran, commence.
Rends-moi ta vie. Elle est mon bien. Je le reprends,
J'efface ton serment.

GAËTAN

                    Et l'autre ? — Ils sont trop grands
Les abîmes qui nous séparent !... Et ma mère
Avait mal mesuré le vol de sa chimère !...

ENGUERRANDE

Je t'ordonne de vivre et d'aimer. La prison
Est ouverte : sors, va, sois libre.

GAËTAN

                    ... O trahison !
Libre ! Libre sans toi. Que t'ai-je fait ? Sans doute

C'est une épreuve, dis ? Ce que ton cœur redoute :
C'est mon consentement. Libre, sans toi, c'est fou !
C'est dire à l'agneau : broute ! — en le saignant au cou !...
C'est dire au cygne : vole ! en lui coupant les ailes !
Enguerrande, réponds : les chaînes tombent-elles
Lorsque dans la chair même elles ont pénétré
Et que dans notre sang tout leur fer est entré ?...
Ma liberté, c'est toi. Je sais quelle est ta race,
Ton rang, ton nom, tes droits, le devoir que te trace
L'espoir d'un peuple à tes pieds sacrés prosterné.
Ce tourment de régner, pour lequel on est né,
A son goût de péril pour l'âme haute et grande ;
Princesse, tu n'es pas rien que mon Enguerrande.
Laisse-moi donc mourir. J'ai vécu. J'ai régné.
De ton baiser divin tout mon être imprégné,
S'exhale, se dilate, et je m'identifie
Aux vainqueurs de néant que la mort déifie !

ENGUERRANDE

Mais qui donc, Gaëtan, lorsque je te dis : Vas
Oserait supposer que je ne te suis pas ?

GAËTAN

Ah ! je t'aime !...

SCÈNE VI

LES MÊMES, MÉLIBÉE

MÉLIBÉE, entrant.

Madame, il faut gagner la Corse ;
Et malgré le proverbe : « Entre l'arbre et l'écorce... »
Le ministre intervient où se tairait l'ami.
L'émeute à Bastia s'est levée, et parmi
Les rescrits stipulés par ses chefs, on me mande

Que le premier de tous ceux qu'elle demande
Est l'abdication de la reine.

ENGUERRANDE
C'est fait,

J'abdique.

MÉLIBÉE, *suffoqué*

      ... Est-il possible !... Ah ! songez à l'effet
Terrible que fera cet acte de folie, —
Je prends le mot sur moi — Madame, en Italie !
Nous sommes englobés du coup. Demain matin,
La Corse est annexée à l'Empire Latin.

ENGUERRANDE

Qu'on englobe, régent, il ne m'importe guère !

MÉLIBÉE

Enguerrande n'est plus, elle a peur de la guerre.

ENGUERRANDE

Elle a peur de l'amour, lui seul règne en tout lieu !
      (*A Gaëtan, passionnément.*)
Je puis être ta femme. — A présent, Comte, adieu...
      (*Ils sortent enlacés.*)

SCÈNE VII

MÉLIBÉE seul, puis LES SBIRES

MÉLIBÉE

Ah ! voilà de tes tours, indéchiffrable sexe !
Que lui fait qu'on englobe et même qu'on annexe,
Elle aime ! Arrangez-vous et marchez à tâtons.
Heureusement qu'on a des retours de bâtons.

Mets la main, Mélibée, à ton sac à malice.
Comment les séparer ? Déchaînons ma police.

(Il appelle les Sbires au fond).

Si je... c'est dangereux, mais radical !... Venez
Vous vous déguiserez en marins avinés
De Bastia, montant le vaisseau *Marc-Aurèle,*
Qui baigne dans le port. Vous y prendrez querelle
Avec des officiers du *Virgile,* steamer
Palermitain, qui va bientôt entrer en mer,
Vous les outragerez, disant : « Sujets sans prince !...
Et grenouilles sans roi ! » Mais gardez qu'on vous pince,
Car grimpant aux huniers, vous jetterez à bas
Le drapeau du *Virgile* et dans le branle-bas
Vous ferez de façon que l'on hurle : Vengeance !
Décampez. Je m'en fie à votre intelligence.

PREMIER SBIRE

C'est très dur.

MÉLIBÉE

Je le sais. Si vous êtes gentils,
Je me charge de vos veuves.

DEUXIÈME SBIRE

Et des petits ?

MÉLIBÉE

Et des petits !... O Corse, il t'en faut de la graine. —
Gaëtan sera roi, car Elle sera reine.

FIN DU TROISIÈME ACTE

ACTE IV

L'atelier d'Orliz

SCÈNE I

ORLIZ, ARIAS, LYDIE, RÉMI, LES SBIRES

LYDIE

Que n'êtes-vous restés ! C'est comme fait exprès,
Et vous l'avez manqué d'un quart d'heure à peu près.

ORLIZ

Tu l'as vu ?... Gaëtan ?... Hors de la citadelle ?

ARIAS

Avec Elle, sa corse ?

LYDIE

Il marchait auprès d'Elle.
Ils semblaient si légers qu'un ange, à côté d'eux,
Eut rampé ;... si serrés qu'ils n'étaient qu'un en deux, .
Et si beaux, que j'en ai pleuré, vous allez rire.

RÉMI

O femme, en moins de temps qu'il n'en faut pour l'écrire
On te voit de furie en amante muer !...

ARIAS, *regardant l'album d'Orliz*

En quel jardin d'amour vas-tu leur commuer
Ce mur de forteresse et son factionnaire ?

Car ce factionnaire est réactionnaire,
Et ce mur est un mur à la Corse vendu,
Où le factionnaire, un jour sera pendu.

ORLIZ à Lydie

Lydie, écoute-moi. Désires-tu me rendre
Un service ? Étant femme, et par conséquent tendre, —
Mais ferme en qualité de modèle, — tu dois
Savoir sur les dix bouts de tes dix petits doigts
A quelle dose il faut mesurer la quinine
Lorsqu'un accès vous prend de raison féminine ?

LYDIE

Elle l'aime !

RÉMI

      Elle l'aime ?... Arias, tu l'entends !
Travaille, mon garçon, et débrouille...

ARIAS

                        J'y tends.

Et lui, le Gaëtan ?

LYDIE

      Il l'aime !

ARIAS

           Qui ?... Sa corse ?
Mânes de Bouchardy, cette intrigue se corse.

(Se parlant à lui- même, comme s'il composait
un scenario de drame)

Étant donné qu'il l'aime et qu'elle l'aime aussi,
S'il la refuse, il est comme roi, réussi,
Mais fort peu comme amant. D'autre part, j'imagine
Qu'Imogine — veut-on l'appeler Imogine ? —
S'embrase pour Loys — je crois que je suis clair
En le nommant Loys — de cet amour-éclair,
Qui fait qu'un bon auteur, dans une salle hostile,
Gagne sur une entrée au moins cent mots de style,

Comment veux-tu qu'elle aille extirper au cachot
Celui qu'elle y fourrait au sortir d'un bachot,
Surtout s'il s'y refuse ainsi qu'à l'origine ?
Quelle drôle de Loys elle a, cette Imogine !...
Car enfin songes-y. S'il meurt, il n'est pas roi.
Et réciproquement. Fin du quatre : au beffroi
L'heure sonne ; elle sonne et le peuple s'assemble.
Va-t-il régner tout seul ? Vont-ils mourir ensemble !
Car le peuple est payé par l'infâme barbon...
Tu vois bien, tu vois bien que ce Scribe a du bon.
C'est pourquoi je te dis qu'il est toujours folâtre,
Dans la réalité d'imiter le théâtre,
Et que mon Imogine est bête comme un pieu !

ORLIZ, *se bouchant les oreilles, ahuri*

Mon dieu! mon dieu! mon dieu! mon dieu! mon dieu! mon dieu!

(Rumeurs et tumulte au dehors)

DES VOIX

A mort ! à mort !

LES SBIRES *entrent. Ils portent le costume des matelots
du* Marc-Aurèle

Messieurs, sauvez-nous. On nous cerne.
Nous sommes innocents.

ORLIZ, *les regardant*

Hardi qui se décerne
Un tel brevet sans être un notable aigrefin !

ARIAS

Vas-tu donc les livrer ?

ORLIZ

J'en meurs d'envie !..... Enfin !.....

(Il ouvre une petite porte sous une tapisserie)

Messieurs les innocents, enfilez la ruelle !

(*Les sbires sortent. Orliz referme.*)

C'est par là que, les soirs, où la vie est cruelle.
L'escarcelle légère et les créanciers lourds,
Viennent me consoler les femmes de velours !.....

(*Tumulte au dehors.*)

ARIAS

Ces matelots m'ont l'air de marins authentiques,
Et l'on en voit de tels sur les mers atlantiques.

(*Des voix au dehors.*)

SCÈNE II

LES MÊMES, moins LES SBIRES — DANIEL et PEUPLE

DANIEL

Ouvre, Orliz !

(*Il se nomme.*)

Daniel !.....

(*Orliz ouvre.*)

DANIEL, *au peuple qui le suit*

Evadés !

ORLIZ

Ai-je eu tort ?
Je ne fais point poser les condamnés à mort.
Lorsque, sur ma palette, une araignée atroce
S'égare, je la mets dehors avec ma brosse,
Inécrasée !..... Et puis, si vous voulez ma peau,
Venez la prendre.

DANIEL

Ils ont insulté le drapeau
De la patrie, Orliz ; accablé la Sicile
De malédictions ; ils n'ont plus droit d'asile
Tu peux nous les livrer sans faillir à l'honneur.

ORLIZ

Ce serait, si je les avais, avec bonheur.
Souvent au même but par des routes pareilles
On se rencontre : allons leur tirer les oreilles
Chez eux. D'où viennent-ils ?

DANIEL

De Corse.

ORLIZ, *l'épée haute*

A Bastia !

TOUS

A Bastia !

    (*Ils sortent.*)

SCÈNE III

ARIAS, RÉMI

ARIAS

Le jour où l'on embastilla
Notre ami, le bon sens public prit une entorse.
C'est la guerre, tu sais, la guerre avec la Corse !
Gaëtan est perdu. S'il revient, il la fuit,
Et la perd ; il déserte un drapeau s'il la suit.

Apostat de l'amour, ou traître à sa patrie,
Je vois des deux côtés sa probité meurtrie,
Sauvons-le.

RÉMI

          Qui ? Nous deux ? Artistes que **Platon**
Chasse de son banquet ! Toi, sorte de toton
Lyrique, et moi, toupie harmonique qui ronfle
Selon que l'on me fouette et que le vent me **gonfle** ?
Tu rêves !

ARIAS

          Nul ne sait ce que les Muses font
De ces gens que l'on voit, l'araignée au plafond,
Parcourir la nature en attrapant des mouches !.....
Enfermons-nous : glissons nos pieds dans ces babouches,
Roulons le maryland et le scaferlati,
Et laissons faire aux dieux, moderne Scarlati !
Souvent une chanson est banale ou niaise :
Quand un peuple la chante, elle est la *Marseillaise !*

(Ils s'enferment pour composer.)

SCÈNE IV

La forêt, la mer au fond, l'aurore.

ENGUERRANDE, GAËTAN

ENGUERRANDE, *enlacée à Gaëtan*

C'est un rêve enchanté, c'est une ivresse immense,
C'est une vision qui touche à la démence
Et nous mouillons du pied dans l'impossible, dis ?
Où sommes-nous ? Dans quel îlot du paradis ?

Cet azur ondoyant, c'est la mer sans rivage !
Nous allons assister au céleste arrivage
Des chérubins frileux, émigrant du soleil,
Et nous atterrissons dans quelque astre vermeil ?.....
Oh ! parle-moi. J'ai peur de n'être qu'insensée.

GAËTAN, *comme en extase*

J'écoute le bonheur et n'ai plus de pensée.
Mes sens sont submergés doucement par ta voix.
Je t'aspire, t'entends, je te touche et te vois,
Et ma bouche a connu la saveur de ta bouche.
Je t'entends et te vois et t'aspire et te touche,
Les siècles sont des jours ; les heures, des instants !.....
Je te touche, t'aspire et te vois et t'entends !
J'ignore si je nais, j'ignore si j'expire.....
Je te vois, je te touche et t'entends et t'aspire !.....
Je n'ai ni soif, ni faim, ni désir, et je sais,
Que nous tombons tous deux au néant : c'est assez.

ENGUERRANDE

Non, non, réveille-moi, je t'en prie : il faut vivre.
N'est-ce que la rosée ou bien est-ce le givre
Qui blanchit les rameaux de ce bois argenté ?
Sommes-nous à l'hiver ? Sommes-nous à l'été ?
Est-ce le jour, la nuit, l'aube ou le crépuscule ?
Dis-le moi, dis-le moi, voyons, c'est ridicule,
Depuis combien de temps nous aimons-nous toujours ?

GAËTAN

Le Temps a renversé l'urne sur nos amours !
Qu'elle gravite ou non, folle et désorbitée,
Puisque nous la peuplons la Terre est habitée.

ENGUERRANDE

Ecoute...... L'on dirait des pas légers d'enfants ?.....

GAËTAN

Une biche au soleil traverse avec ses faons.

ENGUERRANDE

De petits coups rythmés sourdent au creux des chênes ?.....

GAËTAN

Le pivert taille un nid à ses amours prochaines :
Qu'un dieu donne la paix aux doux oiseaux nicheurs !

ENGUERRANDE

Sous les bouleaux tremblants s'enlacent des blancheurs ?....

GAËTAN

Ce sont des déités sylvestres en maraude
Qui dansent ta beauté sur les lacs-d'émeraude.

ENGUERRANDE

Pareils à ces pistils que nous éparpillons
Du souffle, dans l'air rose, avec les papillons
D'innombrables points blancs, dorés par la distance,
Piquent la mer lointaine ?.....

GAËTAN

                              Enfant, c'est la laitance
Des étoiles !

ENGUERRANDE

          Mais vois, c'est toute une flotte !

GAËTAN

                                        Oui.

ENGUERRANDE

Qu'as-tu donc ?

GAËTAN

          D'un mirage ai-je l'œil ébloui ?
Que me veut du soleil l'étrange flatterie,
Qu'elle soit teinte aux trois couleurs de ma patrie ?

ENGUERRANDE

Non pas, si ta patrie a celle de mes yeux ! --
Hélas ! mon cher amour, vous voilà soucieux !

(*Entre un bûcheron.*)

SCÈNE V

LES MÊMES, LE BUCHERON

GAËTAN

Bûcheron, qui t'en vas en forêt sans cognée,
Ta besogne du jour est-elle besognée,
Et tes enfants ont-ils du pain pour tout l'hiver ?

LE BUCHERON

Quand l'aigle est au combat les aiglons ont le ver ;
Les oursons ont le grain quand l'ours est en bataille ;
Mais les enfants de l'homme, avant d'être à la taille
Des voleurs, quand leur père est au combat, n'ont rien !....
Je dis : à son boulet, heureux le galérien !.....
Salut.

(*Il sort.*)

GAËTAN

..... Il va combattre. Oh ! Quelle est cette guerre
Dont je ne suis pas, moi ?

ENGUERRANDE

Gaëtan, si naguère —
C'est-à-dire un moment, — quelqu'un nous avait dit :
Vous perdrez un baiser pour un passant maudit
Qui va, docile aux lois, revêtir l'uniforme !
Ce devin t'eût semblé proférer un énorme

Blasphème !.....

GAËTAN, *à genoux*

Punis-moi. Je ne sais quels démons
Cherchent à nous voler l'instant où nous aimons !

ENGUERRANDE

Tu regardes pourtant du côté de la flotte ?
.(*Entre le Pêcheur.*)

SCÈNE VI

LES MÊMES, LE PÊCHEUR

GAËTAN

On vient de ce côté : c'est notre vieux pilote. —
Nous reconnais-tu ?

LE PÊCHEUR

Non.

GAËTAN

Tu vas ?

LE PÊCHEUR

A ces ravins.

GAËTAN

Est-ce entre deux douleurs, bonhomme, ou bien deux vins,
Que tu vas flageolant des jambes, et chavires ?

LE PÊCHEUR, *sans lui répondre*

Que j'en ai vu sortir du port, de ces navires
Superbement gréés, cuirassés et blindés

Et tous pareils à vous !..... Où sont-ils ? Attendez !
Nous allons consulter le requin ou le morse !
Ils allaient en Alger, si vous allez en Corse,
Et de beaux jeunes gens, que j'ai tous bien connus,
Les montaient, qui depuis ne sont pas revenus !.....

GAËTAN

En Corse ? Ils vont en Corse ?

LE PÊCHEUR

On le dit. Brins de pailles,
Brins de fer, c'est tout un. Le gagneur de batailles
En mer, c'est l'amiral : Le Vent.

(*Il sort.*)

ENGUERRANDE

Cet homme est fou.
Ce sont vaisseaux marchands qui s'en vont n'importe où,
Aux Indes, au Brésil, chez Pierre ou chez Guillaume !...
Palerme est ton pays, la Corse est mon royaume.
Ennemis tous les deux ?... Ne sont-ils plus époux ?

(*L'attirant.*)

Viens, repose son front charmant sur ces genoux
Et rentrons au pays du rêve ; sois docile.

SCÈNE VII

LES MÊMES, CHŒUR DE CONSCRITS dans la coulisse,
Tambours.

LA CHANSON D'ARIAS

Puisque les rois ne veulent plus
Nous conduire à la guerre :

Et puisque leurs bras sont perclus
Ou qu'il ne s'en faut guère ;
On fauchera ses ennemis,
Entre-z-amis,
Comme le seigle !...
On se fera crever la peau
Pour toi, drapeau
Sans aigle !...

(Mouvement de Gaëtan. — Enguerrande le retient.)

LES SOLDATS, *entrant.*

Puisque semblables aux chapons
Qui n'aiment pas les poules,
Ils ont peur d'être, les capons !
Au derrière des foules !...
Républicains et monarchiens,
Troupeau sans chiens,
Faisons leur tâche :
Et qu'on châtre le Gaëtan
Ce gars étant
Un lâche !...

GAËTAN, *hors de lui, se jette sur les soldats, d'un bond.*

Misérables !

LES SOLDATS

Es-tu Gaëtan de Sicile ?
Si oui, bois ton calice, et si non, place aux gueux !
Garde pour l'ennemi tes bonds d'enfant fougueux :
Tu pourras sur son dos gavotter ta courante.

(Ils sortent.)

GAËTAN

Oh ! malédiction sur ma mère mourante !
Honte d'être, de vivre et de porter un nom !

(Les soldats chantent.)

Frères, ne chantez pas cette infamie ! Oh ! non.
Ayez pitié.

(Il se bouche les oreilles.)

... C'est faux, je ne suis pas un !... Terme
D'abomination !...

(*Il pleure.*)

(*Enguerrande tourne, et va à l'entrée du chemin par où
les soldats sont sortis.*)

Hé là ! Gens de Palerme,
Concitoyens, soldats, je viens ; attendez-moi...

ENGUERRANDE *devant lui, simplement.*

Passe !

GAËTAN, *la regardant.*

Je ne peux pas !

ENGUERRANDE

... Cependant, être roi
N'est pas un sort commun pour un amant vulgaire !
Être roi ? Songes-y, c'est conduire à la guerre,
Contre des étrangers tels que moi, tes amis,
Tes sujets bien-aimés tout un peuple soumis
Qui t'adore, te veut, te chante et me jalouse.
Être roi, mon époux, c'est plaire à ton épouse
En massacrant les siens qui déjà sont les tiens !
Passe donc, car vraiment, la gloire, tu la tiens.
Je ne sais qui des deux parle le mieux en maitre
L'honneur ou le devoir ?... Mais c'est l'amour peut-être !

GAËTAN

Ils me traitent de lâche, Enguerrande, entendez-les !
Aux quatre vents du ciel ces infâmes couplets
Volent, sifflent avec leurs rimes de vipères,
Et demain les enfants les apprendront des pères !
On m'insulte. On me crache au visage. Pitié !...

ENGUERRANDE

Coupe l'injure en deux ; je t'en prends la moitié.

GAÉTAN

N'en resta-t-il que l'ombre ou seulement l'idée.
Elles brisent encor mon âme lapidée !
Le digne époux pour toi qu'un époux insulté
Par tout un peuple !

ENGUERRANDE

Et moi, ne l'ai-je pas été ?

GAÉTAN

Par qui ?

ENGUERRANDE

Par toi ! — Mon front, où ton baiser se joue,
A pâli sous l'affront de ta voix, et ma joue
Où ta bouche se pose, est rouge du soufflet
De tes dédains de prince et d'homme, s'il te plaît !...
Quelle Enguerrande as-tu pourtant ? Et par où cesse
La femme que je suis d'avoir été princesse ?
Quelle guerre ai-je faite aux tiens, et quels vaisseaux
Ai-je lancé sur ta Sicile et tes vassaux ?
Ah ! tu m'aimes donc moins, menteur, que je ne t'aime,
Puisque l'honneur suffit à te rendre à toi-même !!
Déserte, Gaëtan : tes Etats les voilà.

(*Elle étale son corps d'un geste.*)

GAÉTAN

Oh ! comme tes ciseaux sont doux, ô Dalila !...
Non, adieu.

(*Il va à gauche.*)

ENGUERRANDE, *l'arrêtant, et lui montrant la droite.*

Ce chemin ne mène qu'à ma couche,
Mon bien-aimé : prends l'autre,

GAÉTAN, *la saisissant*

Ah ! donne-moi ta bouche,
Tes yeux, ton front, ta gorge et tes cheveux défaits,

Que je m'abîme au fond de l'ombre que tu fais !...
Fais-moi sombrer en toi. Fais que je disparaisse !
Bois mon honneur d'un trait. Calme d'une caresse,
La lave de mon sang qui bouillonne. J'ai peur
De te perdre ; j'ai peur de te voir, ô vapeur,
Ainsi que dans l'enfer rentrer dans la lumière,
Et de deux lâchetés je choisis la première !
Aime-moi, je déserte, aime-moi, je trahis...
Mourez, mourez sans moi, soldats de mon pays !
Chantez ma couardise et célébrez ma honte,
Poètes de Sicile ! Insulte, grandis, monte,
Mais tu n'atteindras pas ton souffle empesté
Les pieds de mon amour baignés d'éternité !...
Je suis un lâche, un lâche, un lâche, et je renie
Mon nom d'homme trois fois !...

ENGUERRANDE, *dans un baiser*

Va. Pars.

GAËTAN

Ah !... Sois bénie !

(*Il sort en courant.*)

SCÈNE VIII

ENGUERRANDE, *seule.*

Qu'ai-je fait ? Qu'ai-je fait ? Gaëtan !... Quoi, personne ?
Il n'est plus près de moi. Pourtant sa voix résonne,
Et mon pouls bat encore au rythme de son pouls.
Terreur, seule !... Reviens, mon amant, mon époux.
Je t'ordonne... Tiens, non, je te supplie... Écoute
Je n'ai pas dit ce mot. Tu t'es trompé. La voûte
De la forêt s'emplit parfois de sons épars.
Je ne t'ai pas dit : Va ! je ne t'ai pas dit : Pars !
Retourne sur tes pas, Gaëtan. Je me fâche !...
Mais qu'est-ce que cela me fait qu'il soit un lâche ?
(*Entre Noëma.*)

SCÈNE IX

ENGUERRANDE, NOËMA

NOËMA

Madame, vous souffrez ?

ENGUERRANDE

Que t'importe un tourment
Que tu ne connais point ?

NOËMA

Vous parlez durement.

ENGUERRANDE

As-tu l'âge d'aimer, innocente ?

NOËMA

J'ai l'âge
Du moins de compatir.

ENGUERRANDE

Pauvre enfant de village,
Tu ne peux rien pour moi. Merci. — Prends ce collier :
Celui qui l'aura vu sur toi, noble, écolier,
Paysan ou bourgeois, t'aimera pour toi-même,
Car te voilà dotée.

NOËMA

Est-ce ainsi que l'on aime ?
Madame, mais alors de quoi donc souffrez-vous ?
Gardez votre collier, les amoureux sont fous.

ENGUERRANDE

Tu n'en veux point ?

NOËMA

Madame, à la place où vous êtes,
J'ai refusé présents plus beaux, mais moins honnêtes,
De mains douces aussi que l'on baise à genoux

ENGUERRANDE

Accepte, je le veux.

NOËMA

Le roi m'avait dit « Nous
Voulons !... » C'était pourtant un beau manteau d'hermine,
Et tout fleurdelisé. Mais pardon...

ENGUERRANDE

Non, termine.
Le Roi ? Quel Roi ? Le nom de ton Prince charmant ?

NOËMA

Mais... nous n'en avons plus, Madame, en ce moment.

ENGUERRANDE

En quel doute mortel, ma pauvre âme éperdue
Est-elle, dans sa plaie ouverte, remordue !
Tu semble me connaître, enfant, et l'on aurait
Le soupçon, à te voir errer dans la forêt,
Que tu cherches parmi les lianes, que sais-je,
Gaëtan !:... La voilà plus blanche que la neige !...
Ah ça ! Vous voulez donc tous me le prendre ? Eh bien,
Non, vous ne l'aurez pas. C'est mon bien ! C'est mon bien !

(*Elle sort.*)

NOËMA

O Madone, Madone ! O Vierge, en qui j'espère,
Est-ce que jamais plus je ne verrai mon père !...

SCÈNE X

L'Hôtel de Ville de Palerme

ÉCHEVINS, BOURGMESTRE, JUGES et GRAND JUGE, GENS DU CONSEIL. — ÉDILES, PEUPLE et BOURGEOIS. — SOLDATS et GARDES. — ORLIZ, ARIAS, DANIEL, LYDIE, LES SBIRES.

PREMIER SBIRE, *à l'autre.*

Ouvre l'œil : c'est le peintre auquel tu dois, copain,
De savourer encor le goût sucré du pain.

DEUXIÈME SBIRE

Est-ce qu'il nous observe ?

PREMIER SBIRE

Avec surabondance.

DEUXIÈME SBIRE

Fondons-nous dans le peuple.
(*Ils se mêlent dans la foule.*)

ARIAS, *à Lydie*

Oui, c'est ici qu'on danse
D'habitude, Lydie. Et, les soirs de gala,
Tels que ceux dont jadis Jean Trois nous régala,
J'ai vu des sous-préfets voltiger sous ces frises.
Pauvres Hôtels de Ville, en ont-ils des surprises !

LYDIE

C'est la guerre, qu'on va déclarer aujourd'hui,
Du haut de cette estrade où sont les drapeaux ?

ARIAS

Oui.

LYDIE

Et Gaëtan ?

ARIAS

Parlons sicilien, ma belle.

LYDIE

Il viendra ?

ARIAS

Quand le loup parait, le mouton bêle.
Je ne le connais plus. C'est un.....

PREMIER BOURGEOIS, à Arias

..... Qu'apportent-ils
Monsieur, sur ce coussin de drap noir ?

ARIAS

Les outils
A régner.

LE BOURGEOIS

Les outils ? J'en ai la chair de poule.

ARIAS

La couronne, le sceptre, un pot de sainte ampoule,
La bénédiction papale, l'échafaud
Emblématique, en or, enfin tout ce qu'il faut
Pour travailler un peuple.

LE BOURGEOIS

O mesures cruelles !
Et l'onguent qui guérit, Monsieur, les écrouelles,
Est-il sur le drap noir ?

ARIAS

Non, il est au Codex.

LE BOURGEOIS, *étonné.*

Le Codex ? Et c'est loin ?

(*Arias, lui tourne le dos.*)

DANIEL, *à Orliz. Ils continuent une conversation com-
mencée à voix basse.*

..... Où ça ?

ORLIZ, *montrant les Sbires.*

Suis mon index.
Je suis absolument sûr de les reconnaître.

DANIEL

Agents corses ? Tu crois ? L'un va vers la fenêtre,
L'autre est près d'Arias et rit de ses lazzis.

ORLIZ

Tirons le son du ventre à ces faux pupazzis.

(*Ils entrent dans la foule.*)

DEUXIÈME BOURGEOIS, *à une dame*

Madame, le spectacle auquel on nous convie
Est de l'histoire ?..... On s'en souvient toute la vie.
Aussi je vous demande, au nom de votre enfant,
De permettre à mon fils d'être sur le devant.

UN HUISSIER

Place à la Cour, et place au Conseil des Prud'hommes !

(*Entrent Juges et Notables.*)

UNE GRISETTE, *à une autre*

Ma chère, grimpe donc : de la place où nous sommes
Ce qu'on voit la couronne et tous les diamants !...

L'AUTRE GRISETTE

Gros, dis ?

PREMIÈRE GRISETTE

Oh !

L'AUTRE GRISETTE

Comme quoi ?

PREMIÈRE GRISETTE

                    Comme des monuments.
Hein ! si nous les avions, s'en paierait-on des ânes !

DEUXIÈME BOURGEOIS, *à son fils*

Ces fêtes, chez les Grecs, s'appelaient : « Atellanes »
Car..... on en attelait pour s'y rendre.

LE COLLÉGIEN, *gouailleur*

                    Oh ! papa !

DEUXIÈME BOURGEOIS, *vexé*

Ce fut donc Cicéron, mon fils, qui se trompa.
Je le regrette !

L'HUISSIER

Place aux Echevins ! — Le Maire !

ORLIZ, *au Sbire qu'il a cerné*

Monsieur, c'est une chose inique, et même amère,
Qu'un homme tel que vous ne soit pas décoré !......

LE SBIRE

Mais, Monsieur.....
    (*Il se retourne et rencontre Daniel.*

DANIEL

Soyez doux...

ORLIZ

                    ... Soyez édulcoré
Comme un sirop de sucre épais...

DANIEL

                    Soyez amène !...
Le numéro, Monsieur, qu'à la foire j'amène
Sur la tête de Turc, est cinq cent trente et huit.

LE SBIRE

Ce qu'il s'ensuit, Monsieur ?

DANIEL

                    Monsieur, ce qu'il s'ensuit
C'est que si vous bronchez du pas d'une semelle,
— Roussin, je te renvoie en crêpe à ta femelle

LE SBIRE, *criant*

Vive l'Edilité de Palerme !

ORLIZ

                    Très fort !

LA FOULE

Vive l'Edilité !

LE SBIRE, *se sauvant*

                    Vive le Maire, et mort
A Gaëtan !

LA FOULE

                    Oui, mort à Gaëtan !

L'HUISSIER

                    Silence

LE MAIRE

Citoyens, que Celui qui tient dans sa balance
Le sort des nations et le nôtre, aujourd'hui
Fasse entendre sa voix. La parole est à lui.

LYDIE

Dieu va-t-il se montrer ?

ARIAS

Sous les traits du Grand Juge.

LE GRAND JUGE, *se levant*

Peuple sicilien, sujet d'un roi transfuge,
Déserteur et couard, voilà ce que je dis,
Moi, vieillard et Grand Juge. — Ainsi qu'au temps jadis
Où les peuples guerriers, comme on voit dans Plutarque,
Choisissaient le meilleur des juges pour monarque,
Sans plus et simplement, j'offre et je mets aux voix
D'en élire un par mode antique de pavois.

PREMIER BOURGEOIS

Cet homme, assurément, aime la monarchie.

ORLIZ, *à voix haute*

Je propose l'*Archiprépondéranarchie*.
C'est plus moderne.
      (*On rit.*)

LE GRAND JUGE, *se rassied*

Alors, je me tais.

UN GÉNÉRAL

                    Moi, doyen
Des généraux connus, je donne ce moyen :
S'agit-il de combattre ? Oui. De vaincre ? Oui. Le grade ?
Tout à l'ancienneté. —

ARIAS, *se levant*

        Moi, si l'on rétrograde
Jusqu'aux plus vieux soldats par le temps exercés,
Je demande qu'on prenne au moins Artaxercès,
Car nulle ancienneté ne lutte avec la sienne !
— La reine Thalestris est aussi très ancienne . . . .
      (*On rit plus fort.*)

LE GÉNÉRAL

Je m'assieds.

UN ARCHEVÊQUE

   Cardinal, et Primat des prélats
De Sicile, je sais que Jésus est très las
De vos dissensions. Pour fermer la soupape
Des révolutions. frères, nommons le Pape.
Car il est le seul roi des Chrétiens !... J'ai fini.

DANIEL

Nunc venite, gentes, et erudimini...

LE MAIRE, *se levant*

Assez. — Concitoyens, d'abord : — Au nom des villes,
Bourgs, bourgades, hameaux et feux, et des plus viles
Cabanes, comme au nom des plus riches palais ;
Autorisé par tous, nobles, vilains ; par les
Travailleurs et rentiers ; par ceux qui tiennent banques,
Comptoirs, bureaux, tréteaux : prêtres, juifs, saltimbanques,
Vendeurs d'or, ou de ciel, ou de plaisir ; — au nom
Des travailleurs de terre et de mer, fils ou non
D'hommes siciliens de race, aborigènes
Ou naturalisés, frères dans les gehennes,
Ou frères qu'en exil le crime aventura,
Je déclare la guerre à la Corse !

LA FOULE

Hurra !

LE MAIRE, *descend*

Maintenant la couronne est libre. Qu'on la prenne.
Que celle ou que celui qui, voulant être reine
Ou roi de la Sicile, aura juré trois fois
Sur son honneur, sa vie et son salut, à voix
Haute, et donnant pour gage à son serment sa tête,
Celle des siens, depuis son nouveau-né qui tette
Jusqu'à celle qui l'a de son sein blanc nourri,

S'il est homme, sa femme, et femme, son mari,
Enfin tout ce qu'on aime, homme ou femme ; s'il jure
De laver le drapeau de l'exécrable injure
Dont un peuple ennemi l'a souillé lâchement,
Comme un voleur couard qui sous la hache ment ;
S'il promet de rayer le nom « Corse » du monde
De façon que nos fils cherchant sa trace immonde
A la place où le porte un peuple détesté
Le disent fabuleux et trop mal attesté.
Il convient que le trône à ce brave appartienne.

ENGUERRANDE, *apparaissant hors de la foule*

Sur mon honneur, ma vie, et sur ma foi chrétienne
Je le jure !

GAËTAN

..... Arrêtez !

LE MAIRE

Trop tard !

GAËTAN

Qui devant moi
Ose prendre l'épée et le titre de roi ?

ENGUERRANDE

Moi, Gaëtan.
(*Au Maire.*)

Prenez cet homme, il est mon gage,
Etant tout ce que j'aime au monde.

LE MAIRE

A ton langage
On croirait.....

ENGUERRANDE

A présent rendez-moi mon époux !
J'ai tenu mon serment et la Corse est à vous.

LE MAIRE

Femme, qui donc te fait sûre ainsi de ta force ?

ENGUERRANDE

Je m'appelle Enguerrande ; et suis Reine de Corse.

(*Elle pose la couronne sur son front.*)

FIN DU QUATRIÈME ACTE

ACTE V

Palerme — Le port, un cabaret

SCÈNE I

LES SBIRES, *attablés*.

PREMIER SBIRE

Non, j'en ai jusque-là! C'est fini, je me range.
Je m'en vais cultiver le citron et l'orange
Dans un coin que je sais, non loin d'Ajaccio.

DEUXIÈME SBIRE

Moi, c'est aux environs de Bonifacio,
Entre deux rochers roux que parfume le myrte.

PREMIER SBIRE, *rêveur*

Ah! c'est là que la lune, en coquette qui flirte,
Avec les oliviers joue à colin-maillard!...

DEUXIÈME SBIRE, *rêveur*

Ah! Là-bas, le soleil couchant, ce vieux paillard,
Se cache sous la vague où flottent, comme liège,
Les mouettes qu'on voit prendre des bains de siège!...

PREMIER SBIRE

J'ai vingt ans de service... — et le mal du pays.

DEUXIÈME SBIRE

Du dégoût de mon art j'ai les sens envahis,
Et ne veux pas mourir avant d'être honnête homme.

PREMIER SBIRE

Ni moi. Si le métier te dégoûte, il m'assomme.
Je sens se réveiller sous ma peau d'argousin
Quelqu'un dont le roi dit : « Il n'est pas mon cousin ! »
Un Corse indépendant, pour t'expliquer la chose.

DEUXIÈME SBIRE

Je constate sur moi même métamorphose. —
A ta santé. — Depuis que, grâce à nos moyens,
Les gens de ce pays sont nos concitoyens,
Ma fierté d'être Corse atteint à la manie.

PREMIER SBIRE, *farouche*

Il faut qu'à Bastia reste l'hégémonie
Sur Palerme, ou sinon, nous n'avons rien acquis
A cette fusion. Rentrons dans nos maquis.

DEUXIÈME SBIRE

Je me fais mal à nos nouveaux compatriotes,
Et j'éprouve parfois des rages idiotes
D'en attirer le soir, un ou deux, dans un coin.

PREMIER SBIRE

Depuis assez longtemps j'éprouve le besoin
De m'unir avec eux, comme doigt à mitaine,
Par une tripotée en chair palermitaine.

SCÈNE II

LES SBIRES, ORLIZ, DANIEL, *entrant en causant*

ORLIZ, *à Daniel*

Il paraît qu'on doit dire, en droit régalien,
Siculo-Corso et non *Corso-Sicilien :*
Royaume réuni, capitale Palerme.

PREMIER SBIRE

Pardon, c'est Bastia.

ORLIZ, *s'avançant*

Plaît-il ?

PREMIER SBIRE

Si l'épiderme
Vous démange, jeune homme, on peut se dire un mot.

DEUXIÈME SBIRE

Parbleu ! c'est ennuyeux de croquer le marmot
En attendant qu'il passe un faquin de Sicile.

DANIEL, *au deuxième sbire*

Mon cher, je vous ai vu quelque part.

DEUXIÈME SBIRE

Imbécile,
Comme le lièvre, alors, derrière un romarin.

DANIEL

Mon ami, vous étiez plus gentil en marin.

ORLIZ, *au premier sbire*

Vous étiez plus poli, par conséquent moins Corse.

10.

PREMIER SBIRE, *à Orliz*

Tu dis, Sicilien de malheur ?

ORLIZ

           Ça se corse.
Salue un peu plus bas, mécréant. Ton chapeau
Masque la cathédrale.

(Il jette à bas le chapeau du sbire.

PREMIER SBIRE

On va changer de peau.

(Orliz et le premier sbire se battent.)

ORLIZ

Changeons.

DANIEL

Tiens bon, Orliz.

(Au deuxième sbire.)

           Homme au métier infâme,
A genoux.

DEUXIÈME SBIRE

Qui, moi ?... Lâche !

DANIEL, *le saisissant au cou et l'étranglant*

           Avale donc ton âme
Tout debout ! Dieu verra ce qui s'y trouve inclus.

(Le deuxième sbire tombe.)

ORLIZ, *terrassé par le premier sbire*

A moi !

PREMIER SBIRE, *sur* ORLIZ

J'en ai mangé !

DANIEL

Tu n'en mangeras plus!
(*Il l'assomme d'un coup de poing.*)

SCÈNE III

Une salle du palais, à Palerme,

ENGUERRANDE, MÉLIBÉE

ENGUERRANDE, *assise, abattue*

Non, de régner ainsi la tâche est trop ardue!
J'y succombe!

MÉLIBÉE

Courage!

ENGUERRANDE

Ah! vous m'avez perdue.

MÉLIBÉE

Ces rixes cesseront bientôt. L'égalité,
Madame, est un creuset de bonne qualité
Où la rivalité des races fusionne
D'autant mieux que d'abord..., on se contusionne,
A calme général, coups individuels,
Et les meilleurs amis sont faits par les duels.
L'alambic bout et fume, aidons à l'alliage
Par le précipité d'un royal mariage.

ENGUERRANDE, *avec un sursaut*

Vous dites?

MÉLIBÉE

Gaëtan vous aime, et, je le veux
Avec vous, vous l'aimez. Complice de vos vœux
Et d'accord avec Dieu, le peuple vous fiance.
Moi-même en cet hymen j'ai pleine confiance...
      (*Geste d'Enguerrande.*)
Ah! vous n'en jugez pas au moins différemment?

ENGUERRANDE

Moi, comte, l'épouser? Mais il est mon amant!
      (*Elle se lève.*)
Voilà pourquoi je suis perdue! Ah! triste reine!
Qui me l'arrachera, la pourpre que je traîne
Depuis huit mortels jours comme un habit de feu?
Le peuple, dites-vous, est d'accord avec Dieu
Pour nous unir? Eh bien, d'abord qu'il me le rende,
Le peuple! qu'il redonne à la pauvre Enguerrande
Son compte de baisers depuis huit jours perdus,
Et les huit paradis d'amour qui lui sont dus!

MÉLIBÉE

Ne vous aime-t-il plus? Ce serait bien infâme!

ENGUERRANDE

Ai-je dit qu'il fut mort?... Rassérénez votre âme.
Ne plus m'aimer, qui? Lui, Gaëtan?... Bon vieillard
Votre esprit, à ce coup, se voile d'un brouillard!...
De ma possession un amant se libère
Moins aisément, monsieur, qu'un peuple, d'un Tibère.
Quand on m'aime, et quand j'aime, ayez sur vos papiers
Qu'on peut renier Dieu, mais qu'on meurt à mes pieds!

MÉLIBÉE

Ainsi, cette union s'ordonne d'elle-même.

ENGUERRANDE

Hélas! Comprenez donc ceci : que, plus il m'aime,
Et plus ma royauté le sépare de moi;

Que je perdrais l'époux en dégageant le roi ;
Que son serment fatal entre nous deux se dresse,
Et que vous avez fait, comte, une maladresse !
  (*Elle se rassied.*)
Il ne faut pas jouer avec le feu d'amour,
Mélibée !

MÉLIBÉE, *riant*

        Un renard qui ne saurait qu'un tour,
A mon âge, serait indigne de sa queue,
Et les poules, madame, en riraient d'une lieue.
Régnez paisiblement : il sera votre époux.

ENGUERRANDE

Il est trop tard ; ou bien quel rêve faites-vous
Si vous avez compté lui couper la retraite
Avec le compromis d'une union secrète ?
Vous tournez le serment ? Trompez donc sa fierté !

MÉLIBÉE

Votre époux sera roi ! Régnez en liberté.
Il y va du salut de tous ! — L'Italie arme,
Et ses forces, dit-on, se concentrent à Parme.
Le cabinet Latin ne vous reconnaît pas
Pour reine de Sicile ? On a prévu le cas :
Nous ripostons d'abord par les cérémonies
— Votre amour est l'orgueil des Iles réunies,
Madame ! — d'un hymen populaire, qui fait
De deux petits Etats un grand, et dont l'effet
Est *primo :* de tenir en respect cet Empire,
Puis d'asseoir un bonheur qui va de mal en pire
Entre deux jeunes gens l'un pour l'autre créés.

ENGUERRANDE

Est-ce de mon tourment que vous vous récréez ?

MÉLIBÉE, *lui présentant un papier*

Madame, il faut signer ce décret d'amnistie.
De tous les droits dont une Altesse est investie
Celui de grâcier est le plus doux.

ENGUERRANDE

Donnez.
(*Elle signe.*)
Que tous les criminels d'Etat soient pardonnés!
Je te signe, joyeuse, et sans qu'on m'y contraigne,
Cher acte, qui seras le premier de mon règne!
Ah! porte-moi bonheur!

(*Mélibée va au fond et amène Noëma.*)

SCÈNE IV

LES MÊMES, NOËMA

MÉLIBÉE, *à Noëma*

Venez, n'ayez pas peur.
(*Il l'amène par la main.*)

ENGUERRANDE

Si mes yeux ne sont point troublés par ma torpeur,
C'est l'enfant au manteau. Comte, que signifie?...

NOËMA, *s'avançant vers Enguerrande*

Madame, s'il est vrai, comme on le certifie,
Qu'entre tous les décrets de votre main écrits
Le premier est celui du retour des proscrits,
Vous méritez vraiment, d'être reine et j'espère
Que Dieu vous bénira... car je vais voir mon père!

MÉLIBÉE, *lui présentant le décret.*

Ce décret, le voici. Prenez-le. Point d'effroi,
Et lisez. Il y manque un nom : celui du roi.

NOËMA, *gaiement*

Oh ! Qu'importe, Monsieur. Qui l'a signé, gouverne.
Mon père me revient ; le reste est baliverne.

MÉLIBÉE

Hélas ! non, mon enfant ! Il faut vous résigner
A pleurer, si le roi ne veut pas le signer !...
Et le roi c'est le prince héritier de Sicile.

NOËMA, *toujours gaie.*

Gaëtan ? Mais alors rien n'est moins difficile.
Les artistes, Monsieur, ont ce défaut pour eux
D'être exagérément tendres aux malheureux.
Le prince signera plutôt quatre fois qu'une.

MÉLIBÉE

Vous n'y prévoyez pas de répugnance ?

NOËMA

                              Aucune,

Et si j'osais !...

MÉLIBÉE

        Quoi donc ?

NOËMA, *confuse.*

        Excusez une enfant.

ENGUERRANDE, *à part.*

A-t-elle donc sur lui ce pouvoir triomphant
D'obtenir par pitié, ce que de l'amour même
Je n'ai point arraché ?

MÉLIBÉE. *à part.*

        La mignonne ! Elle l'aime !

(*Haut*).
Allons ! c'est grand dommage, et les pauvres proscrits,
A nos cris de bonheur n'uniront pas leurs cris

Le soir où couronnant un royal hyménée,
Le soleil laissera Palerme illuminée.

NOÉMA, *tremblante.*

Ah ! Monsieur !... Voulez-vous me donner le décret ?

MÉLIBÉE

C'est très grave ! Il faudrait promettre le secret.

NOËMA

Je le jure ! Où faut-il qu'il signe ?

MÉLIBÉE

　　　　　　　　A cette place,
Et sous ces mots : « Le Roi. »

ENGUERRANDE, *à part.*

　　　　　　　Sa sûreté me glace.

NOËMA, *prenant le décret.*

Il signera !

ENGUERRANDE, *anxieuse.*

Par quel moyen ?

NOËMA

　　　　　　Sans vous léser,
Madame, pour le prix d'un baiser !
　　(*Elle sort en agitant le décret*).

ENGUERRANDE

　　　　　　... Un baiser !
Et les miens !... Par ma vie éternelle, que dis-je
Par mon amour, je veux assister au prodige !
Et je serai présente à l'étrange entretien
Où mes baisers seront souffletés par le tien !
　　(*Elle sort, suivie de Mélibée*).

SCÈNE V

Chez Gaëtan

GAËTAN, ARIAS, RÉMI

ARIAS, *à Gaëtan.*

Alors, forçat d'amour, le boulet aux chevilles,
Dans l'ombre et le chagrin tu te recroquevilles ?
Telle une poule à qui l'on a pris ses poussins ?

RÉMI

Est-ce un sort de s'user le nez sur des coussins ?

ARIAS

Viens donc au cabaret.

RÉMI

Retourne chez Lydie.

ARIAS

Voyage, va chasser le lion en Lydie,
L'hippopotame au Gange ou dans l'Himalaya.
            (*Gaëtan secoue la tête*).

RÉMI

Travaille alors. Souvent le travail balaya
D'un cerveau nuageux l'amour qui l'obnubile.

ARIAS

Épouse quelque idée artistique et nubile,
Ou reprends ta Vénus Astarté.
            (*Gaëtan secoue la tête*).

RÉMI

... Désolant !

(*A Arias*).

Dans la chimie humaine, il n'est tel isolant
Que l'amour !

(*Entre Noëma*).

ARIAS

Noëma ! quel bon destin t'envoie

SCÈNE VI

LES MÊMES, NOËMA, puis ENGUERRANDE

NOËMA, *entrant, très émue.*

Salut, Messieurs ; il faut que sans tarder je voie
Le prince Gaëtan.

ARIAS

Qu'y a-t-il ? Ton sein bat
Comme celui d'un brave à son premier combat.

NOËMA, *courant à Gaëtan.*

Ah ! c'est lui.

GAËTAN

Que veux-tu de moi ? — Tu t'agenouilles ?
Omphale est-elle aux pieds du Dieu porte-quenouilles ?
Debout, je suis un homme.

(*Il la relève*).

NOËMA

Oh ! je le savais bien
Que nul n'est plus que vous généreux, et combien

J'avais raison de dire : il signera cet acte !
Ma prophétie était, j'en étais sûre, exacte.
Accourez, goëlands, et revenez d'exil !...
Ah ! quel bonheur !

GAÉTAN

Quel acte, et de quoi s'agit-il ?

NOËMA, *lui donnant le décret*.

Lisez.

GAÉTAN, *lisant le décret*.

C'est un décret d'amnistie.

NOËMA

Oui.
(*Enguerrande paraît et écoute*).

GAÉTAN, *voyant la signature d'Enguerrande*.

J'envie
La main qui le signa. Je donnerais ma vie
Pour mériter l'honneur d'écrire mon nom là ;
De tous les droits d'un roi c'est le plus beau qu'il a,
Et c'est le seul aussi que Gaétan regrette.

NOËMA

Mais s'il en est ainsi, signez, la place est prête :
Voyez.

GAÉTAN

Mais, Noëma, je ne suis pas le roi.

NOËMA

N'êtes-vous pas le roi de la reine ?

GAÉTAN

Tais-toi.

NOËMA

O Monsieur Gaëtan, signez, je vous en prie !...
Signez pour qu'on me rende et pour qu'on rapatrie
Le vieil homme qui pleure au fond des mers. Signez,
Afin que de l'enfer, où vous les consignez
Par un refus mortel, de pauvres gens ! — vos frères —
Arrachés au bonheur par des lois arbitraires
Sortent pour vivre ainsi que des hommes, et non
Comme des chiens maudits ! Ah ! mettez votre nom
A cet acte d'honneur, de grâce et de concorde.

GAËTAN

Certes ! J'aimerais mieux avoir au cou la corde
Que d'entendre ta voix d'enfant, et que de voir
Trembler ton frêle corps de vierge, sans pouvoir
Te donner, Noëma, ce que tu me demandes !

NOËMA

Hélas ! Les amandiers entr'ouvraient leurs amandes,
Dans les sentiers mouillés fleurissaient les jasmins
Le jour où, sous l'orage, et me tenant les mains
Dans les vôtres, ainsi qu'un riche qui se joue,
Vous parliez d'acheter un baiser sur ma joue !...
— Ta joue, ô Noëma, ne vaut pas un baiser ! —
J'ai rêvé !...
          (*Elle pleure*).

GAËTAN

          Que faut-il faire pour apaiser
Ton chagrin ? Parle, ordonne et dicte. Je contracte
Le serment d'obéir à ta loi.

NOËMA

          Signez l'acte.

GAËTAN

Eh bien, donne.

ARIAS et RÉMI, *apercevant Enguerrande.*

... La reine !

RÉMI

                    Ah !... Le piége est ourdi
De main de maître !

ARIAS

                    Moi, j'en suis abasourdi !...
S'il signe le décret, il fait acte tacite
De roi. Par conséquent il l'est ; c'est implicite.
Parjure à son serment, son honneur coule bas.

RÉMI

Et d'un autre côté, s'il ne le signe pas,
Homme inhumain et dur aux proscrits en détresse
Il renie à la fois son nom et sa maîtresse.

GAËTAN

(*Il ouvre son pourpoint, et met le décret sur sa poitrine.*)
Il ne sera pas dit que traître à mon serment,
Je serai l'être vil qui torture ou qui ment !
Il ne sera pas dit que l'amour, noble tâche
Qui fait des dieux, aura de moi seul fait un lâche,
Et que je m'assoierai, — lamentable ouvrier
Du devoir, — en pleurant, comme un vieux lévrier
Dont le flair expirant s'exhale sous la verge,
Devant les deux chemins où mon honneur converge !
Il ne sera pas dit que celle qui là-haut
M'attend, aura surpris son enfant en défaut ;
Et que celle ici-bas qui m'a doublé la vie
Aura douté de l'homme auquel elle est ravie !
Non, non, tes doux espoirs ne seront pas leurrés,
Noëma. Pauvres gens et proscrits qui pleurez,
Vous sentirez encore sous le vent qui l'étale
Le céleste parfum de la terre natale !
Je signerai cet acte.....

                                        11.

NOËMA, *battant des mains*

Ah ! Seigneur tout-puissant !

GAËTAN, *tirant son poignard*

Et je le signerai, comme un roi, de mon sang !
Ainsi qu'un testament je veux qu'on l'entérine,
Et qu'il reste affiché, sanglant, sur ma poitrine ! .....

(*Il lève le poignard pour se frapper. — Enguerrande lui
saisit le bras.*)

ENGUERRANDE

On ne meurt pas tout seul, quand on aime..... On attend.

(*Elle ouvre une croisée, au fond. On voit passer des
soldats.*)

Regarde ces soldats qui vont, tambour battant,
Et juge qui des deux aime le plus ?

GAËTAN

La guerre ?

ENGUERRANDE

Non pas celle où l'on va, dans un débat vulgaire,
Disputer pour les droits d'un règne en puberté !.....
La guerre pour le sol et pour la liberté !
La guerre sainte, celle où la mort est sereine
Et bénie, où le roi combat près de la reine,
Ainsi qu'un homme libre et brave, qui défend,
Sous des yeux adorés, sa tente et son enfant !
La guerre où je serai, la guerre où tu dois être ;
Qui t'appelle vivant et qui me prend un maître
Pour m'unir à l'époux enfin restitué.
La guerre, Gaëtan, où tu seras tué !
La guerre où ton épée, à ton poignet loyale,
Taillera noblement une couche royale
A cet amour que Dieu veut pour son firmament !
Es-tu content de ta maîtresse, ô mon amant ?

GAËTAN

A la mort ! A l'amour, ô ma guerrière !

ENGUERRANDE

A Rome !.....

GAËTAN

L'acte sera signé, Noëma, d'un sang d'homme !

SCÈNE VII

Les abords d'un champ de bataille.

ENGUERRANDE et GAËTAN, étendus morts, côte à côte
et les mains unies, sous une tente. — MÉLIBÉE, ORLIZ,
ARIAS, DANIEL, RÉMI, LES AUTORITÉS SICI-
LIENNES, NOËMA à genoux au pied du catafalque.

LE BOURGMESTRE, à Orliz

Morts tous les deux, Orliz ?

ORLIZ

Oui, monsieur l'Echevin.
Nous les avons trouvés sur le bord d'un ravin,
Lui, la poitrine ouverte, Elle, sans nulle plaie
Apparente, et portés ici sur une claie.

LE BOURGMESTRE

La reine est sans blessure !

ORLIZ

Oui, l'âme n'en a pas !

LE BOURGMESTRE

On parlera longtemps de ce noble trépas
Que la liberté nimbe encor d'une victoire.
Le poète Arias en écrira l'histoire,
Et sur un monument d'argent et de paros
Daniel sculptera le groupe des héros.
Rémi nous chantera dans un hymne funèbre
Les fatales amours de ce couple célèbre,
Et le pinceau d'Orliz, éternisant leurs traits,
Pour notre Hôtel de ville en peindra les portraits.
Soldats et citoyens, la monarchie est morte
En Sicile. Ce couple en son linceul l'emporte !
La République fait, par ce rude moyen,
Du dernier de nos rois son premier citoyen.....
Et toi, femme, qui fus un instant notre reine,
De notre liberté tu seras la marraine,
Et tous nos nouveau-nés seront, pendant un mois,
Baptisés de ton nom et dotés par les lois.

NOËMA, *se dressant*

Arrêtez.

LE BOURGMESTRE

Qu'y a t-il ?

NOËMA, *reculant*

Le prince !..... Sa main bouge !.....
(*Le décret tombe de la poitrine de Gaëtan.*)
C'est le décret. Horreur ! De quel paraphe rouge
Est-il signé !
(*Elle embrasse Gaëtan sur le front.*)
Serment tenu, baiser promis !

LE BOURGMESTRE, *à Gaëtan*

Que votre volonté soit accomplie !
(*Il prend le décret.*)
Amis.
A la porte du camp, le clairon nous annonce

De Sardaigne, un légat et d'Italie, un nonce
L'un apporte la paix et l'autre l'union
Des trois Iles en une. A mon opinion
Nous devons accepter, l'offre n'a rien d'oblique.
La Méditerranée aura sa république.

(*Cris d'enthousiasme.*)

MÉLIBÉE, *au public*

Virgile l'enseigna par Enée à Didon :
Le meilleur diplomate est encor Cupidon.
Monsieur le Maire, allons forger à la Mairie
La Constitution de notre Chimérie.

1883-1884

FIN D'*ENGUERRANDE*

LA
NUIT BERGAMASQUE

TRAGI-COMÉDIE EN TROIS ACTES

Représentée au Théâtre Libre, le 30 Mai 1887

A LA MÉMOIRE SACRÉE

DU PLUS PUR ÉCRIVAIN DE LA

VÉNÉRABLE

LANGUE FRANÇAISE

A CELUI

QUI N'A PAS DE STATUE A PARIS,

DONT LE NOM N'Y BAPTISE PAS DE RUE

ET QUE L'ACADÉMIE MÊME N'A PAS EU

A

THÉOPHILE GAUTIER

Son humble disciple,
ÉMILE BERGERAT

PERSONNAGES

ŒNOBARBE. . vieil avare . . . . , . .	MM.	ANTOINE.
MYRIO . . . . . amoureux de Fatima		MÉRÉ.
BRUNO , ... jeune dissipé, neveu d'Œno- barbe		BURGUET.
UN REITRE . . . . , . .		MÉVISTO.
FATIMA . . . . femme d'Œnobarbe	Mmes	BLANCHE JOLY.
FLORINELLA. mûlatresse , servante de Fa- tima		BARNY.

Costumes du vieux répertoire.

———

La scène à Bergame.

PRÉFACE

LETTRE A JEAN RICHEPIN

I

Mon cher ami, vous le savez, *La Nuit Bergamasque* n'a d'autre prétention que celle d'être un essai de vers comique en plein dix-neuvième siècle. Car le glorieux dix-neuvième siècle a de tout, mais il n'a pas de « vers comique. »

Aux yeux d'une infinité de gens, dits sensés, cette lacune est sans importance : le « vers comique » ne leur paraît pas un objet de nécessité première, enfin ils s'en passent apparemment. Mais en réalité nous nous mourons tous de la disparition de ce pain intellectuel que personne ne boulange plus. La perte du « vers comique » entraîne en effet celle de la Poésie comique, et le siècle dépourvu de Poésie comique est un fichu siècle, un siècle où l'on s'ennuie, un siècle à coucher dehors, — le nôtre.

Or, dans l'impossibilité à laquelle on est réduit de s'évader hors de ce siècle de misère sans tomber prématurément à une éternité qui, pour mon compte, ne me dit rien de bon, (et vous ?) et désireux cependant de savoir comment nos aïeux riaient là où nous ne rions plus, on en arrive à agir avec son temps et ses contemporains comme si ces contemporains n'étaient pas les vôtres, ce temps, le temps où l'on vit, et l'on se procure l'illusion d'écrire *La Nuit Bergamasque.*

Oh ! illusion bien gratuite et complète ! Jamais, vous en êtes témoin ! je n'ai eu l'idée, l'espoir, le soupçon même que cet ouvrage dût voir les trente-six chandelles de la rampe. Je n'imaginais même pas qu'il pût être publié. En le composant, il y a trois automnes, sur cette petite grève bretonne à laquelle vous devez vous-même quelques-unes des plus belles chansons de votre poème *La Mer*, je m'abandonnais aux délices de l'inédit irrévocable, aux voluptés exquises du posthume volontaire. Ceux qui cherchent des sensations raffinées ont tort de négliger celle-là. Aucune jouissance n'est comparable à cette certitude, où l'on s'ancre, de n'être ni lu, ni entendu, ni représenté, ni édité, ni jugé, d'éviter le public et la critique, et de travailler pour un roi de Prusse dont le Berlin n'est pas dans ce monde. Oh! l'inoubliable bon mois de nirvana littéraire!

Hélas! ils sont venus, ceux qui ne devaient pas venir. Tout est fini! *La Nuit Bergamasque* éditée! Que dis-je? représentée!! D'autre que vous, notre cher Banville et moi connaitront le sinistre Œnobarbe, son jardin de citrouilles, sa turque de femme, courtisane invraisemblable qui se donne pour de l'argent, non pour une romance, et n'épargne point les jeunes guitaristes, au contraire! Tu sors du néant, Florinella, négresse sans conscience, et toi, reître sans mesure, vrai spadassin des rimes millardiaires, qui parles une langue sans date, dépravée, résolument anachronique, où l'argot moderne se pare des tournures classiques; désorganise la chronologie des vocables et fait une omelette affreuse de tous les styles nés ou à naître. Vous allez être réalisés, Bruno et Myrio, couple de vrais farceurs, outranciers de la charge, dont aucune police humaine — et même divine peut-être! — ne tolérerait l'existence ni les conceptions. Or çà! de quel droit vivez-vous? Vous sortez des nimbes pour me déshonorer. Je ne vous fis pas présentables. Je ne vous avoue pas le moins du monde. Vous êtes bâtis hors des règles, en dépit du sens commun, à l'encontre de tout ce que l'on admire, pour le plaisir caricatural de modeler dans l'impossible. Vous êtes le rêve d'un Caliban. Voulez-vous bien rentrer dans votre boîte, fantoches en bamboche! Fermez, fermez vite le guignol des mandragores, car la critique a peur, la critique s'évanouit.

Attestez, je vous en prie, mon ami, que *La Nuit Bergamasque* ne fut par moi composée ni pour plaire à la critique ni même pour lui déplaire. Je n'ai point pensé à elle, voilà ce qu'il y a à dire. On sait, n'est-ce pas, que je ne regarde pas à la taquiner. Mais cette fois, non. *La Nuit Bergamasque*, telle que la voici, avec sa folie de rimes, de concept, de personnages hyperboliques, ses détonations de couleur locale, de vraisemblance et son style omniséculaire, est le produit d'une esthétique qui m'est propre, qui me rend heureux, et que je ne ferai pas deux pas pour imposer aux autres. Puisque de braves gens croient devoir soumettre ce produit devant le public, je les suis dans leur aventure. Et comme ils me demandent encore un exposé de principes par où ceux qui veulent me comprendre pourront se raccrocher, je risque l'exposé de principes.

II

D'abord, et sur tout autre point, *La Nuit Bergamasque* est une recherche de « vers comique ».

Le « vers comique », qui n'a pas dit son dernier mot avec Regnard, n'a plus parlé cependant, depuis cet auteur, au théâtre. Au moins il n'a plus parlé en maître. Il s'est effacé devant la prose et devant le vers tragique. Soit que les mœurs l'aient ainsi voulu (et je n'en crois rien), soit que la veine fût tarie à cette source poétique du génie français (et je ne le crois pas davantage), le Romantisme n'a point suscité d'héritiers à Regnard. Le drame, formule nouvelle, en qui et par qui devaient s'unir et se fondre les deux forces opposées d'expression scénique, le Rire et les Larmes, semble avoir été tout de suite insuffisant à réaliser son programme. Le drame chez Victor Hugo penche beaucoup plus (presque tout entier) vers la tragédie que vers la comédie. L'équilibre des deux forces n'y est point observé. Eschyle y mange la part d'Aristophane. Est-ce donc que le problème soit irréalisable ? Pour les auteurs, non. Mais pour le public français, peut-être. Nous avons l'âme classique, comme nous l'avons monarchique et chrétienne. On ne saurait avancer sérieusement que le poète des *Châtiments* fut insuffisant à la besogne : son vers comique équivaut à son vers tragique et le même lyrisme les nourrit. D'ailleurs *Ruy-Blas* est le spécimen concluant du double génie dont le Maître disposait pour reforger l'œuvre de Shakespeare. Mais Victor Hugo a bien vite compris qu'il se heurtait à une routine invincible de l'esprit modéré qui est l'esprit français. Le mariage de la tragédie avec la comédie était entaché d'inceste, ou, pour dire plus juste, d'incompatibilité d'humeur. Il fallut renoncer à leur association. L'expérience prouva que lorsque le spectateur français s'assied dans une salle pour pleurer, il veut pleurer tout le temps, et sans intermède; et de même s'il s'y asseoit pour rire, qu'il répugne à être distrait de sa joie par des épisodes tragiques. Ah! ce Boileau! On n'en a pas fini avec sa puissance !

L'essai infructueux de fusion eut cependant un résultat, qui fut la trouvaille d'un vers comique tout particulier, sans rapport avec le vers de comédie traditionnel, et dont la force bouffonne trempe encore dans l'hyperbole du tragique. Ce vers coloré, pittoresque, vivant de sa propre gaîté gasconne, presque indépendant de la pensée qu'il contient, gardant en ses sonorités le haut ton déclamatoire du milieu dramatique où il est éclos, c'est au romantisme qu'on le doit.

Il est le vers comique moderne.

III

J'estime que la réelle erreur des producteurs de comédies actuels est de n'avoir pas rendu les armes tout de suite à ce grand vers hyperbolique, monté sur les échasses du drame et drapé dans ses fantaisies. Ils ont méconnu sa loi, si raisonnable, d'abracadabrance. Et pourtant elle s'imposait à un siècle gris, terne, triste, rongé de la lèpre du neutre et imbécilisé à demi par l'angoisse des réalités. Ils crurent qu'à ce siècle bourgeois il fallait le vers bourgeois, le vers adverbial et proverbial, le vers sans tain, transparent, incolore, laissant voir la prose de la vie, le vers indéclamable, sourd, sans rythme, honteux de la rime qu'il traîne et de son pauvre bruit de cymbales fêlées. A l'abracadabrance ils opposèrent la cuistrerie. Par terreur du rire empanaché, ils inventèrent le rire en madras, en bonnet de coton et en ceinture de flanelle ; par horreur du vers tragico-comique, nous eûmes le vers-pipelet ! Pour ne pas dire : tabellion ! ils écrivaient ; notaire ! les prosopoètes ! Et telle fut la réaction.

Car la comédie en vers, telle qu'on l'accepte aujourd'hui sur nos théâtres littéraires, est peut-être de la comédie en vers, mais en vers comiques, non pas ! Il serait irrespectueux de dire que malgré les rimes, elle reste en prose. Irrespectueux pour la prose, s'entend. La phrase symétrique qu'emploient nos prosopoètes, à la fois familière et pompeuse, pourrait être émise dans la vie réelle par un épicier distrait en train de peser de la cassonade sur ses balances. C'est un vers comme une flatuosité est de la voix humaine.

J'avance et mets en fait que si un domestique se permettait, chez vous, de vous parler comme les marquis parlent aux duchesses dans les comédies rimées du répertoire moderne, soit par système de propositions alexandrines, entrecoupées d'un hoquet régulier d'abord et d'un bruit imitatif ensuite, vous n'hésiteriez pas à le flanquer à la porte, attendu que ce domestique serait atteint d'un tic insupportable. Le ménage le plus heureux aurait droit au divorce s'il ne pouvait s'exprimer son amour que par cette cadence tympanisante qui est l'hexamètre hydrocéphale et rabique. L'Inquisition a tout osé en fait de tortures, mais elle n'aurait pas osé enchaîner un hérétique à un bourreau scandant la prose tout le temps comme nos prosopoètes nous la scandent au théâtre, les misérables ! pour nos plaisirs ! Oh ! pour nos plaisirs !!

Certes, entre deux accusations déplorables, j'aimerais mieux encourir celle d'avoir substitué nuitamment le dôme des Invalides à la coupole de l'Institut que celle de manquer de déférence pour l'illustre école des prosopoètes comiques. Et j'entends par prosopoètes comiques ceux qui font représenter des comédies rimées, les autres n'étant que des prosateurs. La comédie en vers, au dix-neuvième siècle, est un tel merle blanc que même celle qui n'est ni comédie, ni en vers, mérite déjà l'attendrissement, et l'obtient. Quand elle se manifeste, le public crie au martyre, et la critique, intimidée, parle tout de suite de la Légion d'Honneur ! La critique, en effet, est si bonne fille qu'elle s'imagine que le vers prouve beaucoup plus que la prose. A la peine qu'elle endure à l'entendre, elle croit à un surcroît de travail et de patience chez le rimeur, et elle est touchée de ses efforts d'enfileur de perles. Ce n'est, fichtre ! pas moi, mon cher Richepin, qui la désabuserai. J'ai trop souvent admiré comme vous, que personne ne bronche, dans cet héroïque Paris, lorsque pendant trois heures d'horloge le funèbre vers en habit noir, le vers « Second-Empire » prolonge épileptiquement la scie monotone de son inepte jonglerie. Ceux qui n'ont pas vu les Parisiens pendant le siège et veulent avoir une idée exacte de leur stoïcisme souriant, n'ont qu'à assister à une première de comédie en vers à Paris : c'est le même don de résistance contre la fatalité, la même énergie devant la famine, le même dédain naïf de la pluie d'obus. En province, on en a assez après le premier acte ; à Paris, on va jusqu'à l'armistice.

IV

Mais le rôle de la critique est d'être grave — et de gober ! C'est dans sa badauderie qu'est sa force. Le prosopoète lui impose !

Allez donc, de gaîté de cœur, professer cette doctrine que le propre du vers comique est de ne coûter aucun effort, de naître joyeusement tout seul et de tomber de la cervelle du poète comme les noix d'un noyer qu'on gaule. Tout est plaisir dans cet art, car tout est don. Le premier qui s'amuse à une comédie en vers, c'est celui qui la fait. Si vous voulez un signe de reconnaissance pour distinguer le poète comique du prosateur qui rime, n'en cherchez pas d'autre que la facilité. Mais chut! Pourquoi divulguer un secret que je tiens de Polichinelle lui-même.

J'ai souvent pensé, mon cher Richepin, et je crois bien l'avoir écrit dans les innombrables articles que j'ai semés depuis vingt ans à tous vents, que le comique est une des faces du lyrisme. Le couplet comique, c'est l'ode en goguette. C'est pourquoi il est si regrettable que Victor Hugo, fidèle à son idée du drame, ne nous ait point laissé de modèle de comédie pure. Il nous aurait débarrassé d'un coup de l'école élégiaque et du vers pipelet et « Second-Empire ».

L'un de ses plus intelligents disciples, Auguste Vacquerie, tenta cette comédie dans son *Tragaldabas*. Il écopa. Le coup sans doute était prématuré. Si *Le Rappel* avait existé en ce temps-là, les fils de Ponsard étaient noyés, car il faut pouvoir se défendre dans un monde où chaque jour apporte son combat pour la part de soleil.

Alfred de Musset, — le plus doué de tous les grands contempo- rains pour l'art du théâtre, et celui qui y croyait le moins, — eut certainement l'idée de la comédie en vers, telle que nos mœurs et notre Poétique la demandent, telle qu'on la réalisera demain. Mais il ne put dompter une paresse, faite de découragement peut-être, devant le triomphe des mirlitonistes du bon sens. Il commença cependant *On ne badine pas avec l'amour*, en vers, et l'on. re- trouve encore un grand nombre d'hexamètres dans la prose rythmée et métaphorisée de cette splendide esquisse théâtrale, notamment dans ses premières scènes. Puis il se lassa et prononça l'éternel : A quoi bon ? des véritables artistes de notre Age.

Hélas ! à quoi bon en effet, puis le tabellion tragique à qui l'on doit *L'Honneur et l'Argent*, *La Bourse*, et d'autres épiceries populaires, avait déjà corrompu la bonne volonté d'Émile Augier. Car Emile Augier a renié Musset pour Ponsard. Il a « pipeleté » *Gabrielle* et *Paul Forestier* après *L'Aventurière*, ce brave essai où sa gloire se raccroche.

Un seul homme — et par simple divertissement encore ! — pro- fita nettement de la leçon discrète de *Ruy-Blas* et des premiers actes de *Marion Delorme*. Il s'amusa à démontrer par l'exemple quelles ressources le vrai vers comique, empanaché, hyperbouffon et cliquetant des syllabes, offrait à l'esprit moderne. Deux badi- nages lui suffirent, et ces deux badinages sont les seuls morceaux

de franc style comique qui relient le théâtre moderne à la filière
des maîtres classiques. C'est pourquoi on ne les joue nulle part,
non seulement pas au théâtre Cluny, mais même à la Comédie-
Française.

Pierrot-Posthume et *Le Tricorne enchanté,* deux farces ita-
liennes, rejoignent à travers les années *Les Plaideurs* de Jean
Racine, et elles leur tiennent tête pour la franchise du ton, la
verve railleuse, et l'éclat retentissant de la facture.

On en conclut que Théophile Gautier n'était pas doué pour la
scène. Naturellement. Il ne se le laissa pas dire deux fois. Il alla
faire son feuilleton, déclara que *L'Honneur et l'Argent* était l'honneur et l'argent du siècle, et partit pour Constantinople, où l'on
voit l'immortel Karageuz, en qui est la sagesse, sans quitter son
chibouk.

Est-il utile d'ajouter que l'appel de Théophile Gautier ne fut pa
entendu, ayant à peine été compris des plus forts critiques. Le
Livre s'empara de ces deux merveilles de vers comique, et il les
garda, comme il fait de tout ce qui est original ou parfait en littérature dramatique.

Après Théophile Gautier, et à sa suite, notre cher maître
Théodore de Banville tenta de ramasser la batte, et certainement il
la tiendrait en main, s'il ne fallait pas quinze ans, en France,
pour qu'une comédie en vers d'un acte se manifeste à la scène.

On n'apprend pas à fabriquer le vers comique. On sait le faire
en naissant, et c'est ici que la nature a toute la besogne. Car de
tous les dons rares, celui du vers comique est le plus rare sinon le
plus précieux. Enfermer le rire dans un grelot d'argent ? il y faut
un orfèvre doublé d'un magicien.

Cet amusant Regnard, dont les conceptions n'ont souvent par le
sens commun, et qui ne se pique pas de philosophie bien profonde, me paraît être le type du versificateur comique. Les vers
hilares tintent autour de lui comme les clochettes d'un chapeau
chinois. Molière, jeune, et jusqu'à *L'École des Femmes* inclusi-
vement, eut ce don, que nourrit seule la jeunesse, ou, à son défaut, la bonne humeur, cette santé de l'âme. Il sema les vers
comiques à pleine main tant que sa main fut libre. Plus tard lorsqu'il tourna à la mélancolie, son vers se dépolit aux facettes ; le
pur cristal en est touché ; son rayonnement louche vers la prose,
cette prudhommie.

Et de fait, mon cher Richepin, si l'on sommait la critique
sérieuse de nommer douze poètes depuis Mathurin Regnier qui
aient su faire rire le vers, ils seraient dans leurs petits cothurnes.
Il y a Scarron d'abord. Puis Corneille dans *Le Menteur.* Racine
surtout, dans *Les Plaideurs,* le chef-d'œuvre du genre. Ensuite

La Fontaine, Regnard, Boursault, Voltaire si l'on y tient, — enfin Victor Hugo, Alferd de Musset, Théophile Gautier, Vacquerie, Banville, et c'est tout. Les autres ont eu — ou ont l'hexamètre grave.

Le Parnasse de Lemerre a fourni des poètes macabres et indochinois, mais point de comique. J'en excepte Ernest d'Hervilly, si curieusement doué, mais bien subtil, et qui, dans tous les cas, n'a pas encore trouvé l'occasion de donner toute sa mesure. On nous a donné cette année votre *Vieillesse de Scapin*, et les zélateurs du vers comique ont applaudi ferme, dans leur coin, à cette tentative, car votre talent robuste et d'un vocabulaire aussi riche qu'intrépide, nous en pimenta le régal. Or donc, donnes-moi la main, mon cher ami, et crions tous les deux de toute notre voix : « Mort au vers Pipelet ! Les prosopoètes à l'échafaud ! »

ÉMILE BERGERAT.

ACTE PREMIER

Un carrefour à Bergame, la nuit. Maisons avec pignons avancés,
tourelles, balcons et bancs de pierre. Rues au fond. La maison
d'Œnobarbe est à gauche ; vaste balcon en pan coupé. Porte sous
le balcon. A droite un jardin et sa porte.

SCÈNE PREMIÈRE

FATIMA *et* FLORINELLA, *sur le balcon.* BRUNO, *couché
sur un banc de pierre et endormi; puis* MYRIO.

FLORINELLA

Quelle nuit d'Orient, madame ! Dirait-on
Que l'on est à Bergame et chez un roi teuton ?
Si nous allions un peu courir la pretentaine ?
Il paraît qu'à la place, auprès de la fontaine
Un bon polichinelle est ouvert !... Allons-y !...

FATIMA, *rêveuse*

Non, je n'ai pas la tête à voir des pupazzi !

FLORINELLA, *levant les épaules*

Madame pense encore à son beau capitaine !
Secouez-vous. Venez courir la pretentaine !
Pour un galant perdu vient un autre galant,
Et ce polichinelle a beaucoup de talent !

FATIMA, *avec un soupir*

Il gagne de l'argent !... Ah ! Florine, être riche !...

FLORINELLA

Justement ! La beauté, quand on la laisse en friche,
Est-elle un bien ? Ah ! dieu ! si j'étais belle ! non,
Ce que j'en tromperais !... Hélas, pauvre guenon,
Je rêve aux cocotiers lointains de ma patrie !...
Mais vous, Madame, vous, dont la chair est pétrie
De la pulpe des lys, et qu'un affreux jaloux
Enferme, martyrise et nourrit de cailloux,
A quelque amant de plus êtes-vous regardante ?
J'en voudrais un par jour, tant j'y serais ardente,
Et je vous trouve bonne à l'âge où je vous vois
De n'en avoir qu'un seul... je veux dire à la fois.

FATIMA

Crois-tu qu'il reviendra ?

FLORINELLA

                    Qui, le sire Œnobarbe,
Votre odieux mari ? Si, dans la sainte-barbe
Du vaisseau qui l'emporte à Malte, le bon Dieu
A la poudre à canon pouvait mettre le feu,
On gagnerait encore à perdre le navire !

FATIMA, *avec douceur*

Souhaitons seulement que le vaisseau chavire !
Celui dont je parlais ce n'est pas mon mari.

FLORINELLA

Le capitaine alors ? Je vous tiens le pari
Que, s'il court, il est loin ! C'est une faribole !...
Il ne m'a pas donné seulement une obole :
Ça n'a pas un liard ! un gueux !...

FATIMA

Florinella !

FLORINELLA

Ah ! n'allez pas, madame, aimer ce faraud-là !

FATIMA

Eh ! qui veux-tu que j'aime ? Exilée à Bergame
Chez un peuple chrétien, sauvage et monogame,
Je me meurs d'abandon ! Ah ! m'en aller tout droit
Devant moi, libre ! Hélas je n'en ai plus le droit !
Oh ! dans mon beau pays, devant les cafés mores,
Lorsque enfant je dansais entre les sycomores
Sur les tapis brodés de fleurs, on me donnait
Souvent une dragée et parfois un bonnet !
Quelquefois des galants m'emmenaient sur leurs ânes
Et me gardaient un jour ou deux !... Tu les condamnes,
Loi du Christ, je le sais ! Mais s'ils n'étaient chrétiens
Étaient-ils donc plus turcs que la plupart des tiens ?
Au moins, les bonnes gens ! ils me bourraient de sucre !

FLORINELLA, *à part*

Elle n'a pas assez, ce soir, l'humeur au lucre !

FATIMA

O ciel de mon pays, profond et souriant,
Qui me rapatriera dans mon cher Orient,
Et qui fera rentrer dans mon âme calmée
Le bonheur que j'avais quand je n'étais qu'almée !

FLORINELLA, *secouant la tête*

Ça va mal !

FATIMA

Si j'avais de l'argent, nous fuirions !

FLORINELLA

Tout vaut mieux que mourir de faim sous les horions !
Mais l'argent, on le trouve !

MYRIO *dans la coulisse*

(*Il chante*)

Madame qui logez ici,
L'enfant qui chante sans souci
Est celui même
Dont l'ombre vous suit en tout lieu,
Car après sa mère et son dieu
C'est vous qu'il aime.

BRUNO, *s'éveillant*

Au diable la recrue !
Ne peut-on plus dormir tranquille dans la rue ?

FATIMA

Encore l'écolier ! Pourquoi me déplaît-il ?
Je n'en sais rien. Il m'aime ? Il est assez gentil ?
C'est drôle, ce poète, il a l'amour bébête !

FLORINELLA

Je m'en vais lui vider un vase sur la tête !

FATIMA

Oh ! non !

FLORINELLA

Dam ! un poète !!! — Et puis il nous déplait,
N'est-ce pas ? Un poète ? Ah ! ce serait complet !
Il ne manquerait plus pour comble de misère
Que d'aller sur les ponts cueillir un Bélisaire !

MYRIO, *entre*

Madame qui dormez là-haut,
Eveillez-vous, car il le faut.

On crie : à l'aide !
Voilà qu'un chrétien va mourir !
S'il ne vous plaît le secourir,
Devenez laide !...

FATIMA

C'est touchant !

FLORINELLA

Casse-cou ! Madame ! Casse-cou !
Mais coupons court !
(*A Myrio*)
Tenez !

(*Elle lui jette de l'argent*)
(*Les deux femmes rentrent*)

BRUNO

Elle lui jette un sou !...
Mille diables !

MYRIO, *furieux*

Coquine ! Ah ! l'injure est cruelle !...

BRUNO, *s'avançant*

Est-ce toi ? Myrio ?

MYRIO, *le reconnaissant*

Bruno ! Cette ruelle
Est si sombre ! As-tu vu quelle insulte on me fait ?

BRUNO, *gaiment*

En langage d'huissier, ça s'appelle : un « effet
Protesté ! » C'est « forfait » dans le langage hippique ;
Dans le style du jeu, style dont je me pique,
C'est : « refait ! »

MYRIO

Tu ris, toi ! Mais je l'aime !

BRUNO

En ce cas
Sois paisible ! Avec trente ou quarante ducats
Tu l'auras ! Il n'est pas besoin que tu t'escrimes
A semer dans la nuit la poudre de tes rimes !
La dame est accessible aux bruns autant qu'aux blonds.
La romance qu'elle aime est celle des doublons ;
Œnobarbe est un bouc dont on dore les cornes.

MYRIO

Tu la connais ?

BRUNO

Qui, moi, Fatima ?... Si les bornes
Parlaient, elles diraient combien de fois Bruno
Est entré par cet huis barré sans domino !...
Mesure ton injure à la main qui l'a faite.
Dieu seul est grand, mon fils, mais non pas son prophète.

MYRIO

Soit. Mais que deviens-tu ? Depuis bientôt un mois
On te cherche partout. Chassais-tu le chamois
Dans le Tyrol ou l'ours en Gaule transalpine !
Reviens-tu de la Trappe ou de chez Proserpine ?
Tout Bergame te pleure ! On disait : « Avez-vous
Vu Bruno ?... » — D'où sors-tu ?

BRUNO

De la maison des fous !

MYRIO

Allons donc ? Enfermé ? Pourquoi ? Par qui ?

BRUNO

Devine.

MYRIO

Quelque encouragement à la race bovine
Sur une bête à corne ?

BRUNO

Il s'en faut d'un cheveu !
Connais-tu l'oncle exquis dont je suis le neveu,
Le connais-tu ?

MYRIO

Moi ? non.

BRUNO

C'est l'homme vénérable
Dont, comme on pique en terre un jeune plant d'érable,
Tu veux boiser le front.

MYRIO

Il est ton oncle ?

BRUNO

Oui.
Ne t'émeus pas.

MYRIO

Mais c'est un avare inouï
Un malandrin sinistre, horrible et fantastique !...

BRUNO

Allonge, ne crains rien. Où tu frottes, j'astique,
Où tu peins, je vernis. Le portrait est frappant !

13.

MYRIO

Toi, Bruno, le neveu d'un pareil sacripant ?

BRUNO

Si c'était tout encor ! Sache que j'en hérite !
Je le dois à la loi bien plus qu'à mon mérite,
Je le sais ! Mais fussé-je un modèle en effet
Et le type accompli de l'héritier parfait,
Je pourrais, pour un clou, vendre avec bénéfice
Ce qui me reviendra du vieux, sans que je fisse
Autre usage du clou que de m'y pendre ! Car...
— Ceci passe le rêve et monte au cauchemar !... —
Il ne veut pas que l'or sur lequel il se vautre,
Même après son décès, soit couvé par un autre !

MYRIO

Le sordide grigou ! Mais pour quelles raisons
A-t-il pu t'enfermer aux Petites-Maisons ?

BRUNO

Mes dettes ! — Elles ont servi ce cornifère,
Qui ne tend à rien moins, Myrio, qu'à me faire
Interdire !... On devient fou, c'est contagieux,
Rien qu'à hanter les fous, par l'ouïe et les yeux,
Et mon oncle comptait sur la vie en famille !...
On vous douche, mon cher !... J'ai, par une charmille,
Atteint d'abord un mur, par le mur, un poteau,
Par le poteau, la rue, et j'arrive presto
Agiter devant lui, légataire fantôme,
De mon hérédité le funèbre symptôme !

MYRIO

Quel tour vas-tu lui faire ?

BRUNO

           Oh ? lequel !... Mais un bon !
Et si tu veux en être ? Ainsi que d'un jambon

Tu tailles une tranche avec ta jugulaire,
Je désire entamer la chair avunculaire.

MYRIO

J'ai mon sou sur le cœur !

BRUNO

Moi, ma maison des fous !
Tope là ! Nous allons nous venger !
(*Entre un reître*).

SCÈNE II

LES MÊMES, LE REITRE

LE REITRE, *aviné, du fond*.

Holà, vous.

Hé, là-bas !
(*Il les appelle*).

BRUNO, *au reître*

Qu'y a-t-il pour ton service, drôle ?

LE REITRE

Drôle est léger ! Pourtant le mot s'applique au rôle
Que je remplis, comme un blason sur un écu !
Je cherche, en quatre mots : la maison d'un cocu.

BRUNO

Monsieur est employé du Cens ?

LE REITRE, *avec un gros rire de soudard.*

Elle est plaisante.
La bourde ! Non ; le cens qu'ici je représente
Est le sens d'un guerrier qui flageole en tous sens
Pour le moment. C'est un Français, natif de Sens,
Capitaine de son état, il l'est en somme,
Mais exerçant surtout le métier de bel homme.

MYRIO

Il s'appelle ?

LE REITRE

Tantôt Lémil, tantôt Milet,
Cela dépend, mon cher, de l'humeur dont il est.

BRUNO

C'est de l'ubiquité pratique.

LE REITRE, *opinant du bonnet.*

Phrase heureuse
Entre toutes, mon cher ! — J'ai là, sous ma vareuse,
Une lettre de lui pour certaine beauté
Vers laquelle je cours, comme le Chat-Botté,
Si j'ose comparer ma démarche qui cloche
Aux bonds vertigineux de ce tigre de poche.

MYRIO

La dame est mariée ?

LE REITRE

Autant qu'il est garçon !
Mariée, oui ! Toujours ! Chacun a sa façon
D'aimer la pomme ! Moi, je la préfère verte !
Le capitaine l'aime attaquée, entr'ouverte.
Par les becs des coucous, et tombée aux gazons !
Mais vous m'entendez bien, camarades ? Gazons !

Ça, qui de vous connaît un sire Barbebleue ?
C'est un homme qui sent son cocu d'une lieue,
M'a-t-on dit, un avare, un atroce vieillard,
Qui ne boit que de l'eau, ne mange que du lard,
Et nomme le pourboire : un masque de l'aumône !
Ainsi l'on m'a dépeint le sire Barbejaune.

BRUNO

Il est fort ressemblant ! Sauf le nom.

LE REITRE

Excusez !

BRUNO

De rien ! Mais le vieux pingre en remontre aux rusés,
Étant sorcier !

LE REITRE

Ah bah !

BRUNO

Jurez-vous de vous taire ?

(Le reître lève la main : Bruno, à voix basse).
Il obtient des bourgeons de piastres dans la terre ! ! !

LE REITRE, *à voix basse.*

Sans fumier ?

BRUNO

Sans fumier !

LE REITRE

C'est un dieu !

MYRIO

Proprement !

LE REITRE

Qu'on doit à le servir avoir de l'agrément !
Vous m'obligeriez fort de m'indiquer sa porte,
Car la lettre, messieurs, que dans mon sein je porte,
Est pour lui… Je me trompe, elle est pour sa moitié.
Ce que l'argent est rare aujourd'hui, c'est pitié !
Et notre capitaine, à l'heure où je vous parle,
En guette !… Tel on voit (permettez !) un king-charle
Guigner une praline à la cime d'un poing !…

BRUNO

Il en guette ?

MYRIO

Et de qui ?

LE REITRE

D'elle !… C'est à ce point
Que si je ne reviens avec certaine somme
Précise, il risque d'être !…
            (*Il fait le geste de la pendaison*).
                    Est-ce la mort d'un homme ?

BRUNO

Combien a-t-il volé ?

LE REITRE

Si peu que j'en rougis !
Deux cents florins !… Veuillez m'indiquer le logis
Du cher horticulteur de piastres en pétoncle.

BRUNO

Avec plaisir ; d'autant que le ladre est mon oncle.
Faisons mieux : Je me charge, en parent accompli,

De lui communiquer la teneur de ton pli,
Donne?... ou le pli lui-même, à ton choix.
    (*Il lui prend la lettre*).

                   La taverne
Que tu vois dans ce fond, là-bas, pour ta gouverne,
Est un tripot. Vas-y, je t'y rejoins.

LE REITRE

              Pardon !
J'ai peut-être été vif pour le parent !

BRUNO

             Va donc !
(*Le reître sort*).

SCÈNE III

MYRIO, BRUNO

BRUNO

Te voilà tout pensif !

MYRIO

    Il me vient un scrupule.

BRUNO

Lequel ?

MYRIO

    Il m'apparaît, d'après cette crapule,
Que, loin d'en recevoir, elle en donne !...

BRUNO

                              Innocent !
Mais où le prendrait-elle ? A ce vieux cent pour cent
D'Œnobarbe ?

MYRIO

          Et sa dot ?

BRUNO

                    Ignores-tu l'histoire
Du mariage ? Il est sans conteste et notoire
Qu'il l'a, dans son voyage, achetée à treize ans,
Sur le marché de Smyrne, à deux... hébraïsants
Vagues marchands de chair, sorte d'anthropophages,
Mal classés par Buffon, Cuvier et Quatrefages.

MYRIO

Elle est turque ?

BRUNO

De corps et d'âme !

MYRIO

                         Eh bien alors ?
Tu l'excuses du mot. Turque d'âme et de corps,
Esclave, puis vendue à ce bonhomme infâme
Qui l'enferme, la bat peut-être, et qui l'affame,
Quel homme n'absoudrait une femme en son cas ?

BRUNO

De lui jeter des sous ?

MYRIO

                    Elle ne se vend pas !
Ce capitaine en est la preuve peu prévue.
Quant à l'injure, c'est la bonne, je l'ai vue.

BRUNO

En amour, c'est-à-dire en intrigue s'entend,
La main qui verse est sœur de la main qui se tend.
Ce sont des vérités qu'on enseigne en Sorbonne !
Maintenant cache-toi pour voir si c'est la bonne.
        (*Il fait cacher Myrio sous un auvent et heurte à la
                                porte de Fatima*).

SCÈNE IV

BRUNO, MYRIO *caché*, FATIMA, FLORINELLA.

FLORINELLA

Madame, on heurte en bas. Si c'est votre mari
Qui rentre, dois-je ouvrir ?

FATIMA, *vivement.*

        Au contraire !

FLORINELLA
                        Le cri
Part du cœur ! Mais si c'est un pauvre ?

FATIMA
                        Alors, ma chère
Emprunte-lui du pain, car on fait maigre chère
Chez mon maître et seigneur dont Dieu rompe le cou !

FLORINELLA

Et si s'est un amant ?

FATIMA

Ouvre.

FLORINELLA, *regardant dans la rue.*

           Ce n'est qu'un fou.
C'est Bruno.

FATIMA

Que veut-il ? la visite importune !

FLORINELLA

Mais au contraire ! un fou présage la fortune !
     (*Elle ouvre à Bruno*).

BRUNO, *embrassant Florinella.*

Négresse, prends d'abord ce baiser. Il t'est dû
Comme un verre de vin à la soif d'un pendu.
Puis, de ton pied courant, va dire à ta maitresse
Que je l'attends ici. La commission presse :
Il s'agit d'une lettre et d'un soldat français.

FLORINELLA

Chut ! Je sais ce que c'est !
     (*Fatima entre.*)

BRUNO

           Va donc, si tu le sais ;
— Mais la voici. Salut à madame Œnobarbe !
Plus épais est le mur, plus belle est la joubarbe,
Et la réclusion ajoute à vos attraits
Une pâleur charmante !

     (*Il lui baise la main.*)

FATIMA

Épargnez-moi vos traits,
Bruno, je goûte mal l'esprit !... Qui vous amène ?

BRUNO

Deux choses. La première est l'amour surhumaine
De Myrio pour vous !

FATIMA

Passons à l'autre.

BRUNO

Bien.
Lisez.

(*Il lui donne la lettre du capitaine.*)

FATIMA, *lisant : à part*

Deux cents florins ? Mais je n'ai pour tout bien
Que ma robe ! Français à la cervelle folle !
Deux cents florins ! A qui veut-il que je les vole ?

BRUNO

L'homme qui vous portait ce poulet parfumé
D'alcool et de tabac, était fort allumé,
Et comme je craignais qu'il fît quelque méprise
Et que mon oncle vît la lettre je l'ai prise
De ses mains, et...

FATIMA

Merci. De quoi vous mêlez-vous ?
Êtes-vous mon amant, mon frère, mon époux.
Ou bien mon confesseur ? J'admire votre adresse
D'intercepter ainsi les lettres qu'on m'adresse,
Et vous suis obligée infiniment du soin
Que vous prenez de mon bonheur !... Il n'est besoin !

Cette lettre est d'un moine, elle vient de Corcyre !...
Il ne vous manquait plus que d'en briser la cire !

BRUNO, *à part*

La peste ! Quelle entente à détourner les chiens !...
    (*Haut.*)
Je passais !... J'ai ce soir, à des juifs autrichiens,
Gagné de l'or... que c'est à donner la berlue !...
J'étais de tendre humeur !...

FATIMA

        Ainsi vous l'avez lue ?

BRUNO, *avec dédain*

Quoi ? votre lettre ? Ah ! çà, pour qui me prenez-vous ?

FLORINELLA, *bas à Fatima*

Quand je vous le disais, madame, que les fous
Portent bonheur ! Celui que le ciel nous décoche
Est providentiel ! Songez à sa sacoche !

FATIMA

Vous nous quittez, Bruno ?

BRUNO

        Madame, il est fort tard,
Et je dois à Vénus, mère du vieux moutard,
Cet argent mal acquis !...

FATIMA, *jouant la prude*

        Se peut-il qu'un jeune homme !...
Quel âge avez-vous donc ?

BRUNO, *feignant de se méprendre*

        Deux cents florins.

FATIMA

                                               La somme
Est ronde ! Mais je dis : Quel âge ? et non : Quel gain ?

BRUNO

Pour l'amour, j'ai cent ans !... Vingt ans pour le béguin.

FATIMA

Vous passez pour discret.

BRUNO

                               Ça se dit chez les dames.
J'ai gagné quelquefois au joli jeu de dames.
Et si notre Seigneur, au dernier jugement
Me demande « pourquoi, » je répondrai « comment; »
Quand à dire « combien » je n'en suis pas capable !
Mais parmi les péchés dont mon être est coupable
C'est de discrétion que je le sens perclus !...
Et, quand l'aurore vient, je ne me souviens plus !...

FATIMA

Je ne vous savais pas d'humeur aussi plaisante !
Mon mari trop souvent pour affaires s'absente
Et je suis quelquefois bien seule !

FLORINELLA

                                       Ainsi ce soir !
Madame me disait, à côté du dressoir,
Tout à l'heure : Sais-tu, guenon, ce qui m'exalte ?
C'est de savoir qu'il est en ce moment à Malte !...
Car nous pouvons sortir ! Oh ! nous avons les clefs
En double !...

FATIMA, *s'éloignant*

Bonne nuit, homme aux cheveux bouclés !...
                                               14.

BRUNO

Et Myrio?

FATIMA, *presque à sa porte*

Fi! Fi!... Laissez!... Bruno!...

BRUNO

Méchante!

Il vous aime d'amour!

FATIMA

Un poète! Qu'il chante!

BRUNO, *cinglant le mot*

Dans les cours?

(*Fatima revient à lui, résolument.*)

FATIMA

S'il lui plait!

BRUNO

Il ne veut qu'un baiser!

FATIMA

Seulement!... Suis-je femme à le déniaiser?
C'est métier de servante, et je suis bien la vôtre!
Vous évangélisez fort bien, mais, bon apôtre,
Puisque vous êtes riche et que vous régalez
Que ne le menez-vous aux lieux où vous allez?
Il suffit, m'a-t-on dit, de tirer la sonnette!...
J'ai le regret, Bruno, d'être une femme honnête!

BRUNO

Elles aussi!

FATIMA

Comment dites-vous ?

BRUNO, *à mi-voix*

Fatima !
Pourquoi ne fus-je pas le premier qui t'aima ?
Je t'aurais appris l'art divin de la clémence !

(Plus haut.)

Si les filles dont vous condamnez la démence
N'ont pas le capitaine, elles ont les troupiers !...

(Fatima reste interdite.)

Madame, je vous baise et les mains et les pieds

FLORINELLA, *qui vient d'apercevoir Myrio caché, à voix
basse*

Madame ! Ah ! par Mahom ! la chose est scélérate !
Le poëte était là, caché, comme un pirate,
Et placé pour entendre ainsi qu'à l'opéra !

FATIMA, *bas*

En es-tu sûre ?

FLORINELLA, *bas*

Oui.

FATIMA

Tant pis ! il le paiera !
(Haut à Florinella. pour être entendue de Bruno.)
Va trouver Myrio. Dis-lui qu'il se procure
Deux cents florins, ce soir, — que la nuit est obscure,
Et qu'il vienne !... Ce soir, tu m'entends. ou jamais !

(Elle rentre avec Florinella.)

SCÈNE V

MYRIO, BRUNO

MYRIO

Je la hais à présent autant que je l'aimais !
Oui, je me vengerai ! J'ai sur les trois syllabes
De son nom, composé trente pantoums arabes,
Dix triolets, et tant de lais et de rondeaux,
Que je n'en puis porter le papier sur mon dos !
Sur l'honneur ! je l'aimais comme un fakir adore
Son manitou sacré !

   (*Il jette sa mandore.*)

     Vas au diable, mandore,
Et mon amour avec ! Il leur faut des écus !
C'est avec de l'argent que l'on a des cocus !...
Mène-moi chez un juif. Pour payer la sultane
Je lui cède ma peau vivante, et qu'il la tanne !

BRUNO

Certes ! mais mon crédit chez les juifs n'a qu'un tort.
Pareil à la jument de Roland, il est mort !

MYRIO

Où trouver ces deux cents florins ?

SCÈNE VI

LES MÊMES, ŒNOBARBE

ŒNOBARBE, *une lanterne sourde à la main*

                    L'heure est venue!
Trop d'étoiles! hélas! Il faudrait qu'une nue
Immense enténébrât cet affreux firmament!
Je jouirais bien plus de mon bonheur d'amant.

MYRIO

C'est Œnobarbe?

BRUNO

      Oui!

MYRIO

    Je le croyais à Malte!

ŒNOBARBE

Mon cœur bat trop! Faisons une petite halte!
    (*Il pose sa lanterne.*)
Que je l'aime!... Elle dort!... Elle ne m'attend pas!...
Ce baiser, quand je vais la saisir dans mes bras
Ah! l'idée est profonde, ingénieuse et neuve!
Je feins de voyager et de la laisser veuve,
Elle me croit bien loin en mer!... Moi, finement,
J'apparais, je l'embrasse!... Ah! quel raffinement!

MYRIO

Il me fait peur. De qui parle-t-il? de sa femme?

BRUNO

Écoute : au fond des bois c'est le dix-cors qui brame !

ŒNOBARBE, *il se lève*

Et maintenant, jeune homme amoureux, au bonheur !
(*Il prend sa lanterne, et entre dans le jardin, à droite.*)

BRUNO

Ton argent, tu l'auras, ma parole d'honneur !
Et nous nous vengerons comme il sied qu'on se venge,
D'un tel oncle, neveu, poète, d'un tel ange !
Ah ! parmi les déments tu voulus m'héberger ?
Suivons-le !... Tu vas voir la bergère au berger !

(*Ils suivent Œnobarbe.*)

FIN DU PREMIER ACTE

ACTE II

Le jardin d'Œnobarde. Ciel étoilé. De grands murs tout autour,
excepté à gauche, où le mur est bas et criblé de tessons de bouteilles. Plantes potagères, grosses citrouilles. Une treille sur le
mur de droite.

SCÈNE PREMIÈRE

ŒNOBARBE, puis MYRIO et BRUNO

ŒNOBARBE, *seul.*

*(Il est à genoux devant une citrouille, au centre de la
scène, la lanterne sourde l'éclaire par en bas, d'une
façon fantastique).*

Ils me font rire, ceux qui flagellent l'avare !
— Être pape, être roi de France et de Navarre,
Être illustre, être jeune, être Homère, être Hector,
Qu'est-ce auprès du plaisir d'inutiliser l'or,
De l'enfouir !... plaisir où l'avoir se combine
De vol !

*(Myrio et Bruno paraissent sur le mur. Il prend sa
cassette dans le trou.)*

O ma cassette! à la fois concubine

Et femme !... O mon enfant, ma mère, mon bijou,
Que la peau de ton bois est douce !

BRUNO, du mur.

Sapajou !

ŒNOBARBE, attendri.

Quand je suis loin de toi que fais-tu dans la terre ?
Ma bonne amie, il faut nous cacher et nous taire,
Et par des jours obscurs gagner de claires nuits !
Car le soleil pour nous est l'astre des ennuis.

 (*Tremblant.*)

Ne me trompes-tu pas, dis, ma morte vivante ?

MYRIO, sur le mur.

L'absurde fossoyeur me glace d'épouvante !
Est-ce là sa maîtresse ?

BRUNO, sur le mur.

Oui !

ŒNOBARBE

    Placer de l'argent !...
Il est des gens qui font cela !... Décourageant !
Changer l'or en papier, l'or !... Justice éternelle !
Changer son or, voyons ? Pourquoi pas sa prunelle ?...
Dépenser ! Monnayer ! Payer !! Rendre !!! Prêter !!!!!
Le vertige me prend... il me faut m'arrêter.

BRUNO, sur le mur

Ce sera dur !

ŒNOBARBE

   Ce qui me confond plus encore
C'est cette passion horrible, qu'on décore
Du nom bête d'amour paternel !... Des enfants ?...

(Sombre.)

Des héritiers ???

(Avec un geste terrible.)

Jamais je n'en aurai !... Je fends
Le crâne à l'impudent qui me parle d'en faire !
Laisser cette cassette à d'autres ? Je préfère
La savoir pourrir là pendant l'éternité !...
Ignoble sentiment que la paternité !
Un enfant, c'est-à-dire un être qui spécule
Sur ma mort, pour jouir, après moi, du pécule,
Le dissiper, jeter aux démences du vent
L'amas délicieux de mon or !... Plus souvent !

BRUNO, *sur le mur.*

Que dis-tu de mon oncle ?

MYRIO

Il me fige les moelles !

ŒNOBARBE, *regardant le ciel.*

Que ne puis-je racler ces millions d'étoiles,
Comme avec volupté je les enterrerais !

(Il rêve.)

En automne, dit-on, les feuilles des forêts
Sont jaunes !... Et le sable est jaune sur la grève !...
Et l'œil des chats est jaune !... Il faudra que j'en crève
Un !....

MYRIO

Il voit jaune !

BRUNO

Dam ! mon cher, c'est sa couleur !

MYRIO

Je n'en puis supporter davantage ;
(*Il saute en scène. Œnobarbe l'aperçoit et pousse un
cri d'angoisse.*)

ŒNOBARBE

Au voleur !...

(*Il court et se heurte à Bruno.*)

BRUNO

Bonsoir, mon oncle !

ŒNOBARBE, *il recule devant Bruno, terrifié.*

Horreur ! mon neveu !... la patrouille

MYRIO

Que plantez-vous donc là, monsieur, dans la citrouille ?
(*Œnobarbe s'abat sur sa cassette et la couvre de son corps*)

ŒNOBARBE, *d'une voix altérée.*

Du blanc de champignon ! Mis dans les potirons,
La nuit, les champignons vont mieux... ils sont plus ronds.

BRUNO, *riant.*

Comme les cornes !

ŒNOBARBE, *avec un rire forcé.*

Bon ! je vois que tu t'amuses !...
Hâte-toi, mon garçon ! Les Parques sont camuses,
Et la jeunesse. à peine est-on sorti des choux,
Est déjà tête blanche !

BRUNO

                    Oui, surtout chez les fous !
Hé, mon oncle !

ŒNOBARBE, *à part et les jaugeant.*

          Ils sont deux !
     (A *Myrio.*)
                         Tiens, c'est vous, jeune barde ?
Vous me charmez le soir avec votre guimbarde !
Vous chassez par ici ?... Bonne chance !...
     (*Il prend sa cassette et cherche à sortir.*)

                              Et bonsoir.

BRUNO

Vous ne nous offrez pas même de nous asseoir !

ŒNOBARBE, *sa cassette sous le bras.*

J'y pensais !... Mais encore y faudrait-il un siège !

BRUNO

Et ce petit coffret ?
     (*Ils lui prennent le coffret.*)
                    C'est léger comme liège,
Le blanc de champignon !
     (*Ils laissent tomber le coffret, dont les écus sonnent.*)

MYRIO

               Et quel tintin mignon !

BRUNO, *s'asseoit sur le coffret.*

Que je voudrais avoir du blanc de champignon !

ŒNOBARBE, *au comble de l'angoisse.*

Ne me feras-tu pas une petite place ?

BRUNO

Mais comment donc, cher oncle ! au mitan !
   (Œnobarbe s'assied à côté de lui sur le coffret.)

ŒNOBARBE

                  La paillasse
Est mince !

BRUNO

   Bah ! j'ai vu des sophas plus étroits
Où, quand on se tassait, on tenait jusqu'à trois !
Myrio peut encore vous flanquer sur la gauche.

   (Myrio s'assied à son tour sur le coffret, à la gauche
   d'Œnobarbe. Ils sont sur la pointe des fesses et
   forment ainsi, face aux spectateurs, un trio tra-
   gico-bouffon.

      BRUNO, *poussant Œnobarbe.*
On a chaud, hé ?

MYRIO, *même jeu.*

   Très chaud !

ŒNOBARBE

            Que la peste vous fauche !
Vous m'étouffez !

BRUNO

   Voici. — Mon ami Myrio
A pour oncle direct un nabab de Rio
Janeiro qui lui sert du fond de l'Amérique

Pension de deux cents florins, c'est chimérique,
Par mois ! Or !...

      (*A Myrio.*)

      Continue.

      MYRIO, *continuant.*

               Or mon ami Bruno,
N'ayant pour son souper ni figue ni pruneau,
Me fait ce grand honneur de m'emprunter la somme
Dont il est question !

      ŒNOBARBE

      Votre histoire m'assomme !

      BRUNO

Est-il possible !

      MYRIO

      Hélas ! monsieur, je ne l'ai pas !
Soit que le paquebot ait fait naufrage au Pas
De Calais...

      BRUNO

      Soit que l'oncle ait oublié le coche ..

      MYRIO

Toujours est-il...

      ŒNOBARBE

      Pardon, votre récit ricoche !
L'argent vient-il par coche ou bien par paquebot ?

      BRUNO

Il ne vient pas !

                  15.

MYRIO

Du moins, s'il vient, c'est d'un pied bot !
Mais toujours un navire au navire succède !

BRUNO

D'ailleurs qu'est-ce qu'un oncle?... un parent qui décède
Communément.

ŒNOBARBE, *frissonnant.*

J'ai froid.

MYRIO

Monsieur, il est certain
Que je vous les rendrai... tenez, demain matin,
Dès le patron-minet !...

ŒNOBARBE, *ne comprenant pas.*

Les quoi, monsieur ? les qu'est-ce ?

BRUNO, *frappant le coffret.*

Les blancs de champignon !

ŒNOBARBE, *avec effroi, à Bruno.*

Ne tape pas la caisse,
Tu lui fais mal !

MYRIO

Deux cents florins !

ŒNOBARBE

Deux cents florins !...
Qui ?... Moi !...
(*Il les bouscule, se dresse et met le pied sur sa cassette.*)
Deux mille coups de bâton dans les reins,

Voulez-vous dire ! Arrière, et décampez, mes drôles !
Toi, mon neveu, c'est la potence que tu frôles !...

MYRIO

Réfléchissez, monsieur ! Dès le patron-minet !

ŒNOBARBE

D'où me tombent ces deux piliers d'estaminet ?

BRUNO

Nous allons donc passer au second épisode !
  (*Il déclame.*)
Tout trésor découvert par hasard — dit le code —
Appartient par moitié d'abord à l'Etat ; puis
A ceux qui l'ont trouvé sous terre, dans un puits,
Et cætera. Ce cas est notre cas ! La preuve,
Comme Garo, dans la citrouille je la treuve !
Ce blanc de champignon est du temps des Romains !

MYRIO

Peut-être ! Il appartient aux documents humains !
Notre devoir est donc, sous des peines très graves,
D'en porter le trésor au bureau des épaves.

BRUNO

Nous le ferons, je puis le dire, avec orgueil !
  (*Ils prennent le coffret et font mine de l'emporter.*)

ŒNOBARBE

Assassins ! C'est ma fille ! Arrêtez !

BRUNO ET MYRIO, *se regardant.*
       Un cercueil !

BRUNO, *tenant un bout du coffret.*
Ainsi ce qu'il livrait à cet humus acide
Et rongeur, c'est l'objet d'un lâche infanticide !

MYRIO, *tenant l'autre bout.*

Mais quel soupçon affreux ! Dante, vieux Gibelin,
Le blanc de champignon, ça se mange !...

BRUNO ET MYRIO, *ensemble.*

Ugolin !

*(Ils laissent tomber le coffret. Œnobarbe se précipite pour
le reprendre. Myrio et Bruno mettent chacun un pied
dessus.)*

ŒNOBARBE, *vaincu.*

Ecoutez... Je les prête !

BRUNO

Ah ! vous devenez sage !
La charité demande un peu d'apprentissage.

ŒNOBARBE, *sombre.*

Je l'ai dit. Je les prête ! A deux conditions.

MYRIO

Des intérêts d'abord ? Monsieur, nous y pensions.

ŒNOBARBE, *de plus en plus sombre.*

Point d'intérêts.

MYRIO

Eh ! quoi ! pour une nuit entière !

ŒNOBARBE

Primo : Vous me rendrez le prêt en sa matière.

MYRIO

En or, soit.

ŒNOBARBE

Mais en l'or même dont il est fait,
Et non en un autre or !

BRUNO

Ceci me stupéfait !
Vous distinguez entre eux les florins, Œnobarbe ?

ŒNOBARBE

Demande au chauve s'il confond ses poils de barbe !
Je les connais au tact, au goût, au cliquetis
Qu'ils ont, comme une mère aveugle ses petits.
Mes florins sont les miens et non pas ceux des autres !

MYRIO

J'accepte cette clause : on vous rendra les vôtres.

ŒNOBARBE

A l'aube !

MYRIO

C'est promis.

ŒNOBARBE

Ecrivez-moi cela
Lisiblement, sur la muraille que voilà.

(*Il montre le haut mur de droite.*)

MYRIO, *écrit.*

C'est fait.

ŒNOBARBE, *formidable.*

Quand le soleil atteindra cette treille
Si je n'ai pas l'argent, je vous coupe une oreille !
Consentez-vous ?

MYRIO

Fort bien. Mais pourquoi pas le nez ?

ŒNOBARBE

Non, c'est mon goût. Signez.

MYRIO

Donnez.

ŒNOBARBE

Signez.

MYRIO

Donnez.

ŒNOBARBE, *ouvre sa caisse et compte les deux cents florins. Myrio, debout près du mur, se prépare à signer, quand il aura fini de compter.*

Buvez, voici le sang d'Œnobarbe !...

BRUNO, *prenant l'argent, à Myrio :*

Il aligne.

ŒNOBARBE

Cent quatre-vingt-dix-neuf...

BRUNO

Et puis deux cents ! Va, signe !
(*Myrio signe au mur. Bruno à part, et de loin à Œnobarbe.*)

A l'aube, tu pourras les voir et les toucher
Sur la table de nuit de ta chambre à coucher!

> *(Myrio et Bruno sortent.)*

SCÈNE II

ŒNOBARBE. *puis* FATIMA *et* FLORINELLA

ŒNOBARBE, *seul.*

J'ai prêté!!! Qui m'eût dit une chose pareille,
Hier matin! Deux cents florins pour une oreille!
Comment ai-je conclu ce marché hasardeux?
A cent florins l'oreille il me devait les deux!
(Fatima et Florinella entrent par la porte du jardin.)
Mais qui vient encor là? La terreur me suffoque!...
Ah! quelle nuit!

> *(Il se retire au fond avec sa cassette.)*

FLORINELLA, *à voix basse, une bêche à la main.*

          J'entends comme un souffle de phoque.
Eh! madame, rentrons! S'il n'était pas parti
Pour Malte!

FATIMA

          Il l'est. D'ailleurs, j'en ai pris mon parti:
Il me faut de l'argent, dussé-je avec les ongles
Labourer ce jardin comme un tigre les jungles!

FLORINELLA

Le poëte est plus sûr, madame: je l'ai vu.
Il viendra tout à l'heure, et pourvu!

FATIMA

Quoi, pourvu ?

FLORINELLA

Pourvu de ce qu'il faut, nanti...
     (*On entend le coucou.*)

Le coucou pleure.
Rentrons. C'est un présage heureux.

ŒNOBARBE

A pareille heure,
Ma femme et ma servante !...

FLORINELLA

Ecoutez le coucou.
Demain, nous serons loin. Le jardin du grigou
M'effraie, et ces cocos qui brillent ont des ombres
Enormes.

FATIMA

Tes cocos ne sont que des concombres !

FLORINELLA

Je n'en ai jamais vu d'aussi gros au marché !

FATIMA, *arrivant au trou de la cassette.*

Un trou, Florinella !

FLORINELLA

Madame, on a marché !

FATIMA

Eclaire-moi, négresse, et donne-moi la bêche.
     (*Elle prend la bêche.*)
Ne tremble pas ainsi : tu me fais peur. Dépêche.

ŒNOBARBE, *apparaissant.*

Faut-il un jardinier ?

FLORINELLA, *avec un cri.*

Ah! le diable!...
(*Elle jette sa lanterne et s'enfuit.*)

FATIMA, *très calme.*

C'est vous ?
Je vous croyais à Malte! et... je creusais des trous
Pour me désennuyer !... Vous fîtes bon voyage ?
Votre jardin avait besoin de nettoyage...

ŒNOBARBE

Oui ?

FATIMA, *éclatant de rire.*

Vraiment !...

ŒNOBARBE

Ne ris pas. Que fais-tu là, réponds ?

FATIMA

Mais-je donne de l'air, monsieur, à mes jupons.

ŒNOBARBE

Assez ! Parle.

FATIMA

Aussi vrai que Fatima vous aime,
Je cherchais de l'argent où Votre Honneur en sème !

ŒNOBARBE

De l'argent ?... Dans quel but ?

FATIMA

Dans le but d'en avoir
16

D'abord et puis, si vous tenez à le savoir,
Pour en donner !

ŒNOBARBE

Pour en ?... Il faut que je t'étrangle !

FATIMA

Faites ! L'étranglement m'apparaît sous un angle
Heureux : l'angle de la guillotine !

ŒNOBARBE

En donner ?
Tu n'as personne à qui...

FATIMA, l'interrompant.

Veuillez me pardonner :
J'ai mon amant !

ŒNOBARBE

Tu n'en as pas. Billevesées !

FATIMA

Alors qui donc en a ?

ŒNOBARBE

J'ai muré les croisées !
Je n'en crois pas un mot, puisque tu me le dis.
Trompé ?... Quand la semaine aura quatre jeudis !

FATIMA

Elle les a pour vous cinquante fois l'année !

ŒNOBARBE

Non la confession est bien trop spontanée
Et trop hardie. Il doit y avoir là-dessous

Quelque chose.
>   (*S'adoucissant.*)
>   Voyons, veux-tu?... veux-tu vingt sous ?

FATIMA

Je veux deux cents florins !

ŒNOBARBE, *à part.*

>   Elle aussi ?

FATIMA

>   Pour un cierge.
J'ai fait vœu sur ce chiffre à la Très-Sainte Vierge.

ŒNOBARBE

Ne fait-on pas de vœux sans qu'il en coûte rien ?

FATIMA

De maigres ! Mais non pas des vœux comme le mien !
Je désire ardemment, monsieur, devenir veuve !...
Ma prière à la Vierge a semblé comme neuve,
Tant j'ai mis de ferveur à me l'apitoyer.

ŒNOBARBE

De ferveur ?

FATIMA

>   Elle m'a promis de vous noyer
Pour cinquante florins ! C'était pour rien, cinquante !

ŒNOBARBE

Oh ! la gueuse ! voyez comme elle est provocante !

FATIMA

Pour cinquante de plus, elle vous brûlait vif,
Comme un juif !

ŒNOBARBE

Commé un juif ? Elle dit : comme un juif !

FATIMA

Exécrable que vous êtes !... Et pour vous pendre,
C'est de deux cents florins qu'elle le fait dépendre.

ŒNOBARBE

Un bâton !...

FATIMA

C'est pourquoi, parmi les potirons,
Je cherche, nuit et jour, où nous conjecturons,
Florine et moi, qu'il est, le joli trou qu'habite
Votre chère cassette avec sa cucurbite...

ŒNOBARBE, *il trouve la bêche*

Attends, mamour, je vais t'en donner pour ton vœu
Et pour ta cucurbite !
    (*Il la saisit*).

FATIMA, *criant*

Au feu ! tout brûle ! au feu !
(*Paraissent Bruno et le reître*).

SCÈNE III

ŒNOBARBE, FATIMA, BRUNO, Le Reitre

BRUNO, *intervenant*

Je crois que vous tuez votre femme, Œnobarbe !

LE REITRE, *ivre-mort*

Qu'on étrille un cheval, et même un cheval barbe,
Je l'admets. Mais brosser le duvet des houris,
C'est d'un Turc ! Et les Turcs...

(*Il dégaîne*).

Ainsi que des souris,

Je les embroche !

BRUNO, *l'arrêtant*

Paix !... Esquivez-vous, madame.

(*Fatima se sauve*).

LE REITRE, *prenant la bêche à Œnobarbe*

Une bêche, maroufle ! Et pourquoi pas la dame
Des paveurs ? ou la grue à forer les tunnels ?
Est-ce là ton engin pour les jours solennels ?

ŒNOBARBE, *épouvanté*

A la garde !

(*Il s'enfuit*).

LE REITRE

Oh ! monsieur, l'abominable singe !
L'aiguille que voilà lui brodera son linge
Tôt ou tard !

SCÈNE IV

BRUNO, LE REITRE

BRUNO

C'est mon oncle.

16.

LE REITRE

On est soldat français !
Et le sexe !... Le sexe, on lui doit des succès !...
Mais de quoi tourne-t-il ? Car si je comprends goutte
A ce que vous chantez !...

(*Subitement, il s'interrompt*).

Ce vieillard me dégoûte :
Laissez-moi lui courir après...

BRUNO, *le retenant*

Ah ! qu'il est gris !

LE REITRE

D'abord où sommes-nous ? Parole ! je maigris
A vous suivre ! Je grimpe aux murs et j'escalade.
Nous voici maintenant dans un parc à salade.
Qu'y faisons-nous ?

BRUNO

Ce parc, copieux en melons,
Longe, borne et finit la rue où nous allons.

LE REITRE

La rue où git la dame aux florins ?

BRUNO

Elle-même.

LE REITRE, *se méprenant*

Vous aussi ?... J'entendais, pardon, qu'elle vous aime.
Ce serait embêtant, à cause du quibus
Qu'il faudrait partager. *Sol lucet omnibus !*
Comme disait Turenne... à Tolbiac (Hanovre).
Si vous saviez combien le capitaine est pauvre !

BRUNO

Il aura tout, mais oui, si vous vous acquittez
Des ordres de la dame.

(*Bruno fait quelques pas vers la rue*).

LE REITRE

Eh ! quoi, vous me quittez ?
Restez donc. Il s'agit, voyons, sous la fenêtre,
De me déambuler jusqu'au jour ?

BRUNO

Il va naître.
Vous avez le florin que je vous ai donné ?

LE REITRE

Tiens, parbleu ! sur mon cœur et pourpoint boutonné.

BRUNO

Dès qu'on vous hèlera du haut de la croisée
Ouvrez l'œil !

LE REITRE

Ce sera la dame et la rosée.
Exquise !

BRUNO

Pas du tout. Ce sera Myrio,
Qui, d'une voix charmante, *allegro con brio,*
Vous sollicitera de lui rendre un service :
Soit le prêt d'un florin. Que ferez-vous ?

LE REITRE

Novice
Je l'enverrai brouter !

BRUNO

Au contraire, morbleu !
Vous le lui donnerez.

LE REITRE

Je n'y vois que du bleu !
Le florin n'est donc pas pour moi ?

BRUNO

Non, triple buse !

LE REITRE

Qu'est-ce que je viens faire alors sous la cambuse ?
Le métier de passant qu'on « tape » d'un florin,
C'est assez proprement un rôle de serin ;
Me prenez-vous pour un bourgeois ? Ceci me vexe !

BRUNO

Ah ! si vous discutez les ordres du beau sexe !

LE REITRE

Vénus l'a dit ?

BRUNO

Non, non, débrouillez-vous, mon cher !
Aussi vrai qu'à l'autel le Verbe se fait chair,
Demain le capitaine aura figure d'ange.
J'en retiens de la corde.

LE REITRE

Eh ! là ! qui vous démange
D'y mette cette aigreur et cette cruauté ?
On fera le passant au florin. La beauté
L'ordonne ?

BRUNO

Elle l'ordonne !

LE REITRE

> Ah! si j'avais la veine
> De rencontrer le vieux ! Ce serait pour ma peine !
> Avec quel sentiment je lui tuerais les poux
> Aux pieds de la houri !

BRUNO

> Mais il est son époux.

LE REITRE

> Raison de plus. J'ai lu, c'est, je crois, dans Tibulle,
> Ce vers d'amour : « Il cogne ?... Encornifistibule ! »
> Tout votre oncle qu'il est, j'exècre ce vieillard !
> Tenez, je vous le joue en cent points au billard !

BRUNO

> Non, mais si vous voulez, à l'épée, en trois bottes !

LE REITRE

> Ça me va. Des glaçons me fondent dans les bottes.

(Ils sortent dans la rue).

FIN DU DEUXIÈME ACTE

ACTE III

La chambre de Fatima, très pauvre et nue. Meubles de bois. Bancs
et banquettes. Une table avec un verre d'eau. A droite, au troisième plan, en pan coupé, l'avancée d'un balcon. Porte au fond,
ouvrant sur un escalier extérieur.

SCÈNE PREMIÈRE

FATIMA, *seule, assise devant une table*

Fuir, oh fuir ! Mais il faut pouvoir ! Je ne peux pas !
Car comment arriver toutes les deux là-bas
Sans argent? — A la forme et souvent à la coupe
Que le marc de café prend dans une soucoupe
On connaît l'avenir. Interrogeons le marc.

   (*Elle verse du marc de café dans une assiette*).

Il se recourbe en arc. Nous partirons ! Un arc,
C'est deux cornes aussi ! Le croissant du Prophète,
Et le blason de mon mari ! La chose est faite.
J'aurai l'argent ce soir. Ce poète aurait-il
Hérité de Rothschild ? Ah ! ce serait subtil !
Entre les stupéfaits, je serais la première,
Mais on monte... Eteignons prudemment la lumière.

   (*Entre Myrio, guidé par Florinella*).

SCÈNE II

FATIMA, MYRIO, FLORINELLA

MYRIO

Quoi ! dans l'obscurité ?

FLORINELLA

Monsieur, notre grigou
Aimerait mieux cent fois vous voir rompre le cou
Que d'éclairer. Le soir, nous nous couchons sans lampe,
Comme des albinos. Un pas, lâchez la rampe.

MYRIO, *jouant la naïveté*

Sens comme mon cœur bat.

FLORINELLA

Ah ! monsieur, quel tic-tac !

MYRIO, *à part*

C'est l'escalier !

FLORINELLA

Il est timide !

MYRIO

Prends le sac.

FLORINELLA

Des bonbons? Oh! monsieur, la charmante surprise!

MYRIO

Non : des portraits du roi. Je sais qu'elle les prise.
Place-les, Florinelle, en sorte qu'au réveil
Elle les voie, ainsi qu'au lever du soleil,
Etinceler, pareils à des roses vermeilles
Où viennent butiner les essaims des abeilles.

FLORINELLA

Stupide! — Non, ces fleurs attirent les frelons!
Et nous en avons un dont les dards sont si longs
Qu'ils pomperaient d'un coup tout le suc de vos roses.
Je préfère les mettre en pot, pour mille causes.

MYRIO

Ne les comptes-tu pas? Compte-les!... Je ne veux
Pour me rémunérer qu'un seul de ses cheveux!

FLORINELLA

Elle les perd un peu, ce sera très facile.

FATIMA, *à part*

Ce poète m'a l'air d'un parfait imbécile!

MYRIO

Dis-lui, si tu la vois, qu'aussitôt que j'ai su
Son désir, j'ai volé!... Que je ne veux reçu
Ni quittance, content seulement de lui plaire!

(*Il va à la porte.*)

FLORINELLA, *stupéfaite de cette retraite feinte*

Ne voulez-vous vraiment qu'un cheveu pour salaire?
A ce prix-là, monsieur, sans crainte du péché.
La servante est à vous par-dessus le marché.

17

MYRIO

Bonne nuit.

FATIMA

Il s'en va !

MYRIO

Si jamais elle m'aime,
Ne me l'apprends qu'avec une prudence extrême,
Car j'en mourrais ! J'en meurs d'avance !
(*Il se penche sur Florinella.*)

FLORINELLA

Eh ! donc ! oison !
Est-ce sur moi qu'il faut tomber en pâmoison ?
Lorsque l'on est si bête, on a droit d'être riche !
(*Elle allume une bougie.*)
C'est de ces huîtres-là qu'il nous faut la bourriche,
Madame !

MYRIO, *jouant l'émotion*

Elle était là, négresse, elle était là !

FLORINELLA

Et maintenant, bonsoir.

MYRIO

Reste, Florinella !...

FLORINELLA

Pourquoi faire, monsieur ? Pour tenir la chandelle ?
Je l'allume, c'est tout !

MYRIO

Demeure ! J'ai peur d'elle !...

FATIMA

Myrio, j'ai souvent, sous mes rideaux, le soir,
Ecouté vos chansons !... Venez donc vous asseoir

A mes pieds! Ah! mais, vois, servante, quel teint rose!
(*Il feint une pudeur de chérubin.*)
Vos chansons sont en vers, et j'entends mieux la prose.
J'ai donc voulu savoir de vous le sens précis
Des **mots** que vous chantez!... Ils sont comme étrécis
Par la musique! Ainsi, quand vous dites : « Je t'aime! »
Brodez-vous seulement des gammes sur le thème,
Ou sollicitez-vous ce qu'à mon époux seul
Je dois donner?...

MYRIO, dramatique

Non, non! Je ne veux qu'un linceul!
Car vous appartenez au farouche Œnobarbe!...
(*A part.*)
Tu m'offres le séné, je t'offre la rhubarbe!...

FLORINELLA, au fond, à part

Oh! poète, à ce point!... Ce n'est pas naturel!...
Visitons donc le sac où gît le temporel.
(*Elle vide le sac et compte les florins.*)

FATIMA, se levant

Ainsi ce bel amour auquel je ne demande
Qu'à croire, je n'en suis que le texte?

MYRIO, à part

Gourmande!...
(*Changeant de ton peu à peu. — Haut.*)
Madame, hier encore vous en étiez l'objet
Unique!
(*Fatima se retourne étonnée.*)
Je voudrais vous dire à ce sujet
Une chose très farce, avant que l'alouette
Ait sonné le matin. — Hier j'étais poète,
Figurez-vous!... J'avais sous l'aisselle, un ressort

Absurde, qui marquait mon avenir, mon sort
Et ma vie éternelle! Ah! j'en hausse l'épaule!
J'étais, de ce cadran, l'aiguille, vous, le pôle.
Madame, imaginez ce bizarre cadran.
Le ressort en allait toujours! A chaque cran
Qu'il mordait, comme on voit dans une vieille norloge,
Un oiseau surgissait et chantait votre éloge.
Et puis... j'étais malade!... A chaque cran mordu,
Et tandis que l'oiseau gazouillait éperdu,
Voilà que des tableaux, sous ses ailes ouvertes,
Passaient... C'étaient des coins de solitudes vertes,
Des bois élyséens, des bouts de paradis,
Doux traquenards d'amour par quelque fée ourdis,
Où nous tombions tous deux, et l'un aux bras de l'autre.
Tantôt de vieux jardins, ciselés par Lenôtre
Dans la mousse, glissaient, emportant leurs tritons!
Comme ceux dont jamais, hélas! nous n'héritons,
Des palais, étageant leurs terrasses de marbre
Dans la mer, s'élevaient! Et toujours, sur son arbre,
L'oiseau battait de l'aile et chantait sa chanson.
Vous étiez dogaresse et j'étais l'échanson
Qui guette le désir comme on guette un suffrage.
Tout à coup, sous l'oiseau, se formait un naufrage :
Dans la mer bouillonnante, immense, deux corps nus
Flottaient, par un Enfant Immortel soutenus...
Puis, c'était le désert où vont les caravanes
Et mille autres tableaux mobiles, diaphanes,
Dont nous étions toujours l'unique peuplement,
Hier!!!... — Mais aujourd'hui votre bon sens clément
M'a guéri. Je vous dois, madame, d'être sage.
L'oiseau ne chante plus sur aucun paysage
Et l'absurde ressort est brisé pour jamais.
Hier, j'étais poète! hier, je vous aimais!

FATIMA

L'imparfait est galant!... Le mot « hier » l'amende!
Alors que faites-vous ici, je le demande.
Si vous m'aimiez hier?

FLORINELLA

Le bizarre Lindor!
On dirait qu'il la raille et son sac est plein d'or!

MYRIO

Hier, je vous aimais, mais comment? En poëte,
En rêveur, en artiste, enfin en girouette,
Et je jetais du sable au vent pour l'y semer.
Je vous aime aujourd'hui comme il faut vous aimer,
En homme raisonnable et d'un amour pratique,
Epuré d'idéal et de boue hiératique,
Bien humain, bien moderne et qui connait le prix
Des choses et du temps, madame.

FATIMA

                    J'ai compris.
Sortez.

FLORINELLA

Eh! quoi, madame! un tel sac à la porte!
Cent quatre-vingt-dix-neuf florins vivants, main forte!
En or vierge!

MYRIO, à *Florinella*

Comment, cent quatre-vingt-dix-neuf?
Tu veux dire deux cents. L'or en effet est neuf,
Mais la somme est complète et telle, mulâtresse,
Que tu me l'as fixée au nom de ta maîtresse.

FLORINELLA

Je vais donc recompter.

FATIMA

                    J'ignore en vérité.
Myrio, ce qui fait que j'ai démérité
De ce charmant amour si chaste et si novice.

17.

Est-ce qu'on ne peut plus demander un service
Aux personnes qu'on aime? Est-ce à ses ennemis
Qu'on recourt dans les cas pressants où l'on est mis
Par les durs traitements d'un Harpagon infâme?
Je sais que plus d'un clerc parmi vous me diffame.
Enfant! le mot méchant dont l'esprit te séduit
Est chargé du venin d'un amant éconduit.
Ce Bruno!... Mais c'est ton ami, je lui pardonne!...
S'il te voyait ici!... J'en ris! Que la Madone
Nous protège! Il irait, de quel pied diligent,
Dire que je... t'estime, enfant, pour ton argent.
Non : Ce que j'aime en toi, c'est ce cœur bénévole,
Qui, sans rien demander, s'élance, court et vole
S'il s'agit d'être utile et d'obliger quelqu'un.

FLORINELLA

Cent quatre-vingt-dix-neuf! Sortez, il en manque un!!!
      (On entend un bruit d'épée.)

FATIMA

Ce bruit?

SCÈNE III

Les Mêmes, BRUNO, le Reitre

FLORINELLA, *courant au balcon*

C'est un duel!

MYRIO

      Holà! couple de braves,
Qui de vous peut, ce soir, pour des affaires graves

Me prêter un florin? Mon nom est Myrio.
Je demeure viâ Santo Porphyrio.

LE REITRE, *apparaissant*

Voilà.
  (*Il passe un florin sous le store.*)

MYRIO

  Merci. — Parbleu, je vous connais. Vous êtes
Le brosseur d'un soldat français des plus honnêtes,
Le capitaine Emile ou Milet... Entrez donc.

LE REITRE

C'est que j'ai là quelqu'un qui m'attend, l'espadon
Au coude, et que je dois tuer, s'il ne me tue.
Nous jouons tous les deux à la chose pointue.

MYRIO

Priez-le de monter.
  (*Bruno passe la tête.*)
   Bruno?...

BRUNO

    Mon compliment !

FLORINELLA

Madame, ce hasard ressemble joliment
A quelque traquenard! Sauvons le sac. — En somme,
Pour un florin de moins fort jolie est la somme.

BRUNO, *à Fatima*

Comment vous portez-vous depuis une heure?

FLORINELLA

       Et vous?
J'ai suivi vos conseils. Ils n'étaient pas si fous.

N'êtes-vous pas content. Voici votre poète
Heureux... pour son argent !..

BRUNO

Vraiment, je le souhaite.
En a-t-il pour un sou ?

MYRIO

Messieurs, soyez témoins.
Cent quatre-vingt-dix-neuf florins. C'est un de moins.
Que deux cents. Je complète.
(*Il ajoute le florin du reître.*)

LE REITRE

Il complète !

FLORINELLA

Il complète !

FATIMA

Monsieur, que signifie ?

MYRIO

Il s'agit d'une emplette
Que j'ai faite au seigneur Œnobarbe, à crédit.
Vous attesterez donc, ainsi que je l'ai dit,
Qne sa femme, Madame, est assez obligeante
— En l'absence du roi je parle à la Régente !... —
Pour se charger du soin de verser ce paiment
A son mari. — Messieurs, allons finir gaiement
La nuit, le verre au poing !

FATIMA

La feinte est bien trouvée
Et témoigne à coup sûr d'une adresse éprouvée.
Quel homme est celui-ci ? L'ai-je pris au rebours ?

FLORINELLA

Et le sac est à nous, Madame, sans débours.

LE REITRE, *à Bruno.*

Diable ! à propos de sac, et ma lettre ?

BRUNO

Remise !

(Entre Œnobarbe.)

SCÈNE IV

Les Mêmes, ŒNOBARBE

ŒNOBARBE

Je vois que l'on s'amuse et que la table est mise !

LE REITRE

Le cocu !
(Il dégaîne.)

FATIMA

Mon mari !

FLORINELLA

Retour des océans !
Le sac est en lieu sûr.
(Elle le cache sous sa robe.)

ŒNOBARBE

Que faites-vous céans
Et comment êtes-vous entrés dans ma demeure ?

BRUNO

Mon cher oncle, voici. Nous voulions savoir l'heure !
Votre coucou retarde.

LE REITRE

Abominablement.

BRUNO

Et déjà le soleil tourne à l'entablement
Ou reposent la poutre (et ses pariétaires)
Que vous avez dans l'œil, roi des propriétaires !

FATIMA

Monsieur, ces jeunes gens se battaient en duel,
Et comme ils avaient soif, j'ai cru...

LE REITRE

C'est textuel !
Nous avions soif !

FATIMA, *reprenant.*

J'ai cru qu'il était charitable
De leur offrir à boire au coin de cette table.

ŒNOBARBE

A boire, de mon vin ?

FLORINELLA

Ce serait un devin
Celui qui trouverait dans vos caves du vin !
Les rats qu'on voit courir à l'entour de vos tonnes
Sont des rats d'eau, patron !

OENOBARBE

                    Tes plaintes monotones
Me fatiguent ! Faut-il du... lacryma-Christi
Pour étancher la soif d'un ouistiti ?

                LE REITRE, *l'épée en l'air.*

                                Cristi !

OENOBARBE

Paix là ! Seigneur soudard !

                LE REITRE

                        Il insulte l'ébène
Après l'ivoire !
        (*Il se jette sur OEnobarbe.*)

                OENOBARBE

            Ouais !

            BRUNO, *maintenant le reître.*

                        Je le contiens à peine !
Viens m'aider, Myrio.

            MYRIO, *qui est resté à l'écart, à Fatima*

                    Je vous suis obligé,
Madame, et vous demande à regret mon congé.

                OENOBARBE

Pardon, monsieur, il faut que je vous essorille !

            BRUNO, *au reître.*

Guerrier ! vous allez voir grimacer un gorille !

MYRIO

Monsieur parle, je crois, d'essoriller quelqu'un ?
Je ne vois pas ici de chien !

BRUNO

Aucun !

LE REITRE

Aucun !

FLORINELLA, *à Bruno, terrifiée.*

Il aiguise un couteau !...

BRUNO

Mon enfant, s'il l'aiguise
C'est qu'il ne coupe pas, j'imagine, à sa guise !
Les graveurs de la sorte affûtent leurs burins !

ŒNOBARBE, *à Myrio.*

Votre oreille, jeune homme, ou mes deux cents florins !

MYRIO

De quels deux cents florins traite cet honnête homme ?

BRUNO

Je l'ignore !

MYRIO

Ah ! j'y suis ! vous parlez de la somme
Que vous m'aviez prêtée hier sans intérêts,
Lorsque vous enterriez...

ŒNOBARBE

Oui, lorsque j'enterrais...

MYRIO

Ce blanc de champignon...

ŒNOBARBE

Oui, ce blanc que vous dites !

MYRIO

Je veux être rangé parmi les troglodytes
Peuple informe, monsieur, qui mange avec les doigts,
Si l'on m'a jamais vu nier ce que je dois
Surtout lorsqu'il s'agit d'une somme pareille !

LE REITRE

Vous trouvez acheteur à cent florins l'oreille ?

ŒNOBARBE

Qui donc a sur le mur signé de votre nom
Le pacte que j'y lis. Est-ce le grand turc ?

MYRIO

Non.

ŒNOBARBE

Quelle est cette lueur qui brille ?

MYRIO

C'est l'aurore.

ŒNOBARBE

Péroraison ?

MYRIO

Allez, pérorez !

ŒNOBARBE

Je pérore
Par l'essorillement. Votre oreille, mon cher ?
Vous ne sentirez rien. Ce n'est pas de la chair
L'oreille, c'est à peine une corne assez laide !
Mon coutelas d'ailleurs est d'acier de Tolède.

MYRIO

N'y comptez pas.

ŒNOBARBE

Pourtant les florins restent dûs.

MYRIO

Osez-vous donc douter qu'on vous les ait rendus ?

ŒNOBARBE

Rendus, qui, mes florins ? Vous daubez !

MYRIO

Moi, je daube ?
Mais ils étaient chez vous un quart d'heure avant l'aube.

ŒNOBARBE

Mes florins ?

MYRIO

Vos florins personnels, grains à grains,
Les vôtres et non ceux des autres, vos florins !
S'ils n'étaient pas ici qu'y ferais-je moi-même ?

ŒNOBARBE

Mais je ne les vois pas.

FATIMA

Quel est ce stratagème ?

FLORINELLA

Parez le coup, madame, il nous vise ! niez !
Le mensonge est permis aux excommuniés.

ŒNOBARBE, *reniflant.*

Humph ! Je les sentirais. Ils n'y sont point.

MYRIO

                              Je nage
Dans la stupeur ! Eh ! quoi ! C'est en concubinage
Que vous vivez avec madame ?

LE REITRE

                              Oh ! quelle horreur !
Vieillard sinistre !

BRUNO

Gnome impie !

LE REITRE

                         Accapareur !

ŒNOBARBE

Qu'à de commun ma femme et mon argent ?

BRUNO

                                     Vos cornes !

MYRIO

Voyez combien, monsieur. ces chrétiens restent mornes
D'apprendre tout à coup que vous concubinez !

ŒNOBARBE, *à part.*

La moutarde me monte en ce moment au nez

FATIMA

Vous vous trompez, messieurs, je suis dame Œnobarbe.
Très légitimement, hélas !...

LE REITRE

Par sainte Barbe
Patronne des poilus, je vous plains ! quel orang !

MYRIO

La femme et le mari ne sont qu'un, et qui rend
A l'un ce qu'il devait à l'autre est tenu quitte
De la dette commune à chacun et s'acquitte.
Vous êtes mariés, je ne vous dois plus rien.

ŒNOBARBE

Que veut dire ceci, madame ? entends-je bien
Que vous auriez commis pareille vilenie
De garder les florins qu'on me doit ?

FATIMA, *résolument.*

Je le nie.

FLORINELLA

Hardi, madame, ferme, et sus à ces Bédouins !
Nous le nions. — D'ailleurs, la preuve et les témoins ?

MYRIO

Eh ! quoi, me résigner à vivre sans oreilles
Florinelle, est-ce là ce que tu me conseilles ?
Toi qui les as comptés sous mes yeux, dieux puissants !
Même qu'il en manquait un, je crois, aux deux cents,

LE REITRE

Ça c'est vrai. Je l'atteste et j'irais en justice !...
C'est moi-même, monsieur, qui par cet interstice
De store, ai complété d'un florin que j'avais
Un tas d'or si charmant à voir que j'en bavais !

(A *Bruno*)

Mens-je ?

BRUNO

Non, j'en témoigne, il en bavait.

ŒNOBARBE, *à Florinella*.

Pécore !

LE REITRE

Et rien que d'en parler, vois-tu, j'en bave encore.
Ce qui me fait songer tout d'un coup...

ŒNOBARBE

Mon argent !

FLORINELLA *tire le sac et le fait danser devant Œnobarbe
en se sauvant.*

Cherche !...

ŒNOBARBE

Mon or ?

FATIMA, *même jeu.*

Attrape !

ŒNOBARBE

A la garde !... Un sergent !

FLORINELLA

Madame, en Orient !...
  (*Elles se sauvent*).

ŒNOBARBE

Rends-le-moi !... Je divorce...
  (A *la porte*).
Mon or ! Tu me feras cocu si Dieu t'y force !...
  (*Il pleure*).

BRUNO

Que leur embarquement s'effectue en repos
C'est assez se venger d'une femme.

LE REITRE

A propos,
Le capitaine ?

BRUNO, *regardant l'heure.*

Dieu, dans son omnipotence,
Vient de le recueillir au bout de sa potence !

ŒNOBARBE *au public.*

Mesdames et Messieurs, ne sifflez pas encor,
Du moins si vous sifflez, que ce soit le décor,
Les acteurs, les quinquets, le souffleur et le lustre
Seulement, non l'auteur. — Cet auteur très illustre,

A qui Molière doit l'École des Maris
S'appelait Jean Boccace et naquit à Paris.
Il eut l'honneur encor, je m'en souhaite un pire,
D'être comme en un bois détroussé par Shakespeare,
Et d'autres qu'il convient de ne pas oublier,
Tel ce divin pillard nommé le Fablier.
Or, il serait honteux, plus que honteux, cocasse
Que sans vous en douter vous sifflassiez Boccace,
Et nous pensons devoir vous prévenir à temps.
Buvez frais. Mangez chaud et reposez contents.

1er octobre 1884.

FIN
DE *LA NUIT BERGAMASQUE*

LE

CAPITAINE FRACASSE

COMÉDIE HÉROIQUE

A MON FILS THÉOPHILE

Émile BERGERAT

AVERTISSEMENT

Il est souvent périlleux et toujours malaisé de traduire à la scène
un roman célèbre, et, comme disait Théophile Gautier lui-même,
de « transposer » un thème d'un art dans un autre, quoique le
public, dérouté et incertain de ce qu'il aime, paraisse vouloir de
plus en plus favoriser ces tentatives. Néammoins, lorsque le
roman doit la majeure partie de son renom à l'éclat du style et la
moindre à l'intrigue, le plus habile y regarde à deux fois, fût-il
assuré de plaire, car le théâtre vit d'action, et le rôti lui est plus
nécessaire que des hors-d'œuvre, d'ailleurs délicieux.

Devant cet écueil, et la tâche étant résolue, mon travail me parat
être d'abord inexécutable en prose.

La prose de théâtre n'est pas la même, et tant s'en faut, que
celle du livre. Elle a rarement le temps d'être belle pour elle-même,
et, quand elle l'est, c'est beaucoup plus par l'expression que par
la plastique. La transposition, nécessaire ici, du style de Gautier,
c'était le vers, et le vers à rime colorée, sonore, opulente, pouvant
donner la sensation de cette prose inimitable, sans nuire à la
marche toujours rapide du dialogue. L'École poétique actuelle me
mettait entre les mains l'instrument désirable, et comme précisément le vers qu'elle préconise renoue les modernes à Ronsard, je
me trouvais être pour ainsi dire contemporain du *Capitaine Fracasse*, sujet du roi Louis XIII, sans cesser d'être l'humble disciple
de Victor Hugo. Cette position devenait excellente.

Elle me donna le courage de poursuivre.

La forme assurée, restait le fond. Vous connaissez la donnée du
Capitaine Fracasse : Un frère, épris de sa sœur, qu'il ne connaît
pas pour telle, est éclairé sur cette situation au moment où l'inceste menace, et, tournant à des sentiments plus naturels, il la
donne à l'homme qu'elle aime et dont elle se sent aimée.

Le thème assurément pourrait être tragique, il y suffirait d'un
Sophocle. Mais, comme le romancier qui nous guide — et nous

gouverne — n'y a vu et n'a voulu y voir qu'un prétexte à des restitutions pittoresques, à des portraits picaresques et à des tableaux de caractères historiques dont son art s'accommodait, le respect de sa pensée s'imposait au traducteur dramatique, et nous devions maintenir le thème dans les données souriantes de la comédie. Il y aurait eu d'ailleurs imprudence à décevoir le public sur les plaisirs attendus qu'il se promet d'une œuvre populaire, dont il aime depuis longtemps déjà les aventures, les types consacrés, et le genre classique.

Était-il donc impossible de traiter en comédie un motif de tragédie? Je crois assez à l'art du théâtre pour avoir foi en ses ressources. Le moyen d'obtenir la pièce du roman, c'était d'en demander les effets, d'ailleurs toujours certains, à une forme théâtrale que nous nous sommes trop laissé ravir par les scènes populaires, car elle nous a donné encore plus de grands comédiens que de grands auteurs, *la pièce de cape et d'épée.*

La solution du problème était là. Demi-comique et demi-tragique, le drame de cape et d'épée se contente d'un minimum d'affabulation, par où j'échappais à trop de tragédie inopportune, et pour le reste, il n'exige que du spectacle. Or, les cent tableaux grouillants du roman nous en fournissaient à foison. Il n'y avait qu'à prendre — et surtout à choisir. Mais, si l'on transpose sans vergogne un roman-feuilleton ordinaire en drame de cape et d'épée, on n'en agit point ainsi avec une œuvre qui est l'un des monuments de la langue nationale. Avant d'être... comment dire? encanaillé par la Melpomène populaire, le drame de cape et d'épée était de noblesse littéraire. Il appartenait aux lettres. Il est de la tradition que perpétue la Comédie-Française. Il atteste du sang espagnol qui coule dans nos veines dramatiques. Anobli dès l'origine par Pierre Corneille et Molière, il s'est appelé longtemps la comédie héroïque. Mais dans ce temps heureux, il parlait en vers.

Peut-être la France la regrette-t-elle et serai-je assez favorisé pour lui fournir l'occasion de la reconquérir, car mon *Capitaine Fracasse* est ce monstre joyeux et tri-séculaire, une comédie héroïque, soit un drame de cape et d'épée en vers. Je n'ai obtenu qu'à ce prix, et par ce labeur, la transposition respectueuse que Gautier était en droit d'exiger de mon zèle. Certes on en dirait tout ce que j'en espère si on jugeait qu'elle rappelle « longo sed proxima intervallo », le *Don Garcie de Navarre* de Molière, l'*Illusion comique* de Corneille, ou plus modestement ce *Don Japhet d'Arménie* que les lettrés se rappellent encore après trois cents ans, même en sortant de voir l'*Aventurière* du dernier poète comique français.

Voici donc comment j'ai établi, divisé et raisonné ma tâche.

Toute situation au théâtre donne ses caractères; tous les caractères, leur situation. Comme je le disais tout à l'heure, l'action simple du *Capitaine Fracasse* fournirait un autre Œdipe à un Sophocle. Ayant à faire une héroï-comédie, j'ai extrait des caractères et de la situation proposés tout ce qu'il en faut pour susciter l'intérêt, le soutenir jusqu'au bout, et obtenir l'émotion proportionnée au sujet. Puis par un artifice scénique qui m'est propre, j'ai heurté, au moment voulu, ces caractères les uns contre les autres, et tous ensemble, dans une scène capitale, sorte de quatuor renforcé de chœur, qui est le point culminant de l'action et la jette au dénouement. De telle sorte que les exigeants et les sévères trouveront là, avec les règles observées, tout le roman de la pièce dans la pièce même du roman.

Que Gautier me pardonne ce sacrifice à la routine inflexible d'un art qu'il jugeait inférieur, sans comprendre peut-être que la moyenne du public auquel le théâtre s'adresse est plus naïve encore que partout ailleurs. J'ai tâché d'ailleurs de lui en racheter la honte en mettant en œuvre des tableaux purement artistiques de son œuvre que l'esthétique scribolâtre jugera des hors-d'œuvre.

Plusieurs chapitres du roman sont exceptionnellement réputés et passent à bon droit pour des morceaux de maîtrise illustres. Tels sont, par exemple, le souper des comédiens dans le château de la Misère, la mort du Matamore sous la neige, et encore le passage où le bandit Agostin suspend aux arbres des mannequins armés pour épouvanter les voyageurs. Sans être précisément indépendants de l'action, ils pourraient être omis sans trop nuire à sa marche.

Ces trois tableaux d'ailleurs, je les ai utilisés à la clarté de l'exposition, et j'en ai pour ainsi dire dégagé pieusement ma responsabilité en les réunissant dans un prologue. De telle sorte que ceux qui n'aiment au théâtre que la pièce pour la pièce pourraient venir à celle-ci, si on la jouait, à leur heure ordinaire et n'auraient à y entendre que les cinq actes réglementaires. Les autres, ceux qui en veulent pour leur argent, ne se plaindraient pas, je l'espère, du lever de rideau que je leur donne par surcroît, car il est du Gautier presque pur. Ainsi, ramasserait-on de toutes parts, et Dieu aidant! le public innombrable que plus de cinquante éditions d'un roman célèbre semblent garantir au directeur audacieux, mais avisé, je le crois, qui risquerait cette partie.

Un dernier mot :

Je prie les lecteurs de remarquer qu'il n'y a pas ici cas de préface, mais simple avertissement nécessaire. Aucun d'eux ne me blâmera de placer sous l'égide du grand poète qui l'a inspiré l'essai un peu téméraire que je leur soumets.

De préface... je ne veux plus en écrire, au moins en ce moment, car j'ai lassé le public, me dit-on, de mes doléances d'auteur incompris et par conséquent ridicule. Qui sait d'ailleurs si le préfacier n'a pas nui en moi au producteur dramatique! Mes amis (j'en ai encore) le croient. On n'aime pas à Paris les victimes qui se débattent ni les moutons qui bêlent à l'abattoir. « Cet animal est très méchant : quand on l'attaque, il se défend! » dit La Fontaine.

Il faut pourtant qu'on le sache : je n'ai point entrepris de moi-même et pour le seul plaisir, ainsi qu'on le suppose, le labeur d'une pièce en sept tableaux, en vers, sur un sujet qui ne m'appartenait pas. Elle m'a été commandée expressément par le directeur du second Théâtre-Français qui voulut bien me choisir entre tous pour cette besogne.

La commande me fut faite par l'entremise de M. Paul Mounet d'abord, et sous forme de visite, au nom de M. Porel, en mai 1887; puis, en avril, sous forme de lettre par M. Porel lui-même.

Vendredi, 15 avril 1887.

« Mon cher Bergerat,

» Faites pour mon cher théâtre une pièce avec le Capitaine Fracasse. Dès qu'elle sera prête, venez, nous la lirons ensemble, et » si, comme j'en suis sûr, elle est bien venue, vous passerez la » saison prochaine.

» Poignées de main-cordiales.
» PÒREL. »

A la suite de cette commande *officielle*, car l'Odéon est un théâtre d'État, j'ai soumis à M. Porel le scénario de ma pièce, dont la lecture lui plut assez pour motiver le billet suivant, adressé à l'un des agents de la Société des auteurs :

4 août 1887.

« Mon cher Debry,

» Vous pouvez annoncer que j'ai reçu sur scénario le Capitaine » Fracasse d'Émile Bergerat, cinq actes, sept tableaux. A vous.

» PÒREL. »

En dépit de ces engagements, trois fois renouvelés, le fonctionnaire d'État a refusé l'ouvrage après son achèvement définitif. Le refus s'étayait sur ce prétexte que la pièce n'était pas conforme au scénario et laissait à l'écart l'un de ses tableaux annoncés. Je me résignai, assez à contre-cœur pourtant, à lui donner satisfaction et j'écrivis le tableau qu'il réclamait.

C'est l'acte quatrième de la publication.

Mais M. Porel repoussa encore la version nouvelle et commandé comme il avait refusé l'autre.

Le second Théâtre-Français me fermait ses portes, je m'adressai au premier, car il n'y en a pas de troisième. Mais la République de rue Richelieu me fut plus dure encore que l'autocrate de la place du Luxembourg.

Désarmé contre ces deux décisions, sans appel en France, je m'adresse simplement au public et à mes collègues de la Presse. Il leur revient de trancher le différend. S'ils pensent que mon travail n'était pas indigne de voir le jour de la rampe, je compte encore sur leur courage pour oser le proclamer, car nous n'avons pas de ministre des Beaux-Arts, et les commandes d'État ne sont garanties par personne.

ÉMILE BERGERAT.

19.

PERSONNAGES DU PROLOGUE

PREMIER TABLEAU

Le baron de Sigognac.
Pierre, son domestique.
Le marquis de Bruyères, son parent et voisin.
Hérode.
Scapin.
Le Pédant.
Léandre.
Le Matamore.
Isabelle.
Léonarde.
Zerbine.
Sérafina.

DEUXIÈME TABLEAU

Les mêmes, moins Pierre et le marquis de Bruyères, mais en
   plus :
Agostin.
Chiquita.

Pour la décoration de ces deux tableaux, en référer aux trois chapitres du roman intitulés : le premier : *Le Château de la Misère*, le deuxième : *Brigands pour les Oiseaux*, et le troisième : *Effet de neige*.

PERSONNAGES DE LA PIÈCE

Le duc Annibal de Vallombreuse, grand seigneur de la cour, frère d'Isabelle, 25 ans.

Le baron de Sigognac, devenant Le Capitaine Fracasse, comédien de la troupe d'Hérode, et amoureux d'Isabelle, 26 ans.

Le prince de Vallombreuse, père du duc Annibal, 60 ans.

Le chevalier de Vidalinc, ami du duc; amant de Sérafina, 25 ans.

Le marquis de Bruyères, parent éloigné de Sigognac, amant de Zerbine, 35 ans.

Hérode, comédien, chef de la troupe ambulante, 50 ans.

Scapin, régisseur de la troupe d'Hérode, comédien, 50 ans.

Le Pédant, ou Blazius, comédien, 50 ans.

Léandre, l'amoureux de la troupe, 25 ans.

Pierre, domestique de Sigognac, et prévôt d'armes, vieux soldat, 50 ans.

Malartic, spadassin aux gages du duc de Vallombreuse, 40 ans.

Lampourde, spadassin libre, 35 ans.

Agostin, brigand espagnol, 35 ans.

L'Aubergiste du cabaret *Au Radis couronné*, 60 ans.

Le Matamore, comédien de la troupe d'Hérode, 40 ans.

Isabelle, comédienne, sœur d'Annibal, amoureuse de Sigognac, 20 ans.

Chiquita, petite bohémienne, 15 ans.

Léonarde, duègne de la troupe d'Hérode, 50 ans.

Zerbine, soubrette, amante du marquis de Bruyères, 30 ans.

Sérafina, coquette, amante de Vidalinc, 30 ans.

FIGURATION

Dames, seigneurs, spadassins, buveurs et joueurs.

La scène sous Louis XIII.

PROLOGUE

PREMIER TABLEAU

Le château de la Misère. — La salle centrale. — Portraits de famille sur les murailles. — Mobilier d'une gentilhommière, en province, à la fin du seizième siècle: peu de meubles. — Au fond, grande porte à vantaux doubles, ouvrant sur une cour d'entrée, blanche de givre et éclairée par la lune. — Un vieux pont-levis à demi ruiné donnant sur la campagne se profile aux derniers plans. — En scène, à droite, une haute cheminée à manteau, en grès, ornée de l'écusson héraldique des Sigognac : trois cigognes d'or aux ailes éployées, et surmontée d'attributs de chasse. — Dans cette vaste cheminée, un banc et un escabeau de bois. Une garbure, ou soupe aux choux, y cuit sur un feu de brindilles dans une marmite. — A gauche, les premiers degrés et la rampe d'un escalier monumental et vermoulu, qui conduit à l'étage supérieur du castel. — Aspect général de délabrement.

SCÈNE PREMIÈRE

PIERRE *seul, puis* SIGOGNAC

(Pierre seul, assis au coin de l'âtre et écumant la marmite.)

PIERRE

Mon jeune maître tarde à rentrer aujourd'hui.
Mais ce morne castel où suinte l'ennui,

Que délabre la pluie, où le vent hurle et cogne,
Et qu'infestent tous les hiboux de la Gascogne,
Est-ce un gîte pour un beau gars de vingt-six ans ?
Dans ce manoir qui croule et que les paysans
Ont si bien surnommé « Château de la Misère »,
Ses jours vont s'égrenant comme avés de rosaire
Entre un chien famélique, un vieux chat plus pelé
Qu'un manchon hors d'usage, un cheval appelé
Bayard, héréditaire et douce haridelle,
Et moi, plus maigre qu'eux, mais non moins qu'eux fidèle !...

   (*Il se lève*).

Pauvre baron, si belle lame, et cœur si sûr,
Le dernier de ces preux, qui, dans un champ d'azur,
Ont trois cigognes d'or aux ailes éployées !...
Lui, dont les qualités à leur prix employées,
Propres à tous devoirs et n'y faillissant point,
Fleuriraient une cour de roi, sous le pourpoint
De soldat, le camail d'évêque ou sous la bure
De moine, — il va souper ce soir d'une garbure !
Penser qu'au pied du chou, dont ce maigre festin
Se compose peut-être, un trésor clandestin
Gît depuis deux cents ans caché par un ancêtre,
Sans qu'on sache en quel lieu du jardin il puisse être !

   (*Entre Sigognac*).

Il en rit quand j'en parle. Ah ! c'est lui, cette fois !

SIGOGNAC

Je viens de voir passer Yolande de Foix !
Elle courait le cerf. Toute une ribambelle
De cavaliers brillants l'escortait !... Elle est belle !...
On eût dit Bradamante au pourchâs de Roger !

PIERRE

Holà ! Mais nous pouvons l'aimer sans déroger !

SIGOGNAC

Elle est riche et je n'ai pour bien que ces ruines !

(Il s'assied et ôte son couvre-chef).

Pierre, ce feutre mol déteint par les bruines,
Dont la plume n'a plus que l'arête, est pareil
A feu mon cœur ! J'étais en si vil appareil
Que, honteux, je me suis caché. Cette Yolande,
J'entends sonner encor son rire dans la lande !...

PIERRE

Elle vous avait vu ?

SIGOGNAC

Parbleu !

PIERRE

C'est l'important !

SIGOGNAC

Que veux-tu dire ?

PIERRE

Il est toujours réconfortant
D'intimider, quand on est femme et Béarnaise,
Un beau gaillard taillé comme Hercule Farnèse,
Fût-il vêtu du poil de bouc des chevriers.

SIGOGNAC

Je ne veux point l'aimer.

PIERRE

Mais vous le devriez !
En attendant, les choux fondent dans la marmite.
A table, cher seigneur, et qui m'aime m'imite !

(Il se met à manger).

SIGOGNAC, *assis.*

Oh ! je rêve, sais-tu de quoi ?... de ce Paris,
Banque du genre humain, qui tient tous les paris
Contre la gloire et la fortune, pour les braves !

(*Il se lève*).

Assez planter tes choux, ô province, et tes raves !
Paris !... Jérusalem des Gascons, cadédis !...
J'y veux partir ce soir sans un maravédis
En poche, à jeun, et tel que je suis, sur ma rosse !...
Et si je n'en reviens, ami Pierre, en carosse,
J'aurai du moins changé la rosse en palefroi.

(*Avec exaltation*).

Paris ! œil et nombril du monde, où vit le roi !

PIERRE, *sans se lever.*

L'an du Christ quinze cent quatre-vingt-quatorzième,
Votre père, monsieur, en revint fort abstème,
De ce nombril !... Pourtant, il n'était pas un sot,
Et même il avait pris des places à l'assaut,
Étant de ceux qu'on nomme encor : « Les vainqueurs d'Arque !
Le roi Henri disait : « Quand je serai monarque,
« Baron, demande-nous tout ce que tu voudras ! »
Le vainqueur d'Arque est mort au fond d'un l't sans draps,
Ayant payé les frais de sa part d'épopée,
Et pour tout héritage il vous laisse une épée !

SIGOGNAC

Je suis riche, si c'est la sienne !

PIERRE, *se levant.*

C'est bien dit !

SIGOGNAC

Or çà, maître émérite et bretteur érudit,
L'ennui qu'il fait ce soir est extraordinaire !

Ouvrons la porte grande à la clarté lunaire,
Et travaillons les coups appelés coups de nuit !

PIERRE

Les coups de spadassins ?... Bon ! Jamais il ne nuit
D'étudier son art, même quand le chat pleure.
Sur les ponts de Paris, on attaque à toute heure.

(Il décroche les fleurets et en tend un à Sigognac.)

C'est la leçon suprême. Après elle, mon cours
D'armes est clos !

*(Il va ouvrir la grande porte du fond. On aperçoit
la cour du château éclairée au clair de lune, et,
au-delà du pont-levis, la campagne).*

Il gèle à confire des ours !...
Le temps change, monsieur ; le vent nous l'aliène !

*(Il revient se mettre en face de Sigognac, dans un
rayon de lune).*

Je m'en vais vous pousser la botte italienne :
Elle vient de Florence avec les Médicis,
Et, comme on dit, celui qui la pare en vaut six,
Mais six prévôts ! C'est à ce taux qu'on l'évalue.
— En garde. Attention.

*(Pierre pousse la botte et Sigognac la pare. Pierre
fait le salut militaire).*

Maître, je vous salue !

SIGOGNAC

Es-tu content de moi ? Tiens, tâte-moi le pouls.

PIERRE, *ouvrant ses bras.*

Mon fils, embrassez-moi. l'univers est à vous.

(Ils s'embrassent. Paraît Blazius dans la cour).

20

SCÈNE II

Les Mêmes, LE PÉDANT (BLAZIUS)

LE PÉDANT *entre par le pont-levis de la cour.*

Seigneurs, de bonnes gens ont besoin de votre aide.
        (*Il s'avance*).

Les chemins sont mauvais, l'escarpement est raide
Et notre chariot, — c'est celui de Thespis, —
Quoiqu'il soit par des bœufs, issus du bœuf Apis,
Trainé, — sur le versant coule comme réglisse !
Pour empêcher qu'au bas de la colline il glisse,
Il nous faut quatre bras de plus ou même deux
Tels que les vôtres.
        (*Il salue jusqu'à terre*).

                    Donc ! messager hasardeux,
Je viens à vous, ainsi qu'Hermès va chez Hercule,
Parce qu'il faut qu'un char avance ou qu'il recule !

PIERRE

Vous êtes histrion ?

LE PÉDANT

                    Comédien, plutôt !
A quoi le sentez-vous ?

PIERRE *gaîment.*

                    Au charme hottentot
D'un style que la fleur de rhétorique brode.

LE PÉDANT

J'ai l'emploi de Pédant dans la troupe d'Hérode,
Mon nom est Blazius.

SIGOGNAC

Entrez et seyez-vous.

LE PÉDANT

Merci, mais la nuit tombe et nos seigneurs les loups,
Barons du lieu, suivis des renards, leurs vidames,
Sortent en mascarade!... or, nous avons des dames.

SIGOGNAC

Que ne le disiez-vous !

LE PÉDANT

Cependant les voici.

SIGOGNAC

Va, Pierre, à leur secours.

LE PÉDANT

Encore un coup, merci.

*(Pierre sort avec le Pédant. On voit alors venir les
comédiennes qui entrent par le préau ; d'abord
Zerbine avec Sérafina, puis Léonarde avec Isabelle. Sigognac va les recevoir, les fait entrer
une à une et garde la main d'Isabelle).*

SCÈNE III

SIGOGNAC, ZERBINE, SÉRAFINA,
LÉONARDE *et* ISABELLE (*Elles portent les costumes de
leurs emplois au théâtre*).

SIGOGNAC

Mesdames, tout ici vous appartient, — les choses
Et les gens !

    (*Il fait asseoir Isabelle près de l'âtre*).

        Si j'avais l'art des métamorphoses,
Un souper fastueux surgirait sous vos pas.
Par malheur, je suis pauvre, et le lard des appâts
Avec lesquels je prends souris en souricière
Est ma seule provende !

ZERBINE, *en soubrette, riant.*

        Elle est peu nourricière !
N'ayez cure, monsieur, à défaut dé jambons,
Dans notre humble métier, souvent nous enjambons
D'un jour à l'autre, ainsi qu'on dit des dromadaires
Dont les réfections sont presque hebdomadaires !...
Puis, nous venons d'un bourg où l'on nous a gâtés.
Les bourgeois ont payé leurs places en pâtés,
Saucisses d'Arles, œufs et cotignac de Cette,
Et nous avons encor toute notre recette.

SÉRAFINA, *en coquette.*

Fi, Zerbine ! laissez la graisse et le saindoux,
Car notre art est de ceux qu'on paie en billets doux.

Quel cas fait d'un pâté le cœur qu'on bat en brèche ?...
Je n'ai jamais eu faim que d'amour !...

ZERBINE, *l'imitant*.

Et d'eau fraîche !

LÉONARDE, *en duègne*.

La meilleure recette est quand les échevins
D'une ville, qu'entoure un pays riche en vins.
Nous font tenir de quoi juger de leurs vignobles ;
Tous les autres paiements, à mon gré, sont ignobles.

ISABELLE

Pour moi, quand le public est rétif et nerveux,
Je suis rémunérée au-delà de mes vœux,
Et je m'endors gagée autant qu'on le souhaite,
Si j'ai donné la vie au rêve d'un poëte...

SÉRAFINA. *à Sigognac*.

Elle est un peu naïve, et joue au naturel
Les rôles d'ingénue et d'ange incorporel !
Dans les pièces, madame est celle qu'on épouse.

ZERBINE, *montrant Léonarde qui s'est approchée
du foyer*.

Notre chère duègne est cette vieille empouse ;
L'âge dans son emploi cruel la confina,
Et la grande coquette a nom Sérafina.
Quant à moi, je suis la soubrette, monsieur l'hôte ;
Je sers d'après Térence, et j'aide selon Plaute
Les éternels amants, jeunes, pauvres et beaux,
A pousser les vieillards bêtes dans leurs tombeaux !...

SCÈNE IV

Les mêmes, LE PÉDANT, HÉRODE, SCAPIN,
LÉANDRE, *puis* LE MATAMORE *et* PIERRE.

LE PÉDANT

L'attelage et le char sont, à l'heure présente,
Remisés. Il convient qu'à l'hôte on se présente...
    (*Il présente Hérode à Sigognac.*)
Cet homme rouge, à panse énorme, est le Tyran ;
C'est notre directeur et notre vétéran ;
Paterne et généreux, il incarne sans honte
L'horrible Agamemnon et l'affreux Polyphonte !

SIGOGNAC

Qu'il soit le bienvenu.

HÉRODE, *présentant Scapin*

                    Ce museau de renard
Futé, pointu, narquois, mobile et goguenard,
Est celui de Scapin, le valet des Valères.
Sous son masque de fourbe à ramener en galères,
Dieu, qui cèle la perle au fond des vils écrins,
Cacha le cœur d'un sage et d'un brave à tous crins.

SIGOGNAC

Il est céans chez lui.

SCAPIN, *présentant Léandre*

                    Ci-joint notre Léandre.
L'amour est pour cet homme un jardin sans méandre,

Et tout fleuve à ses pieds se transmue en Lignon.
On a vu des vertus se crêper le chignon
Pour ramasser les gants qu'il jette à la sortie !...

LÉANDRE

Les fleurs de ton bouquet piquent comme l'ortie.
Scapin. Il exagère un peu. Les amoureux
N'auraient rien s'ils n'avaient le beau sexe pour eux.
Je ne suis pas toujours traité de Turc à More.
Mais, voilà tout !

PIERRE

Où donc est votre Matamore ?

ZERBINE

Pas bien loin. Mais il est fendu comme un compas
Et conserve à l'arrière un recul de cent pas.
Ne pouvant s'aligner derrière les calèches
Qu'avec le vent, le cerf, les torrents ou les flèches !

ISABELLE, *intervenant*

Zerbine, Matamore est un brave compain.
Quant à son étisie, elle est son gagne-pain.
Vous l'oubliez !...

HÉRODE

Elle a raison... Jamais carcasse
Ne sut mieux, pour l'emploi du capitan Fracasse,
Sonner de la ferraille et cliqueter des os
Dans la rodomontade et l'escampativos,
Et, si nous le perdions, ce dont Dieu nous préserve,
Il faudrait remiser le rôle à la réserve :
Or il remplit partout les salles et toujours.

LE MATAMORE, *il entre en tranche-montagne, redressant
sa moustache, et terrible, à Sigognac.*

Par l'Enfer et Pluton, roi des sombres séjours,
Monsieur, je vous salue!...
        (*On éclate de rire. Se tournant timidement vers
        Isabelle.*)
                        Ai-je émis quelque bourde?

SIGOGNAC

Non point! mais désarmez : votre rapière est lourde
Et semble vous peser aux flancs!

LE MATAMORE

                        Je couche avec!
Elle m'adhère ainsi que le manche au rebec.

SIGOGNAC

A votre aise.

PIERRE, *à Sigognac*

                Monsieur, ne sied-il pas que j'aille
Au village voisin quérir quelque volaille?
Notre garde-manger est vide.

SCAPIN

                        Il n'est besoin,
Et nous pouvons ce soir vous libérer du soin.
Les poulets de carton dont on use au théâtre,
Même pour un ascète au jeûne opiniâtre,
Sont mal substantiels, et nous avons dehors
Dans le char, outre un vin assez bon de Cahors
En fiasques, un jambon et du veau de rivière
Que nous irons chercher à bras et sans civière,
Si notre hôte nous fait l'honneur, pour son écot,
De fournir le couvert et d'être du fricot.

TOUS

Bravo, courons au char !

ZERBINE

Les hommes à l'étable,
Et nous, pendant ce temps, nous dresserons la table !

(*Tous les hommes sortent par le fond. sauf Pierre et
Sigognac.*)

PIERRE, *à Sigognac.*)

Ce sont de bonnes gens.

SIGOGNAC, *montrant ses portraits de famille*

Oui, mais des baladins !
Que vont dire de moi ces preux et paladins,
Mes aïeux, dont le cœur fut si haut sous l'aisselle ?

ZERBINE, *à Pierre*

Voulez-vous m'indiquer l'armoire à la vaisselle ?

(*Zerbine sort avec Pierre.*)

SCÈNE V

SIGOGNAC, ISABELLE, SÉRAFINA, LÉONARDE

SIGOGNAC, *à Sérafina*

Vous cherchez quelque chose ?

SÉRAFINA

Un miroir, s'il vous plaît.

SIGOGNAC

Je n'en ai qu'un; encore est-il fort incomplet;
Étoilé comme un ciel nocturne de septembre
Et sans cadre!... Je vais l'aller prendre en ma chambre,
Ou plutôt en la vôtre!... Elle seule, en effet,
Possède un lit, celui dans lequel je fus fait
Et dans lequel je dois m'éteindre avec ma race;
Mais il est vaste et c'est un proverbe vérace
Qui dit qu'à table mince et dans les lits étroits
S'il est place pour deux, on en obtient pour trois.

ISABELLE

Montons donc, ma fatigue excède la mesure.

> (*Sigognac offre son poing à Isabelle, à gauche, et, à droite, à Sérafina, et il les fait monter, de la sorte, par l'escalier conduisant aux appartements supérieurs.*)

LÉONARDE, *prenant une prise*
Étrange gentilhomme, et bizarre masure!

SCÈNE VI

LÉONARDE, *puis, successivement,* ZERBINE, PIERRE, HÉRODE, LE PÉDANT, LÉANDRE, SCAPIN, LE MATAMORE *et* SIGOGNAC.

ZERBINE, *portant des linges de table, suivie de Pierre qui porte des serviettes.*

Voici de la faïence et du beau linge blancs.
> (*Elle commence avec l'aide de Pierre à disposer le couvert.*)

HÉRODE, *entre avec un pâté sur les bras*

Ce croustillant donjon enserre dans ses flancs
Toute une garnison de perdreaux et becfigues !

LE PÉDANT, *avec deux bouteilles, entre*

Armons-le de remparts contre l'onde, et de digues
Contre la soif infâme !

LÉANDRE, *avec des confiseries*

         Ils seront déconfits
Par ces boulets de sucre et de miel !

SCAPIN, *avec des pains, entre en écartant Léandre*

             O mon fils,
Fais place au pain que Dieu donne à l'homme par tranches,
Par miettes à l'oiseau !...

LE MATAMORE, *avec des chandeliers de théâtre, entre*

           Les flambeaux à sept branches,
Pour les hymens, et les trépas par coups d'estoc !...
   (A *Pierre, d'une voix terrible.*)
Vous les croyez en or, eh bien, ils sont en toc !
   (*On rit.*)

HÉRODE

A table ! mais où sont nos dames et notre hôte ?

LÉONARDE

Isabelle était lasse, et dans la chambre haute
Ils sont montés tous trois. C'est l'heure des pavots.
J'ai moi-même à remplir certains devoirs dévots
Et je me défends mal du démon qui furète
Si je n'ai bu d'abord quelque vin de burette.

SCAPIN

Nous connaissons les goûts pieux que vous avez !
    (*Il lui verse à boire.*)
Voici pour deux paters.

LÉONARDE, *tendant son verre*

Ils valent sept avés !

SIGOGNAC, *entre. à Léonarde*

Madame, l'on me chasse, et c'est vous qu'on réclame.
    (*Léonarde prend la bouteille, la cache sous son man-
    teau et sort.*)

SCÈNE VII

SIGOGNAC, ZERBINE, HÉRODE, LE PÉDANT
LÉANDRE, SCAPIN, LE MATAMORE, PIERRE.

(*Ils se mettent à table.*)

HÉRODE, *à Sigognac*

Votre hospitalité nous touche jusqu'à l'âme,
Monsieur. — Comédiens bannis par les canons
De l'Église, chrétiens baptisés de faux noms,
Méprisés, déclassés, jugés bons pour la corde,
Nous errons sur la terre à la miséricorde
De Celui qui mourut pour tous et pour chacun,
Mais non pour nous. Pourtant, ce Dieu, s'il n'en est qu'un,
Ne sépare pas plus l'acteur de son poète,
Qu'un jardinier ne fait l'essieu de sa brouette,

Et, si l'on doit le marbre à Monsieur de Rotrou,
Pourquoi ses Venceslas sont-ils jetés au trou ?
Quoi ! Mairet, Cyrano, Garnier et Théophile
Entrent droit dans le ciel, et moi je m'y faufile,
Et je suis chez les boucs placé par Jésus-Christ
Pour avoir déclamé le vers qu'ils ont écrit,
Tandis qu'ils vont parmi les brebis immortelles !
L'Évangile est obscur si les choses sont telles,
Et celui qui nous pait n'est pas le bon berger !
Mais il l'est, puisque vous daignez nous héberger,
Et je voulais prouver d'une façon plus courte
Que l'honneur vous revient d'attaquer cette tourte
Selon les vieux égards dus aux amphitryons.

> (*Il présente le couteau à Sigognac. qui le plante gaiment dans le pâté.*

HÉRODE, *levant son verre*

Au bon Samaritain des pauvres histrions !

LE PÉDANT, *même jeu*

A sa fortune !

SCAPIN, *même jeu*

A ses aïeux !

LÉANDRE. *même jeu*

A sa maitresse !

LE MATAMORE, *même jeu*

A sa lame !

ZERBINE, *même jeu*

Aux longs jours que la Parque lui tresse !

SIGOGNAC, *se levant*

Au roi !

21

TOUS

Vive le roi!

SIGOGNAC, *tourné vers Zerbine.*

Femmes, à vos attraits!
Dans son carquois, l'archer divin a moins de traits
Que n'ont vos yeux, et moins dextrement il en jongle

LÉANDRE

Pour cette santé-là, je fais rubis sur l'ongle.

HÉRODE.

Ne choquerons-nous pas en l'honneur de Paris?

TOUS

A Paris!

PIERRE, *montrant les bouteilles vides*

Par malheur les flacons sont taris
Jusqu'au dernier!

LE PÉDANT

Pas tous! Qui me suit à la cave?

LE MATAMORE

Homme convexe, moi!

LE PÉDANT

Viens donc, homme concave!
(*Le Matamore et le Pédant sortent.*)

SCÈNE VIII

Les Mêmes, moins LE PÉDANT et LE MATAMORE

SIGOGNAC

Vous allez à Paris ?

ZERBINE, *un peu grise*

Sans doute. Tout y va,
Et c'est le Chanaan promis par Jéhovah.
Paris est au chrétien ce qu'au Turc est la Mecque,
Le temple, le divan et la bibliothèque.
Mais il y joint encor d'être le rendez-vous
Des pitres, des voleurs, des filles et des fous !...
La cour aime les fous et la ville les pitres,
Et c'est vivre un roman à cent mille chapitres
Que d'arracher les pleurs ou le rire à tant d'yeux
Devant lesquels le pitre et le fou sont des dieux.
Mais qu'ai-je à bavarder ainsi comme une pie ?
Je crois qu'en m'épargnant vous ferez œuvre pie,
Car la tête me tourne... ouf !...

(*Elle s'endort sur une chaise.*)

SIGOGNAC, *la retenant*

Mais elle va choir ?

SCAPIN

N'ayez crainte, monsieur, l'oiseau dort au perchoir,
Et Zerbine, pareille aux goules apocryphes,
Sur la pente d'un toit se tiendrait par les griffes.

SCÈNE IX

LES MÊMES, puis LE PÉDANT et LE MATAMORE

LE PÉDANT, *des bouteilles sous le bras*

Quel froid ! C'est à donner l'absoute à des bandits !
J'ai la moelle figée et les membres candis !...
Matamore s'allonge, et file, et se dépouille
Comme une stalactite au bec d'une gargouille !...
Il va neiger...
  (*Il pose les bouteilles sur la table.*)

SCAPIN

  Buvons. Nous touchons au degré
Où le vin gèle en paille et tourne au vinaigre.
  (*Entre le Matamore grelottant.*)

LE MATAMORE, *claquant des dents*

Par Mahom ! cette fois, nous atteignons le pôle
Antarctique !

SIGOGNAC, *à Pierre*

  Mets-lui ma cape sur l'épaule
Et devant un grand feu qu'il dorme en mon fauteuil.
  (*Pierre pousse le fauteuil au Matamore qui le
  refuse.*)

LE MATAMORE

M'asseoir, moi ? Je ne dors que debout, et d'un œil,
Ainsi que les lions !...
  (*Il s'adosse à la cheminée et s'endort debout.*)

LÉANDRE, *la langue pâteuse*

Ah ! notre art, un martyre !
(*Il s'endort peu à peu.*)

HÉRODE

Ton verre, Blazius.

LE PÉDANT, *bouchant son verre*

Nenni, je m'en retire !
Le froid coupe la soif et m'a clos le larynx.
Devant ce feu qui chante ainsi qu'une syrinx
Il est doux de griller son lard jusqu'à la couenne !
(*Il se roule devant l'âtre que Pierre attise, et
    s'endort.*)
Bonsoir !

HÉRODE, *montrant Léandre endormi*

Léandre aussi vient de passer la douane !
Il doit être fort tard, s'il n'est déjà demain.

SCAPIN

Le directeur s'éclipse !
(*Hérode roule sous la table; à Sigognac.*)
Allons, un coup de main.
Monsieur, pour mettre au moins à cul cette bouteille !
(*Il verse à boire à Sigognac.*)
Vous m'en ferez raison sur le jeune Corneille,
Espoir de Melpomène, et gloire de Rouen !
(*Ils boivent.*)

SIGOGNAC, *versant à son tour*

Vous sur Ronsard, rival du cygne mantouan !
(*Ils boivent.*)

21.

SCAPIN, *versant à son tour*

Un autre pour Scarron et pour son Iliade
Travestie, un chef-d'œuvre !
> (*Ils boivent.*)

SIGOGNAC, *versant*

> Et trois pour la Pléiade !
Pour Baïf, Joachim et pour Remi Belleau !
> (*Ils boivent trois fois.*)

SCAPIN, *ivre mort*

Certes ! leur diamant, monsieur, fut de belle eau,
Mais quel chantre à vos pieds ne chavire et s'étale !
> (*Il roule sous la table.*)

PIERRE, *à son maître, en le saluant avec une bouteille*
vide

Décidément, monsieur, à vous la capitale !
> (*Pierre sort.*)

SCÈNE X

LES MÊMES, *endormis*, moins PIERRE, puis ISABELLE

SIGOGNAC

L'aventure est du fait de quelque nécroman,
Et c'est un Scudéri qui conçut ce roman
Picaresque...
> (*Il va s'asseoir dans le foyer.*)
> Ma tour que l'ouragan canarde,

Abrite trois beautés, quatre si Léonarde
En fut une !... Je bois et mange à pleins paniers
Et je loge chez moi des excommuniés !...

(S'adressant aux cigognes du cartel à la cheminée.)

De votre champ d'azur et devant ces ivrognes
Vous envolez-vous pas, Mesdames les cigognes ?

(On entend un bruit de pas rapide. Il s'arrête.)

ISABELLE, *paraît au haut de la rampe*

Ah ! monsieur !

(Elle descend vivement.)

SIGOGNAC

Qu'y a-t-il ?

ISABELLE

                        Je dormais quand soudain
Deux yeux phosphorescents, du côté du jardin,
Se sont ouverts, dardant comme feux de lampyres !
Puis un souffle !... Monsieur... croyez-vous aux vampires ?
Vous riez ?

SIGOGNAC

Le vampire a pour nom Belzébuth !
Calmez-vous, c'est un chat. Il n'avait point pour but
De boire votre sang de pourpre incarnadine !
Mais il dort avec moi, de même qu'il y dine !
Car il m'aime. C'est un de ces vieux angoras
Dédaigneux des greniers, tirant la langue aux rats.
Qui se hissent au rang de personnes humaines
Par un tas de vertus proches des phénomènes,
Et j'avais oublié de vous le présenter.

(Il lui prend la main.)

Mais cordieu ! je prends mal mon temps pour plaisanter,

Et vous avez la main plus froide que le plâtre!
Venez vous ranimer à la flamme de l'âtre.

(*Il la conduit à l'âtre, l'y fait asseoir, et jette sur
le feu une fascine qui s'embrase.*)

ISABELLE, *éclairée par le feu*

Je me produis l'effet, tant c'est fol et charmant,
D'être dans son château la Belle au bois dormant,

(*Montrant les comédiens endormis.*)

Et mes chers compagnons figurent pour leur compte
Les gardes endormis dont parle ce vieux conte!

SIGOGNAC, *avant de se relever*

Ah! que ne pouvez-vous y reposer cent ans!

ISABELLE

Mais vous-même, vous en sortez de temps en temps,
Et vous n'y vivez pas comme ermite en cellule?
A travers ces forêts où le gibier pullule,
Vous escortez, dans ses chasses, au bord du Tarn,
Yolande de Foix, cette fleur de Béarn?
Vous êtes Actéon de cette chasseresse?

SIGOGNAC, *il se relève*

Non, madame.

ISABELLE

Comment, à votre âge? Serait-ce
Qu'une autre?... Mais, pardon.

SIGOGNAC

Je n'ai jamais aimé
Que celle auprès de qui mon père est inhumé!
Quant aux autres!... Je suis pauvre. Or, c'est chose grave
Qu'un affront d'où qu'il vienne, alors que l'on est brave,

Et j'aime mieux mourir, solitaire en ma tour,
Que d'engager ma foi sans paiement de retour!
J'attends.

ISABELLE

Qui?

SIGOGNAC, *fièrement*

Celle-là que son bonheur destine
A propager un nom conquis en Palestine!

ISABELLE

Vous êtes fier!

SIGOGNAC

Faut-il ne pas l'être pour vous?

ISABELLE

Non. Mais vous végétez dans ce nid de hiboux!
N'avez-vous d'autre ami qu'un chat, ni de famille?

SIGOGNAC, *gaiment*

J'ai mon chien! Des amis, la Gascogne en fourmille!
Des parents? Tous sont morts, et dorment au charnier
Seigneurial, en Dieu, qui me fit le dernier
D'une race fidèle au roi, mais plus antique!

ISABELLE

C'est étrange, mon sort au vôtre est identique.
Je tiens le jour d'un homme en qui le plus grand nom
S'allie aux plus grands biens.

SIGOGNAC

Vous le connaissez?

ISABELLE

Non

Monsieur, non !

> (*Elle se lève.*)

La fierté n'est pas votre apanage !
Or, il a délaissé ma mère ! — En mon jeune âge
Il m'aimait. J'ai gardé le souvenir confus
D'un homme débonnaire, ignorant le refus,
Qui souriait penché sur ma barcelonnette !...
La terre est douce à la comédienne honnête
Qui n'aima qu'une fois !... Cornélia, le jour
Où son ami partit forfaisant à l'amour,
Tomba comme la fleur du sol déracinée
Et le Seigneur a pris cette âme assassinée !...

> (*Elle se rassied.*)

Alors, les bonnes gens que voici, par pitié
Sans doute, et pour payer leur dette à l'amitié
Que ma mère eut pour eux, m'ont recueillie. Hérode
M'apprit son art, un art qui brûle et qui corrode !
Il n'en savait pas d'autre. Et je roule avec eux !...
Nous dinons quelquefois, ayant pour maître-queux
Le Hasard que ma mère appelait : Providence,

> (*Avec une révérence gracieuse.*)

Et dont tout, cette nuit, confesse l'évidence !

SIGOGNAC

Vous n'avez point cherché votre père ?

ISABELLE, *fièrement*

Jamais !
J'aime qui m'aime, et, quand il m'aimait, je l'aimais !
Hérode le connaît, dit-on, mais peu m'importe,
Et la fille, pour lui, comme la mère, est morte.

> (*A Sigognac distrait et les yeux fixes.*)

Vous ne m'entendez plus, et dans vos yeux hagards
Le brouillard d'un soupçon obscurcit vos regards ?

SIGOGNAC

Je vous en fais l'aveu malgré ce qu'il m'en coûte.

ISABELLE, *très simplement*

Mais, questionnez-moi, monsieur, je vous écoute !

SIGOGNAC

Quand vous dilapidez à cet art qui vous plaît
Cent trésors, dont un seul est le bonheur complet,
Qui ne vous aimerait alors qu'il vous contemple !
Si l'amour est un dieu, le théâtre est son temple,
Et moi, qui tiens si mal mes yeux dissimulés.
Je pense aux papillons que vos yeux ont brûlés !

ISABELLE

Vous les plaignez !

SIGOGNAC

Autant qu'on plaint ce qu'on envie.
Vous arrivez bien tard ou bien tôt dans ma vie :
J'ai peur de vous, autant que j'en ai le désir.

ISABELLE

Votre doute est trop clair, et je crois le saisir.
Oui, toujours sous l'actrice, il faut trouver la femme,
Et c'est par notre emploi même qu'on nous diffame !
C'est ainsi qu'au dormoir nous rêve l'écolier !

SIGOGNAC, *significatif*

Madame, vous avez au col un beau collier.

ISABELLE

J'entends. Adieu, monsieur.

SIGOGNAC

Restez, je vous en prie.
Je crains l'inexpliqué comme une tromperie.
Ayez pitié de mon orgueil : il est brutal !
Dur comme mon amour, mais du même métal !
De ce désert landais, sauvage gentillâtre,
Je ne sais rien des cours, moins encor du théâtre ;
Quand il faudrait des mots propres à vous toucher,
Je n'en conçois de bons qu'à vous effaroucher.
A vivre avec les loups, on devient loup soi-même,
Mais ces preux que voilà savent que je vous aime.
Dites-leur d'où vous vient ce collier.

ISABELLE

Est-ce aimer
Que de douter d'abord, et d'abord blasphémer ?
Votre désir pourtant est de ceux qu'on exauce.
Il me vient de ma mère, et la pierre en est fausse.
Adieu. J'en ai trop dit moi-même, beaucoup trop !...

SIGOGNAC

Restez ! La jalousie est prompte et va le trot
Chez les Gascons, madame, et, quel que soit mon crime,
Le châtiment le passe où votre voix l'exprime
Par ces cruels adieux qui sonnent comme en glas !
Chez nous, la femme basque use du coutelas.
Vengez-vous, mais restez !

ISABELLE

Je fais mieux, je pardonne
Si sur Dieu, votre mère et la sainte Madone
Vous jurez de vous rendre aux lieux où je dirai.

SIGOGNAC

Je le jure.

ISABELLE

A Paris avec nous.

SIGOGNAC

J'ai juré.

ISABELLE, *allant au fond*

Des lilas du matin le ciel se couperose,
Ce n'est pas trop le temps d'aller voir si la rose
Qui pour votre Ronsard s'est déclose au soleil
Ouvre sous les frimas son calice vermeil,
Mais offrez-moi le bras à l'antique manière
Et visitons, monsieur le loup, votre tanière.

(*Ils sortent.*)

SCÈNE XI

ZERBINE, HÉRODE, LE PÉDANT, LÉANDRE,
LE MATAMORE. *endormis*, DE BRUYÈRES

ZERBINE, *endormie, elle débite et rêve un de ses rôles de
soubrette*

Eh ! quoi, monsieur Géronte. à soixante ans passés
Il vous en faut encore ?... Espacez... Espacez !...

DE BRUYÈRES, *en chasseur, sur le seuil*

Qu'est ceci ? Le baron ouvre-t-il une auberge ?
(*Il descend en scène et circule autour des comédiens endormis.*)

Un gros de bateleurs s'enivre et se goberge
Dans la salle et sous les vénérés camaïeux
De ses aïeux, cousins de mes propres aïeux!...

    (Il s'assied.)

Moi qui venais le voir au compte d'Yolande!

SCAPIN, *endormi et rêvant tout haut*

Ainsi qu'un rat dans un fromage de Hollande!

DE BRUYÈRES, *étonné, cherchant qui parle*

Plait-il? Qui parle?

HÉRODE, *rêvant*

    Oyez l'illustre Agamemnon!

DE BRUYÈRES, *se tournant d'un autre côté*

Le mur répond!... Prodige imité de Memnon!...

LÉANDRE, *endormi, rêve*

Je languis dans vos fers, Amaryllis cruelle!...

LE PÉDANT, *même jeu*

A boire!...

LE MATAMORE, *même jeu avec de grands gestes*

    Allons, Jupin, empoigne ta truelle!...
Remaçonne le ciel par mes coups lézardé!...

ZERBINE, *même jeu, à franche gueule*

Votre feu de Géronte est un feu hasardé,
Un déplorable feu, sans flamme, imperceptible,
Un vieux feu qui s'éteint, faute de combustible!...

DE BRUYÈRES, *riant*

L'affriolante fille avec sa bouche en fleur !
Je n'y tiens pas !...

(*Il se baisse sur elle et l'embrasse.*)

ZERBINE

Ouais !... Voyez l'écornifleur !...
(*Elle le giffle à toute volée, s'éveille, et stupéfaite, éclate
de rire.*)
Ma foi, monsieur, tant pis ! Je rêve que je joue !

DE BRUYÈRES, *galamment*

Mais, pour le même prix, je tendrais l'autre joue !
— Voulez-vous ?

ZERBINE, *elle recule*

Non ! J'y perds !...

DE BRUYÈRES

Méchante !... Pactisons.
(*Se cachant les yeux avec le bras.*)
Mais, tempérez d'abord l'ardeur de ces tisons
Qui de vos yeux d'enfer darde et me carabine !
(*Il lui prend le coude.*)
Comment vous nomme-t-on, ma belle maugrabine ?

ZERBINE, *baissant les yeux, agaçante*

Zerbine.

DE BRUYÈRES

Et c'est charmant ! Moi, je suis le marquis
De Bruyères... pour vous adorer !

ZERBINE, *moqueuse*

C'est exquis !

DE BRUYÈRES, *à voix basse*

Le château que j'habite est distant d'une lieue
De la ville prochaine, et touche à sa banlieue.
Vous n'y pouvez aller sans voir son pont-levis
Sur la route.

ZERBINE

Souvent en effet je le vis !

DE BRUYÈRES

J'y donne des régals à toute la province,
Venez-y.

ZERBINE

Comme quoi faudrait-il que j'y vinsse ?

DE BRUYÈRES, *lui prenant la taille*

Comme déesse !

ZERBINE

Soit ! mais je m'en ébahis !
Le bruit sans doute est faux qui courait le pays,
Marquis, que vous étiez en pouvoir de marquise,
Fort marié, dit-on ?

DE BRUYÈRES, *lui tenant la taille*

Formalité requise
Dans ma caste ! — Je suis surtout le protecteur
Des soubrettes.

ZERBINE, *démasquant Hérode qui se réveille*

Alors, parlez au directeur !

(*Hérode s'avance, et peu à peu tous les comédiens se réveillent.*)

DE BRUYÈRES, *à Hérode*

Je ne m'en dédis point, monsieur, votre venue
Avec tous vos acteurs est chose convenue.
Je dis : tous ! — Votre prix est le mien. Vous aurez
Chez moi gîte et couvert, et serez honorés
D'un parterre à qui plaire est deux fois méritoire ;
Yolande de Foix sera dans l'auditoire !
A demain donc !

(*Il donne sa bourse à Hérode. — A Zerbine.*)

Je pars, madame, et vous attends,
Le cœur et la maison ouverts à deux battants.

(*Il lui baise la main.*)

HÉRODE, *à De Bruyères*

Quelle pièce le mieux à vos goûts s'accommode ?

DE BRUYÈRES, *du seuil*

Le « Capitan Fracasse ». Il est fort à la mode.

(*Exit de Bruyères.*)

HÉRODE, *aux comédiens*

Vous l'avez entendu. La Fortune, messieurs,
Attache encore un coup sa roue à nos essieux...
Attelons et partons...

(*Léonarde et Séraphina descendent de la rampe.*)

22.

SCAPIN

Voici nos écuyères.

ZERBINE, *allant à elles*

Mesdames, nous allons au château de Bruyères.

FIN DU PREMIER TABLEAU

DEUXIÈME TABLEAU

———

La toile de fond s'enlève, et laisse voir une lande entourée de
sapins. — Entrée de la sapinière à gauche, route au fond. —
Effet de neige.

SCÈNE PREMIÈRE

AGOSTIN, *puis* CHIQUITA

AGOSTIN, seul

Ah! que de voyageurs les routes sont avares
Qui rejoignent la France et l'Espagne aux Navarres.
Et que les commerçants deviennent casaniers!
Nul ne passe, sinon quelques vagues âniers,
D'absurdes pénitents, des gueux ou de vieux carmes
Mendiants et déchaux!... Les autres ont des armes!
J'ai peur de me gâter la main, tel est mon cas!

> *(Il tire son poignard de sa ceinture, et il va écouter
> au fond du côté de la route.)*

N'entendrai-je donc point le sifflet de choucas
Par lequel Chiquita m'annonce sa rentrée?

> *(Il revient.)*

J'ai faim! La huche est vide et l'outre est éventrée.

(*La neige commence à tomber.*)

Bon, il neige! Que n'ai-je au bout de ce poignard
Un joli ventre, au lieu de ce tronc campagnard?
On en hériterait de la joue à la gifle!

(*Il s'exerce à lancer sa navaja sur un arbre. — On
entend un long sifflet de choucas au loin.*)

Ah! c'est l'enfant!

(*Il répond au sifflet, Chiquita paraît.*)

CHIQUITA

Voilà quatre fois que je siffle,
Tu n'entendais donc point?

AGOSTIN

Non, je dialoguais.

CHIQUITA, *jalouse*

Avec qui?

AGOSTIN

Mais tout seul.

CHIQUITA

Agostin, aux aguets.

Ils viennent.

AGOSTIN

Qui?

CHIQUITA

Des rois et des reines très riches,
Habillés d'or... Ils ont, en de grandes bourriches,
Des tas de choses, comme en vendent les maudits
A la barbe de bouc, ces juifs, dans les taudis

Desquels nous nous glissons lorsque tu te délabres,
Habits, galons, tapis, miroirs et candélabres,
Des casques empennés de gendarmes défunts
Et d'étranges pâtés qui n'ont pas de parfums!...

AGOSTIN

Combien sont-ils?

CHIQUITA

Deux gros, deux maigres, un squelette
Terrible!... Le sixième est une femmelette.

AGOSTIN

Des dames?

CHIQUITA

Quatre. L'une est comme une vapeur,
L'autre un oiseau: la vieille est sorcière et fait peur.
Quant à la quatrième...
    (Avec un élan passionné.)

Agostino, je t'aime!

AGOSTIN, *riant*

Corbache! Elle est jolie alors, la quatrième?

CHIQUITA, *sombre, à voix éteinte*

Elle porte un collier de je ne sais quels grains,
Brillants comme les fleurs des champs après les grains!
Mon âme à leur éclat n'est pas habituée.
Tu me le donneras quand tu l'auras tuée.

AGOSTIN

Je te dois bien cela, Mitidika! C'est dit.
Mais il faut la tuer d'abord. Fais-moi crédit
Pour une heure, et dressons l'embuscade de paille.

    (Ils suspendent des mannequins aux sapins.)

Mannequins que le vent seulement entripaille,
Brigands inoffensifs pour messieurs les oiseaux,
Vous fûtes dans vos temps d'illustres damoiseaux
Du palais de la Belle-Étoile, et la Grande Ourse
Devenait folle rien qu'à vous suivre à la course.
Quand vous filiez un coche au grand galop la nuit !
Ils sont morts tous les six et c'est ce qui leur nuit ;
Mais leur gloire survit à leur forme étoupée !
Contemple celui-ci qui n'est plus que poupée,
Son magnifique nom fut : Isquibaïval.
C'était un peu ton père. Il n'eut point de rival
Dans l'art de trucider proprement et d'occire !
Le bleu de ce béret lui va comme de cire.
Il te ressemble encor quand on cligne des yeux !

CHIQUITA, fait un signe de croix

O Notre-Dame, ayez son âme dans les cieux !

AGOSTIN

Cet autre, mon ami de cœur, fut Mataserpes,
Gentilhomme ! De gueule échiqueté de serpes
Jointes. Blason parlant ! D'une faucille au vol,
Il divisait en deux un lièvre, à ras du sol,
Et si la lame était droite, de trois fois l'une
Il en plantait le dard dans le rond de la lune !
Quel maître ! Je lui dois le quart de mes talents.
Il est là-haut, si l'on y prend des Catalans !
Mais en prend-on ?

(Il dresse un autre mannequin et le pend à un arbre).

     Réponds, ô grand Lavidalotte,
Devant l'ombre de qui je tire ma calotte.
Un savant ! Il parlait avec les voyageurs,
En leur langue, ma chère ! Et dans les cas majeurs
Il traduisait à Dieu leurs suprêmes prières !
Ah ! qu'il vous engraissa, cyprès des cyprières,
Ifs qu'autour des tombeaux alignent les cordeaux,
Buis bénits !

   (Il accroche le quatrième.)

Tu le sais, Florizel de Bordeaux,
Jeune homme d'avenir, espoir de la chiourme,
Qui dans la mer du roi jettes encor ta gourme
Et qui nous reviendras digne de tes anciens!
Car les prédictions des cartomanciens
Sont limpides. Ton sort, fixé par leur sentence,
Est d'achever le sept parfait d'une potence.

(Il pend les deux derniers mannequins.)

Mitidika, j'en passe — et suspens — des meilleurs,
Car beaucoup sont allés se faire pendre ailleurs!
Plus dédaigneux de gloire et non moins magnanimes,
Ceux-ci par testament gardent leurs anonymes.

CHIQUITA

Écoute!

(Elle va au fond regarder et revient.)
C'est celui dont j'ai si peur!...

AGOSTIN

Déjà!
Je vais donc dérouiller ma vieille navaja!

Ils se cachent. Paraît le Matamore.)

SCÈNE II

La scène reste vide un instant. La neige tombe à flocons épais
et s'accroît. On voit arriver par la route LE MATAMORE seul.
Il marche à pas démesurés, et écarte la neige avec de grands gestes des bras.

LE MATAMORE, *il déclame en marchant, sans voir les
mannequins*

Vents hyperboréens, bourrasques et rafales
Qui des étangs glacés que Pluton débonda

Opposez une trombe aux marches triomphales
D'un Escobombardon de Papirotonda,
Que vos témérités sont peu philosophales!...

> (*Il se retourne.*)

Crois-moi, neige, trève aux flocons !
Réintègre dans leurs cocons
Toutes ces visqueuses chenilles,
Épais et flasques grappillons
Qui s'estiment des papillons
Et qui n'en sont que les guenilles!...

> (*Il s'assied au pied d'un arbre. Puis d'un ton très
> simple, naturel, et avec l'accent mélancolique d'un
> homme qui souffre, il soupire.*)

La Bretonne qui file en espérant son fils
Sur le lin de la mer voit tomber l'avalanche!
Bonne vieille, dans l'ombre où luit ton crucifix,
Que mon dernier baiser gonfle ta coque blanche!...
Ah! malheur aux enfants qui font ce que je fis!...

> (*Il se redresse à demi sur un genou, et reprend le
> ton rodomont de son emploi. La neige tombe de
> plus en plus fort.*)

Ça, pour quels édredons plume-t-on tant de cygnes
Chez Jupiter? Son aigle a-t-elle fait des œufs?
Carde-t-on de Vénus les couettes insignes?
Phœbus prit-il un rhume en ce zénith vaseux,
Et faut-il qu'il transpire entre les douze signes ?

> (*La neige le couvre à moitié. Il interpelle un être
> imaginaire.*)

Plumassier, paix aux oiseaux blancs!
Cette ardeur d'épiler leurs flancs
Immaculés, d'où te sort-elle ?
Prétends-tu qu'il n'en reste pas
De ces prophètes de trépas
Pour chanter ma mort immortelle?

> (*Il retombe comme épuisé par l'effort et reprend
> l'accent naturel et simple.*)

Heureux mes compagnons! Ils verront la Cité,
Que le Louvre retient comme l'ancre un navire!...
La gloire dans notre art, c'est d'être là cité,
D'y créer, à défaut du Cid, un vau-de-vire,
Et d'y manger son pain sans bénédicité.

> *(Recrudescence de neige. Il est à présent appuyé sur les mains, presque enseveli déjà sous la neige: il enfle la voix.)*

Mourir, moi!... la Camarde en a perdu l'envie!
Si vif j'épouvantais, que sera-ce donc feu?...
J'apparais, et le Styx sous la barque dévie!...
Je me nomme, et l'Enfer lui-même crie : au feu!...
Ah ! ne m'éveillez pas du sommeil de la vie!...
  Corbeaux ! comme vous croassez !
  Vous ne croassez pas assez,
  Croassez comme pour Hercule !
  On n'en a pas par tombereaux
  Des côtelettes de héros
  A dévorer au-crépuscule.

> *(Sa voix faiblit. La neige le submerge presque totalement. Il parle, comme de loin, en ventriloque).*

Celle que j'aime en aime un autre!... Vieux roman,
Très bête ! Il est fini... ne brûlez point de cierge,
Ne priez pas pour moi!... Je pars sans talisman,
Vêtu du linceul blanc qui sied à l'homme vierge!...
De Profundis!... Paris!... Isabelle!... Maman !

> *(La neige le recouvre ; un silence).*

SCÈNE III

LE MATAMORE, *sous la neige ;* **AGOSTIN, CHIQUITA, HÉRODE, SCAPIN, LE PÉDANT,** *d'abord,* *puis* **SIGO-GNAC** *avec* **ISABELLE,** *puis* **LÉANDRE** *avec* **ZER-BINE, SÉRAFINA, LÉONARDE.**

HÉRODE, *regardant sous la neige, à Scapin.*

C'est son empreinte sous la neige ou je m'abuse !

AGOSTIN, *se dressant devant eux.*

Si vous ne voulez pas que l'on vous arquebuse,
Votre bourse.

LE PÉDANT, *riant.*

Un voleur ! pas de chance !

HÉRODE, *retroussant ses manches.*

Charmés !

AGOSTIN

Nous sommes six, plus moi, total sept, tous armés.
Veuillez jeter les yeux sur cet aimable groupe.
(*Il montre les mannequins*).

SCAPIN

C'est bon, présente-nous, camarade, à ta troupe.

AGOSTIN, *montrant son poignard.*

Avec ceci, je tue un cabril à cent pas.

SCAPIN

Vise...

AGOSTIN

Je dis cent pas mesurés au compas.

HÉRODE

Mesure et réussis ! Si tu manques, brave homme,
Il ne me faut qu'un coup pour un bœuf ; je t'assomme.
    (*Il montre son ventre*).
La cible est ronde, et moins mobile qu'un cabril.

AGOSTIN

Monsieur, je darde au noir, c'est-à-dire au nombril.
    (*Il lance la navaja. Sigognac, qui vient d'entrer,
    pare le coup avec l'épée*).

SIGOGNAC

Pardon, c'est mon emploi dans la troupe.

AGOSTIN

                                        C'est lâche !

Il l'avait au mitan.

LE PÉDANT

            On rend l'argent. Relâche !

AGOSTIN, *aux mannequins.*

A moi, vous autres. Feu !
    (*Les comédiennes paraissent, conduites par Léandre.
    A leur vue, Agostin se jette devant les manne-
    quins et feint d'arrêter le feu*).

        Des dames !... Paix ! assez !...
Depuis quand tire-t-on sur les femmes ?

    (Avec un grand geste, aux comédiennes).

            Passez !

LÉANDRE, les entraînant.

Venez ! la poudre parle, il sied que l'on s'en aille.

SIGOGNAC

Tant de galanterie en pareille canaille ?...
Voyons donc !...

    *(Il marche sur les faux brigands, l'épée à la main,
    pique l'un d'eux et éclate de rire).*

        Senoras ! ce sont vos éventails
Qu'il nous faut pour souffler sur ces épouvantails !

    (Il jette un mannequin aux pieds d'Isabelle).

Admirez ces guerriers pour enfants au sevrage !

    (Tous rient).

AGOSTIN

Messieurs, ayez pitié d'un bandit sans ouvrage !
Les bourgeois sont couards et les temps sont hideux !
L'Espagne ne va plus depuis Philippe deux ;
Et je suis Espagnol. J'ai même charge d'âme.

HÉRODE, riant.

J'en ai ri pour ma vie entière...

LE PÉDANT

        Je me pâme !

SCAPIN

Pour ta bouffonnerie et tes brigands d'osier
Prends ma gourde, mon brave, et bois à plein gosier !.

LÉANDRE, *avec un geste d'admiration.*

C'est du théâtre !

ISABELLE, *criant.*

Aïe ! Aïe ! on m'étrangle !

CHIQUITA, *tirant sur le collier d'Isabelle.*

A mon aide,
Agostin, je le tiens ! Le collier ! viens ! il cède !

ZERBINE, *dégageant Isabelle.*

Qu'est-ce donc, Zingara ? Veux-tu finir.

CHIQUITA, *farouche.*

Je veux
Le collier !

ISABELLE

Elle m'a déchiré les cheveux,
Et labouré le cou ! Qu'est-ce donc qui te tente
Dans ce collier ?

CHIQUITA

Les grains blancs !

ISABELLE

Tu serais contente
Si tu l'avais ?...

CHIQUITA

Oh ! oui.

ISABELLE, *lui donne le collier.*

Prends-le, je t'en fais don.

23.

ZERBINE

Regardez, la voilà plus pourpre qu'un dindon
Qui se rengorge ou bien qu'un docteur en Sorbonne!...

CHIQUITA, *à Isabelle.*

Je ne vous tuerai pas, vous, car vous êtes bonne!
(*Elle se sauve*).

AGOSTIN, *aux comédiens.*

Mesdames et messieurs..., au revoir..., à Paris!
(A *Chiquita*).
Attends-moi, Chiquita, tu cours comme souris!
(*Il disparaît*).

SCÈNE IV

LES MÊMES, *moins* AGOSTINO *et* CHIQUITA

HÉRODE

Et Matamore? Où diable est-il? Il me tracasse
De le trouver. Sans lui, d'ailleurs, plus de Fracasse,
Partant plus de souper au moins jusqu'à Poitiers.
Partageons-nous pour sa recherche en deux moitiés.

LÉONARDE, *sinistre.*

Ah! que lugubrement dans la vallée ulule
Ce chien, et de corbeaux comme ce bois pullule!

SÉRAFINA

Taisez-vous, Léonarde, on tremble à vous ouïr.

LÉANDRE

Si vous continuez, je vais m'évanouir.

SCAPIN

A l'unisson, un cri d'appel, tous !...

TOUS, *ensemble.*

Matamore !

LE PÉDANT, *apercevant l'épée du Matamore.*

Voyez donc, sous ce tas de neige, une claymore
Gaélique surgit !... Le sol de ce glacier
Fleurit des fleurs de bronze et des plantes d'acier !

LÉONARDE

Qu'avais-je dit ? Ce fer est celui de sa queue
De poêle inséparable !
        (*Ils découvrent le cadavre du Matamore*).

SCAPIN, *se penchant sur lui.*

                Il a la face bleue
Et les yeux clos, hélas !

ISABELLE, *à Sigognac.*

                L'angoisse qui me mord
Est affreuse. Il m'aimait, sans le dire !

HÉRODE

                        Il est mort !

TOUS

Mort !

SCAPIN, retenant ses larmes.

Autant que Chéops dessous sa pyramide !
Mais la sienne est de marbre en poudre, et bien humide !
Que Dieu l'ait en son sein, et, si Dieu n'en veut pas,
L'enfer étant chauffé lui garde des appas !

(*Il éclate en sanglots*).

Il est pétrifié !... C'est sa propre statue !...

(*Tous pleurent*).

HÉRODE

Que va-t-on faire ? Il faut qu'on en traite et statue.
Pas un feu de chaumine ou d'auberge ne luit
Dans ce désert de neige immense, et le temps fuit.
Le marquis nous attend. Laisser ce cher cadavre
De notre camarade aux loups, cela me navre !

TOUS

Jamais !

HÉRODE

Alors, il faut souffrir la faim. Le sac
Est vide. Nous l'avons chez monsieur mis à sac.
Divisons-nous. Ceux-ci creuseront une tombe,
Au pauvre mort ; ceux-là, devant que la nuit tombe,
Iront chez le marquis lui rendre son argent.
C'est nécessaire aussi. C'est même très urgent,
Car il m'avait payé d'avance et sur parole.

SIGOGNAC

Combien faut-il de temps pour apprendre le rôle
Du capitan Fracasse en marchant ?

HÉRODE

                              C'est selon
La mémoire qu'on a.

SIGOGNAC

                    Le rôle est-il plus long,
Par exemple, qu'un chant de Ronsard ordinaire ?

HÉRODE

Non, certes, mais à quoi tend ce préliminaire ?

SIGOGNAC

Avez-vous la copie ?

HÉRODE

        Oui.

SIGOGNAC

                Vous souperez ce soir !
(S'adressant au corps du Matamore).
Avant que sur l'autel de neige l'ostensoir
Du soleil redescende et termine ta messe
Funèbre, parpaillot, je t'en fais la promesse,
Tu ressusciteras, brave homme.

HÉRODE

                        Vous pourriez ?

SIGOGNAC

Pourquoi pas ?

ISABELLE, *à Sigognac.*

De quel prix vous payer!

SIGOGNAC

Souriez!

RIDEAU

FIN DU PROLOGUE

ACTE I

—

Poitiers sous Louis XIII. — Une place publique, prolongée par
un cours planté d'arbres, orné de statues, et formant terrasse
sur la ville. Fond d'églises, de tours, de remparts et de vieux
hôtels.
Sur la scène, à gauche, l'hôtellerie des Armes de France, séparée
de l'hôtel Vallombreuse par une ruelle étroite.
Le perron de l'hôtellerie est très large, il a quatre degrés au-dessus
du perron, un balcon en fer ouvragé, sur lequel s'ouvre la
fenêtre d'Isabelle.
A droite du spectateur, sur la scène, une tonnelle en charmille,
annexe de l'hôtellerie, avec une table et des chaises.
Sorties à tous les plans, à droite et à gauche, et même au fond,
par un escalier de terrasse. Sur cette terrasse des bancs pour les
promeneurs.

SCÈNE PREMIÈRE

HÉRODE, *sous la tonnelle.* SCAPIN, BLAZIUS,
ils entrent.

SCAPIN, *à Blazius*

Quoi ! dans ce beau Poitiers où la noblesse embaume,
Pour unique théâtre ils ont un jeu de paume

Délaissé, plein de rats, et vert de mousserons!...
      (*Soupirant*).
Ah! Paris, Blazius!...

BLAZIUS

            Bientôt nous y serons!...
En attendant, rentrons boire aux Armes de France.
      (*Il indique l'auberge*).

SCAPIN, *apercevant Hérode sous la tonnelle.*

Vois donc Hérode : il a comme un air de souffrance!...

BLAZIUS

N'ayant jamais souffert, je ne m'y connais point.
      (*Ils vont à Hérode, qui est perdu dans sa rêverie*).

SCAPIN, *à Hérode, il lui frappe sur l'épaule.*

Or sus, Hérode, or sus!... Quelle peine te point ?
Te voilà bien maussade, et ton visage d'ogre
Bon enfant est celui d'un nocher sur son dogre
Qui voit autour de lui gambader des requins!...
Nos affaires vont d'or! L'escarcelle aux sequins
S'est emplie à souhait au château de Bruyères!...
Or sus, buvons à brocs et mangeons à cuillères.

      (*Hérode secoue la tête*).

BLAZIUS, *reprenant.*

Quel chagrin tint jamais devant un coup de vin ?...
Nous sommes en Poitou, buvons du poitevin,
Et que je sois l'amant de la mère Gigogne
Si dans le Bourguignon je renâcle au bourgogne,
Jusqu'à l'heure où Paris, m'ouvrant son entrepôt,
Mêlera tous les crus du monde dans mon pot!

HÉRODE, *parlant seul, sans leur répondre.*

Vingt fois sur cette auberge a niché l'hirondelle,
Cornélia, depuis qu'à ton amour fidèle
Tu mourus, et ta fille habite en ce moment
La chambrette d'où tu partis au firmament !

SCAPIN, *montrant à Blazius une fenêtre*

J'en reconnais d'ici la petite fenêtre.

HÉRODE

O pauvre femme, artiste au cœur brave, bon être,
Quelle loi de justice, et dont rien ne défend
Les coupables, ramène avec nous ton enfant
Devant l'antique hôtel des ducs de Vallombreuse !

BLAZIUS

Cordiable ! Vous avez l'âme assez ténébreuse
Cejourd'huy. J'entends sonner dans vos propos
Le bruit sombre que font les ciseaux d'Atropos
Dans l'exposition d'Œdipe !... Viens donc boire.

SCAPIN

Il a raison. La lie est au fond du ciboire !
Isabelle est heureuse; à défaut d'un papa,
Elle a des amis tels qu'au Monomotapa
On n'en saurait trouver de plus zélés ! Elle aime.
Elle est aimée, elle a le meilleur diadème !
Son amant est baron et bon comédien,
C'est, en fait de bonheur, le pain quotidien.
Viens, maître.

> (*Vallombreuse, suivi de Vidalinc, paraît à gauche.*)

HÉRODE, *l'apercevant, il recule*

Ah ! regardez !... L'illusion cruelle !...
C'est le prince à vingt ans qui sort par la ruelle !

> (*Les trois comédiens rentrent sous la tonnelle et
> s'y effacent*)

SCÈNE II

LES MÊMES, LE DUC DE VALLOMBREUSE, LE
CHEVALIER DE VIDALINC

VALLOMBREUSE, *tête nue, en négligé du matin*

Vidalinc, faites-moi grâce de vos discours !...
Je sais que me montrer avant l'heure du cours
Sur cette promenade est une chose grave,
Voire déshonorante et dont le trait se grave
Sur le renom de roi du bel air que l'on a !...
Mais il faut que j'enlève une prima donna
Qu'en ce logis je viens de voir à l'instant même
Par une baie ouvrant sur mes jardins !... Je l'aime,
Entrons.

(*Il va vers la porte de l'auberge.*)

VIDALINC

César, c'est ton : Veni, vidi, vici !
Êtes-vous assuré qu'elle demeure ici ?
Vit-on jamais déesse à l'auberge descendre ?

VALLOMBREUSE, *avec fatuité*

Je croyais avoir dit : je l'aime !...

VIDALINC, *timidement*

Et Corisandre ?

VALLOMBREUSE

Qui, Corisandre ?... Ah ! oui, celle d'hier au soir !
Je crois qu'elle était rousse !...

VIDALINC

Ingrat !

VALLOMBREUSE. *sévère et dur*

                              Veuillez surseoir,
Monsieur, à l'homélie !... Entrons céans, vous dis-je.

VIDALINC

Mais Corisandre pleure !...

VILLOMBREUSE

                              Elle pleure ? ô prodige !
Que ferait-elle donc si j'eusse résisté ?
Chevalier, cet amour tombe de vétusté ;
Il est contemporain de la nuit précédente.

VIDALINC, *reculant*

Me brûlent tous les feux inventés par le Dante
Si je vous suis, vêtus, comme on nous voit tous deux,
Sans rhingraves, canons ni dentelles, hideux,
Et plus pareils à des mendiants incommodes
Qu'à des maîtres du goût et conducteurs de modes !
Par quel vœu de carême êtes-vous obligé
D'attaquer votre dame en petit négligé ?
Voici l'heure du cours : il n'est femme de race
Qui manque au rendez-vous de l'illustre terrasse ;
Tout Poitiers va passer sous votre œil redouté ;
Elle y viendra — jamais vous n'en avez douté —
Prendre de vos regards un brevet de ses charmes ;
Pour le lui délivrer, vous serez sous les armes,
Et votre esclave alors, au hasard de ces bancs,
Connaîtra sa livrée aux tons de vos rubans.

VALLOMBREUSE

Si le conseil est bon, j'aime peu qu'on m'en donne !
J'hésite à le payer, tant le front me bourdonne,

D'un petit coup d'épée... ou bien d'un grand merci !
Rentrons trancher le cas au jeu de reversi.

(Ils rentrent dans l'hôtel Vallombreuse.)

HÉRODE

Camarades, fuyons et replions bagage !...
Vous avez reconnu le monstre à son langage :
Voici le fils du duc de Vallombreuse ! Il est
Le frère de l'enfant qu'enserre son filet !...
Rattrapons le baron qui vague par la ville
Et hors du cher Poitiers détalons à la file.

BLAZIUS

Son frère ? Parle alors !

HÉRODE

Bon ! et notre serment ?
L'avons-nous donc juré, Blazius en dormant,
De garder ce secret, qui trop les apparente,
A l'amour orgueilleux d'une mère expirante !
Nous en devons l'honneur à la morte tous trois.
Le cours s'emplit. Partons. Scapin rêve, je crois !

(Le cours s'emplit de promeneurs, seigneurs et dames.)

BLAZIUS, *à Scapin, qui contemple la foule*

Ça, quel calcul ardu met en double partie
L'imagination que Dieu t'a départie !

SCAPIN

Hélas ! le monde afflue, et dans ces beaux jardins
Traînant vingt Sigisbés à leurs vertugadins
Surgissent des beautés comme fleurs en corbeilles !...
Vais autour de ces fleurs voltiger leurs abeilles
Bourdonnantes, amants, maris, frères, parents,
Dont les élytres d'or, dans les airs transparents,
Pour un rayon reçu rendent un incendie !...

C'étaient des spectateurs assurés ! J'étudie
La recette promise, et compte les bravos
Innombrables ! J'estime en carrosses, chevaux,
Piqueurs et postillons, chaises à porteurs, pages,
Ce qu'à notre guichet il viendrait d'équipages
Si je tambourinais à tous ces argentiers
Que nous jouons ce soir « Fracasse » dans Poitiers.

LE PÉDANT

Oui, ce serait pêcher le poisson par cloyères !

HÉRODE

Mais Zerbine est restée au château de Bruyères.
Son marquis la détient.

LE PÉDANT

       La marquise eût mieux fait
D'y garder son Léandre.

SCAPIN

       Ah ! Zerbine en effet
Nous manque ! Bah ! coupons, car en littérature
Dramatique, le beau c'est parfois la rature.

LE PÉDANT

Léonarde d'ailleurs sait le rôle.

SCAPIN, *à Hérode*

       Voyons,
Veux-tu ? Cinq cents écus dansent dans ces rayons !

HÉRODE, *hésitant*

Reste ce Vallombreuse !

SCAPIN

Et nos bras ?

HÉRODE

                              Il est riche

A pâlir !

SCAPIN, *frappant son front*

Et ce front, qui n'est jamais en friche.

HÉRODE

Non, j'hésite ! on le dit intrépide et puissant !

LE PÉDANT

Nous partirons ensuite !

HÉRODE, *levant les bras*

                              Ils sont du même sang !

SCAPIN, *montrant la foule*

Devant ceci, ton duc ne pèse pas une once !

HÉRODE, *résolument*

Viens prendre ton tambour et préparer l'annonce !

*(Ils rentrent à l'hôtel des Armes de France. Sérafina
et Isabelle paraissent au balcon. Agostin et Chiquita se montrent dans la foule.)*

SCÈNE III

ISABELLE, SÉRAFINA, *au balcon de l'auberge.* AGOS-
TIN *et* CHIQUITA *dans la foule*

SÉRAFINA, *tirant Isabelle*

Venez! C'est un coup d'œil féerique!... Quel décor!...
Bravo, Poitiers! Et bis, les toilettes!... Encor!...
    (*Elle applaudit.*)
Jamais place Royale ou dans les Tuileries
La mode ne roula telles artilleries
De plumes, de satins, de velours et de vairs,
Et les jardins d'amour du grand peintre d'Anvers
Enlacent moins d'amants dans leur charmille rose
Que ce cours de province! Eh! vous êtes morose,
Isabelle! Sortons, et marchons quelques pas.

ISABELLE

Souffrez que pour ma part je ne m'y risque pas!
Les toilettes que j'ai sont d'une garde-robe
Lui veut qu'en pareil cas ma fierté se dérobe!...
Puis ce serait le fait d'une folle à lier
D'aller en pareil jardin sans cavalier.

SÉRAFINA, *ironique*

Au fait, que devient donc le baron? On le cherche
Quand on vous voit! l'oiseau vole loin de la perche!...

ISABELLE, *ferme*

L'ami dont vous parlez sans assez d'embarras
S'il a droit sur mon cœur n'en a pas sur mon bras.

SÉRAFINA, *s'excusant*

Pardon !... Mais est-il sain qu'ainsi l'on s'accagnarde
En chambre par ce temps ?... Appelons Léonarde :
C'est un bon chaperon, féroce comme un chien,
Et l'emploi de duègne est justement le sien.

ISABELLE

Bonne duègne, mais, pour qu'elle m'accompagne,
J'attendrai que Poitiers d'abord soit en Espagne !

SÉRAFINA

Quel amour vertueux !...

> (*Elles restent sur le balcon, à contempler la foule.
> Chiquita et Agostin sortent de la foule.*)

CHIQUITA, *bas, dans un coin, à Agostin*

                    Agostin, sommes-nous
A Paris ?...

AGOSTIN

    Non !

CHIQUITA, *elle s'assied*

             On marche à s'user les genoux,
Toujours, toujours plus loin ! Ah ! que la terre est grande !...
Ce Paris dans lequel il faut que l'on se rende
Pour être heureux, où donc est-il ?...

AGOSTIN, *montrant le fond*

                    Il est là-bas.
Derrière le soleil !...

CHIQUITA

                Mes souliers et mes bas
S'en vont, mon Agostin ! .. Ma jupe s'effiloque !..

Je suis à demi nue et tu n'es qu'une loque !
Au lieu de mendier, ainsi que font les vieux,
Pourquoi ne veux-tu pas que je vole ? C'est mieux.

AGOSTIN

On dit que non.

CHIQUITA

La main qui prend reste d'ivoire,
Mais celle que l'on tend est d'ébène, et si noire
Qu'il faut pendant cent ans la laver sans arrêt !...
A quoi sert le poignard qui me bat au jarret?
J'ai honte et faim. Assez !

AGOSTIN

Vends ton collier.

CHIQUITA

Tu railles !
J'aimerais mieux ronger la lèpre des murailles.

AGOSTIN

Chante. Le chant se paie, et tu sais des chansons.

CHIQUITA

De belles, Agostin, à payer des rançons
De princes, sur des airs du pays de Bohême.
Une surtout, qui brûle et demande qu'on aime,
Et qui vous fait passer la peur dans les cheveux.

AGOSTIN

Ta chanson du poignard ? Chante-la.

CHIQUITA

Tu le veux ?

(Elle agite des castagnettes. Agostin son tambourin.
On se groupe autour d'eux.)

ISABELLE, *sur le balcon*

Cette enfant! ce collier! c'est elle. Pauvre fille!
Et toujours ce brigand pour unique famille.

CHIQUITA, *chante*

I

Holà! la belle, Alza! la laide,
Dès que le mal d'amour vous mord,
Défendez-vous, car c'est la mort :
On vend des poignards à Tolède!
Il se lit mieux qu'un écriteau
Le serment qu'on signe au couteau
Dans la chair de l'homme qu'on aime
Et l'éternité du contrat
A pour notaire Dieu lui-même
Et le Diable pour magistrat!

(*La foule applaudit et se rapproche.*)

II

Holà! la brune, Alza! la blonde,
L'amour et la mort sont amers ;
Mais, si l'on buvait l'eau des mers,
Vos désirs en tariraient l'onde.
Je sais comment les apaiser :
Ouvre, poignard, ouvre au baiser
Des lèvres, des lèvres, des lèvres,
Chemins par le pape interdits
Par où les voluptés, ces chèvres,
Escaladent le paradis!

III

Holà! la folle, Alza! la sage,
Le poignard, c'est la liberté!
Contre toi, tout s'est concerté?
Ouvre à ta pauvre âme un passage!
Puisque mort, nul ne souffre plus,
Désolés, malades, perclus.

Vous tous dont le malheur abuse,
Échappez à votre bourreau,
Tirez, tirez, puisqu'elle l'use,
Votre lame hors du fourreau!

AGOSTIN, *fait avec son tambourin le tour de la société*

Si vous êtes contents du petit boléro.
Encouragez l'artiste et le caballero
Son père, catholique orthodoxe, pauvre homme,
Qui va pour ses péchés, voir le Saint-Père à Rome.

    (Entrent Vallombreuse et Vidalinc.)

SCÈNE IV

Les Mêmes, VALLOMBREUSE, VIDALINC

VALLOMBREUSE, *en grand costume*

Place, truand!
    (Il écarte Agostin.)
        Qui donc autorise les ours
A faire ainsi danser les singes sur le cours?
Ne vois-tu pas, maraud, quel astre tu nous masques?
    (Il désigne Isabelle au balcon. Jetant sa bourse à
      Agostin.)
Tiens, ramasse cet or, et va vider dix fiasques
En son honneur! Elle est ma dame et mon objet. —
Je l'aime, — et j'ai formé le sublime projet
D'en être aimé ce soir, moi, duc de Vallombreuse!...

    (Rumeurs d'étonnement.)

VIDALINC, à part

La déclaration est hardie et scabreuse !

ISABELLE, à Sérafina

Quel est ce fou ? Rentrons, madame, il me fait peur !
(Elle rentre avec Sérafina, le balcon se ferme.)

SCÈNE V

LES MÊMES, moins ISABELLE et SÉRAFINA, puis
SIGOGNAC

VALLOMBREUSE, stupéfait, à Vidalinc

Comment, elle s'en va, chevalier ?

VIDALINC

Ma stupeur
Est horrible !... Le ciel va tomber sur nos têtes !
Vous résister !... L'affront passe les épithètes.
Et jamais on ne vit un phénix de vertu
Aussi... le mot me fuit !,..

VALLOMBREUSE, se regardant de la tête aux pieds

Je suis donc mal vêtu ?...

VIDALINC

Vous l'êtes à damner des saintes, je le jure !

VALLOMBREUSE, *allant à grand pas*

Chevalier, mon désir s'accroît de la gageure.
Dût la ville sauter avec tous ses faubourgs
Et ma fortune fondre à payer le débours,
Y fallût-il le diable, et son sac et sa corde,
J'aurai cette arrogante à ma miséricorde !
D'abord j'entre !

(*Il va vers la porte de l'auberge.*)

VIDALINC, *le suit*

Pardon : dites mieux : nous entrons !
Il sied aux apprentis de suivre leurs patrons,
Puisqu'un ordre propice et qui pour moi milite
Veut que votre planète ait une satellite.

(*Il va vers la porte de l'auberge.*)

CHIQUITA, *à Agostin*

Je te dis que c'est elle et qu'on lui fait du mal.
Pour ceux que j'aime j'ai l'instinct de l'animal
Et je crains ce seigneur que la fureur transporte.
Restons.

VALLOMBREUSE, *frappant à la porte*

Qu'on ouvre, et vite, ou j'enfonce la porte !

SIGOGNAC, *venant du fond*

Que se passe-t-il donc ici ?

CHIQUITA, *bas à Sigognac*

Défendez-vous.

(*La porte de l'auberge s'ouvre à deux battants, et
tous les comédiens apparaissent, Scapin en tête.
Il a son tambour de régisseur sur le ventre, et il
en roule à tour de bras.*)

SCÈNE VI

VALLOMBREUSE, VIDALINC, CHIQUITA, SIGOGNAC.
La foule des promeneurs, et tous LES COMÉDIENS,
excepté d'abord ZERBINE. SCAPIN *barre la route à
Vallombreuse, qui recule, en roulant du tambour. Les
comédiens se disposent sur le perron comme pour une
parade.*

VALLOMBREUSE, *furieux*

Me barrer le chemin, à moi ! ! Ces gens sont fous !

SCAPIN, *à la foule*

Habitants de Poitiers, notre moderne Athènes,
Où l'esprit coule à flots comme l'eau des fontaines
Et qui peut exporter le bon goût par barils,
Une troupe ambulante, espérée à Paris
Par le roi, par la Cour, et par la reine mère,
Fait entre vos remparts un séjour éphémère !...

> *(Mouvement de Vallombreuse que Vidalinc re-
> tient. Scapin roule aussitôt du tambour. Puis il
> reprend.)*

Son directeur, le sieur Hérode, néanmoins,
Enflammé d'une ardeur dont vous serez témoins
Pour votre municipe et pour vos édifices,
Se résout au plus dur de tous les sacrifices !
Il s'attarde d'un jour, et, non sans quelque effroi,
Il se hasarde à faire attendre... qui ?... Le roi ! ! !

> *(Vallombreuse s'agite. Scapin roule.)*

Donc, spectacle ce soir dans votre jeu de paume ;
Car Poitiers sans théâtre est comme un toit sans chaume,
Et le chaume est d'un toit le plus bel ornement.

> *(Il roule. Sigognac se rapproche de Vallombreuse
> et de Vidalinc. Scapin se fourre l'auriculaire*

dans l'oreille. L'y agite, et se penchant vers la
foule s'adresse à Vallombreuse.)

Qu'est-ce ?... Ai-je dans l'oreille un subit cornement ?
Quelqu'un me dit, je crois...

> (*A Vallombreuse.*)

>   N'est-ce pas vous, jeune homme ?
Quelle pièce vont-ils donner et quelle somme
Nous prendre ?

> (*On rit.*)

>   Je réponds d'abord au plus urgent.
Nous ne travaillons pas pour gagner de l'argent !...
Si les hommes, pareils à leurs frères, les anges,
A leurs besoins communs subvenaient par échanges,
L'artiste troquerait l'art du rire et des pleurs,
Messeigneurs, pour du pain, mesdames, pour des fleurs !...

> (*Il roule.*)

Quant à la pièce !... Tout ce que dans le lugubre
Ou bien dans le bouffon notre siècle élucubre,
Tout ce qu'on fait de beau, de neuf et de hardi
Tristan, Rotrou, Mairet, Garnier, et ce Hardy,
Notre Lope, qui laisse à la critique intactes
Six cents pièces ayant chacune leurs cinq actes !...
Parlez !...
>   Préfère-t-on Théophile, Scarron,
Cyrano, — glorieux et triple mascaron
Du temple de Thalie, et trinité cocasse
De la farce ?

LA FOULE

> Non, non, le « Capitan Fracasse ! »

SCAPIN

Certes, le choix est bon ! nous dûmes y penser,
Et rien de vous l'offrir ne peut nous dispenser.
N'était... qu'hier au soir, madame Proserpine
Nous emprunta pour son salon... notre Zerbine.

Tant le monde aux enfers est peu facétieux !
   (La foule s'éloigne.)
Ne vous en allez pas, mesdames et messieurs !
Demeurez un moment ! Zerbine a des émules !
   (Il montre les comédiennes et écoute.)
Mais silence !... Écoutez ces clochettes de mules.
   (Zerbine saute sur la scène, comme si elle descen-
      dait de mulet et entre gaîment.)

TOUS LES COMÉDIENS

Zerbine !

SCAPIN

Qu'ai-je dit ? elle aime trop son art !

ZERBINE, *se rangeant avec les autres*

Ah ! Dieu, que j'avais peur de revenir trop tard !
   (Roulement formidable de tambour.)

SCAPIN

Votre ville a parlé !... Sur un simple mot d'elle
Proserpine nous rend la soubrette modèle !
   (Il flaire les vêtements de Zerbine.)
Diablesse, vous sentez encore le roussi !
Que sera-ce tantôt !... Proserpine, merci !
Donc à ce soir, à moins qu'aux gages Dieu nous casse,
Représentation du « Capitan Fracasse ! »
   (La foule applaudit et s'en va peu à peu. Les comé-
      diens rentrent dans l'auberge. Scapin protège
      leur retraite avec son tambour.)

VALLOMBREUSE

J'y serai, parpaillots !

SCAPIN

Et serez espéré !...

SIGOGNAC, *à Scapin*

Quel est donc ce seigneur qui semble exaspéré ?

SCAPIN

Laissez! un amateur qui nous retient sa stalle.
Mais rentrons, il est temps qu'on s'apprête et s'installe.

(Ils entrent dans l'auberge.)

CHIQUITA, *montrant Sigognac*

Elle est en sûreté maintenant.

AGOSTIN, *faisant sauter son argent*

Détalons.
Petite; nous pouvons, sans user nos talons,
Nourris, vêtus, logés, faisant méridienne.
Arriver à Paris!

(Ils sortent par le fond.)

SCÈNE VII

VALLOMBREUSE, VIDALINC

VALLOMBREUSE

Une comédienne!...
C'est ça qui me tient tête!... Ah! je comprends enfin
Qu'on peut mourir de rage ainsi qu'on meurt de faim!
Elle ne sait donc pas qui je suis, la pécore,
Que je peux la broyer sous mon pied, pis encore,
L'ensevelir vivante en un lieu si profond
Que l'on entend le bruit des morts dans le plafond!...
Elle ignore, la sotte enfant, que ma fortune
Est telle qu'y songer seulement m'importune,
Et que je peux, sans nul dommage essentiel,
Payer la France au roi, puis au pape le ciel
Et racheter encore, après ce pacte infâme,
Par-dessus le marché le salut de mon âme!..
Mais je n'ai qu'à siffler, pour que, de tous ces murs,

Coulent mes spadassins, comme des arbres mûrs
La résine, au travers de l'écorce fibreuse !...
Je crois que cette femme est folle ! — Un Vallombreuse !
Chevalier, allez donc lui redire mon nom.

VIDALINC

Duc, cet ours qui faisait sauter une guenon,
Ne l'empêcha-t-il pas par son bruit de l'entendre,
Ce nom qu'ont répété tous les échos du Tendre
Et qui, comme celui d'Achille en Ilion,
Traduit d'un mot : beauté, valeur et million ?

VALLOMBREUSE, assis

Vous m'apaisez !...

VIDALINC

      Il est naturel et plus sage
De le lui rappeler au moyen d'un message.

VALLOMBREUSE

Une lettre, de moi ?... Monsieur, je ne sais pas
Écrire !... C'est beaucoup de parler, même bas !

VIDALINC

Maintes fois, aux leçons de leurs mères bercées,
Ces filles de théâtre, à l'amour exercées,
Par d'étranges rigueurs épiçant leurs talents,
Jusqu'au pied des autels conduisent les galants.
On conte dans Poitiers...

VALLOMBREUSE

      Qu'est-ce que l'on y conte ?

VIDALINC

Votre père, le duc, dut d'éviter la honte
D'un pareil nœud à la mort qui l'en délia.

VALLOMBREUSE

Silence, chevalier, sur la Cornélia !...
D'une sœur que l'on m'a ravie elle fut mère.

VIDALINC

Une sœur, Annibal ?

VALLOMBREUSE

Oh ! l'injure est amère
Pour l'héritier d'un nom antique et vieillissant
D'avoir, sans savoir où, cette sœur de mon sang
Ignoblement mêlée avec la plèbe immonde !
Une de Vallombreuse est perdue en ce monde.
Aussi, si vous m'aimez, silence et halte-là
Devant Cornélia, sa mère ! — car Dieu l'a !

(Il se rassied. Un silence.)

VIDALINC

Qu'il veuille que parmi les modernes actrices
Son exemple n'ait point laissé d'imitatrices !
Du reste en voici deux qui peuvent en trois mots
Nous rendre confiance et soulager nos maux.

*(Sérafina et Léonarde sortant de l'auberge. Vida-
linc met le chapeau à la main. Vallombreuse se
retire à droite.)*

SCÈNE VIII

VALLOMBREUSE, VIDALINC, LÉONARDE, SÉRAFINA

SÉRAFINA, *à Léonarde*

Hâtons-nous, il me faut deux heures en moyenne
Pour me bien costumer. Triplons le pas, doyenne.

LÉONARDE, *voyant Vidalinc qui s'approche par grands
cercles et saluant*

Détriple-le plutôt ! un épervier d'amour
Plane sur toi, ma belle... Il resserre le tour...
Il va fondre !... Sens-tu comme son vol surplombe !

VIDALINC, *à Sérafina*

Madame...

LÉONARDE

Il a fondu !... Bats de l'aile, colombe !

VIDALINC

Je suis le chevalier de Vidalinc. Vingt ans..
Voulez-vous accepter le bras que je vous tends,
Car la rue est déserte et la ville est peu sûre ?
Vous m'avez fait au cœur une rude blessure
Et dont vos yeux ont seuls le doux médicament !

SÉRAFINA, *coquette*

Êtes-vous sans maîtresse ?

VIDALINC, *lui prend le bras,*

Êtes-vous sans amant ?

(Ils sortent ensemble.)

SCÈNE IX

LÉONARDE, VALLOMBREUSE

(Léonarde va pour rejoindre Sérafina, Vallombreuse l'arrête.)

VALLOMBREUSE

Un instant. Vous avez, la vieille, une figure
Assez proxénétique et de fort bon augure,
Et je voudrais jaser avec vous sur ce banc.

LÉONARDE, *mettant sa capuce*

Seigneur, permettez moi d'enfiler ce caban,

Car voici le serein. Je suis sujette au rhume,
Ainsi que vous voyez !...

>   (*Elle tousse.*)

>   VALLOMBREUSE, *tirant une bourse*

>   J'ai là contre la brume,
Certains caramels d'or réputés souverains.
Goûtez-en !

>   (*Il lui jette de l'or.*)

>   LÉONARDE

>   Que n'ont-ils même effet sur les reins !
Lorsque mon lumbago me monte à la cervelle,
Je n'entends plus.

>   (*Elle se frotte l'oreille.*)

>   VALLOMBREUSE, *redoublant*

>   Ceux-ci sont contre la gravelle.

>   LÉONARDE

Pourquoi n'en fait-on pas, en ces jours dépravés,
Qui guérissent du mal d'amour que vous avez?
N'est-ce pas grand'pitié que de beaux gentilshommes
Souffrent pour les oiseaux volages que nous sommes,
Et qu'on en voie encor s'arracher les cheveux
Qui n'auraient qu'à paraitre et qu'à dire : je veux!
Ah! dans mon jeune temps, vous m'auriez bien surprise
De me montrer quelqu'un dont je ne fusse éprise,
Et l'on ne pleurait pas longtemps sur mon tapis!
Sachez-le, jeunes gens, la chose mise au pis.
Toute femme, — bourgeoise ou vilaine, — marquise,
Comtesse ou vicomtesse, — est d'avance conquise.
Si l'on y met le temps, — Léonarde. — et le prix
Désignez-moi la vôtre et calmez vos esprits!

>   VALLOMBREUSE. *hautain*

Je n'ai point l'habitude, antique pretintaille,
D'user de ces moyens, bons pour la valetaille

Ou pour les vils pourceaux du culte épicurien,
Et je n'achète pas les cœurs que j'ai pour rien !

LÉONARDE, *effrayée*.

Que me voulez-vous donc ?

VALLOMBREUSE

                    Un nom. Comment s'appelle
Votre jeune ingénue ? Allons, vite.

LÉONARDE

                              Isabelle.
Merci. Bonsoir.
        (*Il tourne les talons.*)

LÉONARDE, *le rappelant*

          Monsieur ! Reprenez vos ducats.
Les garder, ce serait les voler en tel cas.
Isabelle n'est pas pour vous. Je le regrette,
Car à votre couronne il faudrait cette aigrette.

VALLOMBREUSE, *revenant*

Vous dites ?

LÉONARDE, *lui tendant la bourse*

Reprenez.

VALLOMBREUSE

Expliquez-vous.

LÉONARDE

              Ergo...
Ah ! monsieur, qu'il est dur d'avoir un lumbago !
Ergo, vous dissipez votre argent et vos peines.
Cette serrure est close. On n'entre plus ! Les pênes
Discordent de leurs clefs : on a mis le verrou.

VALLOMBREUSE, *avec une autre bourse*

Ne fait-on pas encor des crochets... au Pérou ?

LÉONARDE

Le meilleur n'en vaut rien, même pour qui vous l'offre.
Quand le trésor, seigneur, est déjà pris au coffre.

VALLOMBREUSE

Elle aime ?

LÉONARDE

A tout malheur on peut s'habituer !...

VALLOMBREUSE, *menaçant*

Mais un homme pourtant... cela peut se tuer !...
     (*Léonarde recule épouvantée.*)
Il est mort !.., Croyez-en, chère dame, une épée
Qui dans aucun duel ne s'est jamais... trompée.

LÉONARDE

Un duel, avec lui ? C'est un comédien.

VALLOMBREUSE

Alors, je vais le faire abattre, tel un chien !
     (*Il siffle. Malartic paraît.*)

LÉONARDE

Mais vous êtes le diable !

VALLOMBREUSE

          On le dit, ma commère.

     (*Léonarde s'enfuit.*)

SCÈNE X

VALLOMBREUSE, MALARTIC

VALLOMBREUSE

A l'œuvre, Malartic.

MALARTIC

Quel en est le sommaire?

VALLOMBREUSE

Un histrion me gêne. Il entrave le goût
Que j'ai pour sa maîtresse.

MALARTIC

On le jette à l'égout,
Ficelé, sans adresse.

VALLOMBREUSE

On peut aller moins vite.
La mort d'un baladin est chose qu'on évite.

MALARTIC

Basque, Azolan, Labriche et mes Périgourdins,
Bâtonnistes charmants, peuvent, sous leurs gourdins,
Laisser demi-vivant... ou demi-mort votre homme?

VALLOMBREUSE

Demi-vivant suffit.

MALARTIC

Le paillasse se nomme?

VALLOMBREUSE

Je l'ignore.

MALARTIC

N'importe. Il demeure ?

VALLOMBREUSE

Cherchez !

MALARTIC, *regardant l'auberge*

C'est généralement ici qu'ils sont perchés.
Mais le nom de la dame ?

VALLOMBREUSE

Ah ! s'il faut tout vous dire !,..

(*Il recule au fond.*)

MALARTIC, *fièrement*

Votre Excellence a tort d'y dépenser tant d'ire !...
Le coup est de province et ne vaut pas l'argent.
D'ailleurs, nous savons tout, d'hier, par un sergent.
Parfois devant un pot le moins bavard jacasse :
Votre histrion remplit les rôles de Fracasse.
Il vont sortir tous deux, bras dessus, bras dessous,
Innocemment !... c'est une affaire de deux sous !

VALLOMBREUSE

Je vais donc de Paris mander maître Lampourde !

MALARTIC

C'est grave alors ?

VALLOMBREUSE

Voilez votre lanterne sourde.

(*Il sort.*)

SCÈNE XI

MALARTIC, DES SPADASSINS

MALARTIC, *aux spadassins*
Psitt!... Dans les murs! Et quand je marcherai, marchez.
(*Il s'enfonce dans la nuit. Zerbine et Léandre sortent
de l'auberge.*)

SCÉNE XII

ZERBINE, LÉANDRE

ZERBINE, *au bras de Léandre, qui butte*
Quels manches de balais avez-vous enfourchés,
Léandre ? Vous buttez à chaque pas! — Courage.

LÉANDRE
Je trouve que Poitiers manque un peu d'éclairage.
(*Ils sortent au fond. Paraissent Sigognac et Isabelle.*)

SCÈNE XIII

SIGOGNAC, ISABELLE

SIGOGNAC, *au bras d'Isabelle*
Le doux moment, madame, et que de bonheur j'ai
A tenir sur mon bras votre bras engagé.

Dans cette obscurité favorable aux timides !...
Un reflet du couchant dore vos cils humides :
Votre souffle léger fume comme l'encens
Dans le brouillard du soir qu'il embaume — et j'en sens
Flotter autour de moi la volupté discrète !...
Quel bel ordre préside à ce que Dieu décrète.
Et comme j'étais fait pour vous — et vous pour moi !

ISABELLE

Je vous en prie, ayez égard à mon émoi.
Je vous écoute trop : rendez-moi le silence.

SIGOGNAC

Oh ! comme votre cœur garde sa vigilance
Et que vous êtes sage où je voudrais vous voir
Moins sûre du chemin qu'indique le devoir !
Souvent la question se pose à ma détresse :
M'aimez-vous ?

ISABELLE, *tendrement*

Trop déjà pour être ta maîtresse.
Mais, voyez donc. Je crois que nous sommes suivis.

SIGOGNAC, *voyant les spadassins*

Calmez-vous. J'ai de quoi tenir le vis-à-vis.

(*Il tire son épée.*)

Mon épée est fort bonne et dans un temps prospère
C'est celle qu'Henri Quatre a donnée à mon père.

(*Il met l'épée à la main, offre le bras à Isabelle et s'en
va au fond. Les spadassins sortent des murs et les suivent.*)

RIDEAU

FIN DU PREMIER ACTE

ACTE II

—

Le foyer du théâtre d'Hérode dans le jeu de paume de Poitiers. Ce
foyer a été improvisé sur la scène même et derrière le rideau qui
masque la salle, avec des paravents, des tentures, des tables et
des chaises, au milieu même des décors de la pièce. On voit ces
décors à l'envers, et la rampe de chandelles. Tableau très pittoresque. Les logettes où les comédiens s'habillent sont faites de
paravents bas au-dessus desquels ils peuvent passer la tête. La
première à gauche est occupée par Sérafina, l'autre à droite par
Zerbine ; plus loin celle de Léandre et celle de Scapin.

SCÈNE PREMIÈRE

SÉRAFINA, VIDALINC, *dans la logette de droite.* ZER-
BINE *et* LÉANDRE, *dans celle de gauche.* LÉANDRE,
derrière un paravent, à droite. SCAPIN, *derrière*
l'autre, à gauche. Ils s'habillent pour la comédie.

ZÉRAFINA, *à Vidalinc qui lui tient un miroir*

Mônsieur de Vidalinc, il vient de m'apparoir
Que vous ne savez pas présenter un miroir :
Le vôtre oscille ainsi que piège aux alouettes
Et me montre à la fois huit ou dix silhouettes!...

VIDALINC, *galamment*

Ma main obéissait à mes regards distraits
Qui m'en montrent, à moi, mille de vos attraits.

ZERBINE, *à Léonarde qui la coiffe*

Charmant !... c'est Alcindor avec sa Cydalise
Et j'entends mon marquis, quand il madrigalise !

SCAPIN, *derrière le paravent*

Il madrigalisa ?

ZERBINE

Que voulais-tu qu'il fît
Dans l'intervalle ?...

SCAPIN

Bon ! Ta parole suffit !
(*Il paraît, la tête passe au-dessus du paravent.*)

Et dans un autre coin de ce château comique
Léandre à la marquise enseignait la mimique !

LÉANDRE, *passant la tête*

Scapin, je n'admets pas qu'on gausse là-dessus,
Devant des étrangers surtout !...
(*Il désigne Vidalinc.*)

SCAPIN

C'est un lapsus
Au lieu de l'enseigner... tu l'apprenais ! Méprise
N'est pas crime. D'ailleurs que l'on fume ou qu'on prise,
C'est toujours du tabac qu'on absorbe. Le point
Est d'en avoir... du bon !

LÉANDRE

Nous n'en manquâmes point,
Et puisque tu nous mets, Scapin, sur la matière,
Es-tu point connaisseur en fait de tabatière,
(*Il en montre une.*)

Et ne saurais-tu point estimer au carat
Celle-ci, que revêt un étui nacarat
Et qui me semble d'or, rehaussé de rocailles ?
Comment appelles-tu ces brillants ?

SCAPIN

Des écailles !

(*On rit.*)

LÉANDRE, *vexé*

C'est donc qu'une marquise est un poisson de mer !

SCAPIN, *haussant les épaules*

Tiens ! prête-moi du blanc et ne sois point amer.

(*Ils rentrent derrière leurs paravents.*)

SÉRAFINA, *à haute voix*

Mais ne dirait-on pas que cet autre Joconde
Vient d'user jusqu'au tuf les mines de Golconde,
Et que sa... tabatière a ruiné du coup
L'art de l'orfèvrerie, en France, et le bon goût !

(A *Vidaline, en minaudant.*)

Attestez, chevalier, qu'il en reste aux vitrines,
Des diamants ! Ou bien nous masquons nos poitrines !

(*Vidaline prend son chapeau.*)

Vous me quittez ?

VIDALINE

Le temps d'obéir, je reviens.

(*Il sort. Sérafina le reconduit en causant.*

ZERBINE, *à Léonarde*

Cette Sérafina, qu'elle est forte !

LÉONARDE, *l'habillant*

Conviens

Qu'elle a raison. C'est toi, la sotte, qui gaspille
Tous les biens où l'amour posa son estampille.
Sa gaîté, sa santé, son charme et cent appas
Qui sont des capitaux ! Tu ne les places pas.
Ton cœur s'ouvre au soleil ainsi que l'anémone
Et donne son parfum, comme l'on fait l'aumône,

A qui, je le demande, à ce jeune grigou
Qui te laisse partir sans une perle au cou !
    (*Zerbine rit.*)
Ris ! j'ai fait comme toi, car notre art nous enivre !
J'aimais pour le plaisir d'aimer, j'aimais pour vivre !
Oh ! que je m'en repens ! C'est par les diamants
Qu'on se souvient plus tard du nom de ses amants. —
La mémoire s'emplit où s'emplit le bagage
Et je n'ai même pas à te prêter, sur gage,
La pierre précieuse aux reflets assassins
Qui chanterait si bien, ma fille, entre tes seins.

ZERBINE, *sortant de sa logette*

Bast ! Tels qu'ils sont, ils sont, Léonarde, et sans pierre !

SCAPIN, *sortant habillé du paravent*

C'est-à-dire que j'en cligne de la paupière
Et que c'est un problème où je demeure coi,
Voire la langue aux chiens, de comprendre pourquoi
Ton marquis, géomètre expert en hémisphères,
Te rejette au milieu des pauvres mammifères !

ZERBINE

Me rejette !... Gageons ton œil contre un œillet
Qu'il est au premier rang de l'orchestre.

SCAPIN, *regardant par une fente du rideau*

Il y est !

ZERBINE

Mon cher, si je voulais, je le conduirais paître,
Ce fils de saint Hubert, pléthorique et champêtre,
Qui m'a tenue au fond d'un pavillon sous bois
Dix jours, sans me lâcher le petit bout des doigts,
Et je lui mangerais dans la main sa fortune.
Ce que je suis pour lui, c'est cent femmes en une,
Moi si l'on veut et puis tous mes rôles en moi.
Tous ces types rêvés qui sont de mon emploi
Et que je réalise aux clartés des chandelles ;

Il les poursuit en moi comme il me cherche en elles,
L'illusion lui donne et lui borne l'amour.
Je m'en suis convaincue au dixième jour,
Et, comme je manquais de costumes propices,
Je reviens en chercher dans la boîte aux épices.

SCAPIN

Tu seras donc toujours folle ?

ZERBINE

                        Jusqu'au trépas !
Mais avec tout cela le baron ne vient pas.

LE PÉDANT, *entrant*

Je viens d'aller jeter un coup d'œil dans la rue !
Dire que l'on se presse est faible, l'on se rue
Au contrôle. Le brave Hérode est sur les dents !
Tout Poitiers veut entrer ! On a trois accidents
De voitures, déjà ! La salle est si remplie
Que l'on ne pourrait pas y glisser une plie !
Écoutez-les. C'est comme un transport au cerveau
Qu'ils ont pour le début du capitan nouveau !
Oncque ne vis depuis le pauvre Matamore
Pareil enthousiasme, ou ne m'en rémémore !
Où donc est le baron ?

SCAPIN

                Nous ne l'avons point vu.

LE PÉDANT

Ni nous.

ZERBINE

        Il nous suivait, Léandre et moi.

SÉRAPHINA

                              Pourvu
Qu'aucun malheur ne soit tombé sur Isabelle !

LÉANDRE

Le tire-laine ici fleurit par ribambelle !

SCAPIN

Elle était avec lui ? Rien à craindre, en ce cas.

LE PÉDANT

Par saint Alipantin, mais ils n'arrivent pas !
L'heure avance. Six coups vont sonner à l'horloge.

HÉRODE, *en haut*

Yolande de Foix vient d'entrer dans sa loge.
Commençons !

SCAPIN

       Commençons quoi ? Point de capitan !
Point d'Isabelle ! A moins d'arrêter au mitan
La pièce. et le peut-on ?

HÉRODE, *pensif*

       Cette absence est très grave,
Je crains un guet-apens.
       (A *Scapin*.)
       Viens, j'ai besoin d'un brave.
   (A *u pédant*.)
Toi, fais l'annonce et gagne un quart d'heure.

SCÈNE II

LES MÊMES, ISABELLE

ISABELLE. *se précipitant*

               Au secours!
Ils sont quatre !

HÉRODE

De quel côté.

ISABELLE

Tout près du cours.

(*Hérode et Scapin sortent.*)

ZERBINE, *à Isabelle*

Mais qu'est-ce ?

ISABELLE

Une embuscade, à cent pas du théâtre !
Il m'a crié : Fuyez ! Je m'en charge !... Mais quatre
Contre lui seul !

LE PÉDANT

Armés ?

ISABELLE

Oui.

LÉANDRE

De quoi ?

ISABELLE

De bâtons.
Il a fondu sur eux, sans voir, presque à tâtons,
L'épée haute ! Des corps ont chaviré dans l'ombre.
Ah ! j'aurais dû rester, et j'ai comme un remords...

HÉRODE, *entrant avec Scapin, puis Sigognac*

Nous sommes arrivés trop tard !...

SCAPIN

Ils étaient morts !

SCÈNE III

LES MÊMES, SIGOGNAC

ISABELLE, *courant à Sigognac*

Vous n'êtes pas blessé ?

SIGOGNAC, *lui prenant la main*.

     Moi ? Quelle enfant vous êtes !.
Vous n'avez point eu peur, voyons, de ces mazettes,
Ignorant l'A B C de l'art du guet-apens !
Pauvres diables !

SCAPIN

    Ils vont l'apprendre à leurs dépens.
Cet art !... deux par les reins et deux par les bedaines.
Les premiers dans la boue, à jambes rebindaines,
Et les seconds sur la borne à califourchon !...
C'est ce que l'on appelle un beau coup de torchon !

HÉRODE

Nous le célébrerons après la comédie,
Ce soir. Mais au retard il faut qu'on remédie.
Vite, baron, montez vous habiller ! J'entends
Le public réclamer la toile. Il n'est que temps.

SIGOGNAC

Ne pouvez-vous, Hérode, oublier ma noblesse
Et ne plus m'appeler baron ? J'ai la faiblesse
De me croire un artiste, ici, bon ou mauvais !

HÉRODE

Eh bien ! va t'habiller, camarade.

SIGOGNAC

     J'y vais.
  (*Il sort avec le Pédant.*)

HÉRODE, *à Isabelle*

Et toi, ma chère enfant ! Mais qu'a-t-elle ? Elle pâme !
Zerbine !... Léonarde !...
  (*Zerbine et Léonarde s'empressent autour d'elle.*)

ISABELLE

    Ah ! l'embuscade infâme !
Quatre contre un ! Ce sont des choses que défend
L'honneur ! Je suis brisée !
  (*Hérode la reçoit dans ses bras.*)

HÉRODE

                    Ecoute, chère enfant,
Tu l'aimes ? Tu te sens digne de lui ! Mérite
Par un courage égal, que le péril irrite
Et centuple, ce cœur de brave ! Tu gémis
De cette lâcheté qui met quatre ennemis
Devant un seul ? Eh bien, derrière cette toile,
Sous le lustre embusqués, comme à la belle étoile,
Quinze cents assassins t'attendent !... Fuiras-tu ?
Comme il a sa douleur, notre art a sa vertu :
Tu faiblis sous les coups que le malheur t'assène ?
Tu pleures, mets du fard, et va sourire en scène.

ISABELLE

Vous me rendez la force en me rendant la foi.
Je demande un quart d'heure au plus long. Laissez-moi
Seule avec Léonarde et sonnez la bataille.

SÉRAFINA

Seule, ici ?... Mais, ma chère, où voulez-vous qu'on aille ?
Il nous faut un foyer pour recevoir les gens
De qualité, tous ces connaisseurs indulgents
A qui le privilège est dû, selon l'usage,
De venir saluer l'étoile de passage.
J'en attends quelques-uns. Peut-on tenir sa cour
Dans la rue et traîner ses robes dans la cour ?
Votre pudeur, je pense, est assez garantie
Par le triple châssis de toile, et l'apprentie
Peut en passer par où nous passons toutes trois.
On n'est pas à l'hôtel du Marais !

ISABELLE

                    Non, je crois !
(*Tumulte du public.*)

LÉANDRE

Le parterre est houleux et la salle se gâte.

HÉRODE

A l'heure du pétrin, tout le monde à la pâte.
(*A Scapin.*)
Toi, parle au peuple !
(*A Zerbine.*)
Toi, décroche le jambon
A musique. Tu sais en racler ! Il est bon
Qu'en ce danger commun Sérafina se risque,
Puisqu'elle est habillée, à danser la morisque.
C'est d'ailleurs son triomphe.
(*Zerbine décrochant la guitare.*)

ZERBINE

Attrape !

HÉRODE

Allons ! presto.
En scène !... Va, Scapin. Je frappe du marteau.
(*Il frappe. A Isabelle.*)
Cela te laisse un peu de temps, mais l'intermède
Est court. Dépêche-toi.
(*Il sort derrière lui.*)

ISABELLE

Soyez tranquille. On m'aide.
(*Elle se recule avec Léonarde.*)

HÉRODE

Je vais de mon côté donner un coup de main
Au baron.
(*Il sort.*)

SCÈNE IV

ISABELLE, LÉONARDE, *puis* VALLOMBREUSE

ISABELLE, *assise dans sa logette*

Voulez-vous me passer le carmin ?
Je tremble encor ! Qu'on est faible !

LÉONARDE, *lui passant le carmin*

Quand on commence !
Mais l'oreille se fait ensuite à la romance,
Et l'on se bronze.

ISABELLE

A quoi, Léonarde ? aux dangers
De ceux qu'on aime ?

LÉONARDE

Autant qu'à ceux des étrangers.

ISABELLE

A voir tuer celui qu'on aime on s'habitue ?

LÉONARDE, *en l'habillant*

Qu'il se laisse tuer par l'autre ou qu'il le tue,
C'est tout un, s'il en reste. ô nature ! Il ne sert
Que d'avoir encor faim quand passe le dessert !
Naïve qui te plains ! Tu manges ton pain d'orge !
La femme bat son plein quand pour elle on s'égorge.
C'est le point culminant de la route, mon chat !
Après vient le partage, et puis c'est le rachat !
Hélas ! J'irais tranquille et sans lâcher ma fiole
Dans une ville à sac au moment où l'on viole
Et du diable ! si dans le pillage mon cœur
Aurait à distinguer le vaincu du vainqueur !

ISABELLE

Vraiment à vous ouïr, Léonarde, on a honte
De son sexe, et le rouge au visage me monte !
Gardez pour vous, madame, ou pour Sérafina
Ces traits pervers que l'art de corrompre affina ;
Ils s'émoussent sur moi. Je ne suis pas du nombre
De celles que l'on vend et qui, filles de l'ombre,
Dans les jardins d'amour font flèche de tout bois.
Que faites-vous de vos souvenirs ?

LÉONARDE, *buvant à une fiole*

Mais... j'y bois !

ISABELLE

Allez-vous-en. Je puis m'habiller toute seule.

LÉONARDE

Mon doux Jésus ! Que la passion rend bégueule !
(*Apercevant Vallombreuse.*)
Vous !

VALLOMBREUSE, *lui donnant de l'argent*

Silence et filez !
(*Il va s'accouder au paravent.*)

ISABELLE

Qu'est-ce donc qu'ils ont tous
A vouloir m'arracher mon bonheur ! ah ! jaloux !
Oui, je l'aime ! Il est beau, fier, doux, noble et superbe.
Je l'aime !
(*Apercevant Vallombreuse dans la glace.*)
Qui va là ?

VALLOMBREUSE, *gaîment*

C'est le serpent sous l'herbe !

ISABELLE

Je ne vous connais pas. D'où tenez-vous le droit
De pénétrer ici ?

VALLOMBREUSE

Le mot n'est pas adroit.
J'entre partout, du droit que l'on a quand les portes
S'ouvrent devant vos pas, toutes grandes, si fortes
Fussent-elles, et si closes ! Je suis chez moi
En tous lieux, excepté devant vous et le roi,
Madame, car je passe à travers les serrures !...
Mais continuez donc à mettre vos parures.

ISABELLE

Que voulez-vous ?

VALLOMBREUSE

Vous voir ; faut-il clore les yeux
Parce que le soleil resplendit dans les cieux ?

ISABELLE

Monsieur, je ne sais pas, n'ayant point l'art du monde,
Ce qu'il faut qu'une femme entreprise réponde
Au galant qu'elle veut évincer sans affront,
Et pour trouver les mots je n'ai pas l'esprit prompt ;
Mais je parle à quelqu'un de noble et chez qui vibre
La lyre de l'honneur. Or, je ne suis pas libre.

VALLOMBREUSE

C'est Minerve qui chante en Vénus Astarté.

ISABELLE

Je croyais m'exprimer avec plus de clarté.
J'aime quelqu'un, Monsieur. Vous êtes gentilhomme.

VALLOMBREUSE

Quel est l'heureux Pâris qui fit tomber la pomme
D'une pareille main et qui n'en mourut pas ?

ISABELLE

Ah! vous êtes l'auteur du guet-apens!

VALLOMBREUSE

Plus bas.

Il vit encore!

*(Isabelle sort de la logette terrifiée. Sigognac paraît
en capitan avec Hérode.)*

Mais quelle aimable colère
Vous embrase, et quel vent de tempête accélère
Le flux et le reflux de vos seins irrités?
Vagues de lis et de roses, vous méritez
Qu'une mouche y navigue ainsi qu'une trirème!

*(Il pique une mouche dans la boîte, et veut la poser
sur la poitrine d'Isabelle.)*

SIGOGNAC, *lui saisissant le bras*

Mademoiselle met ses mouches elle-même!...

VALLOMBREUSE, *furibond*

Cet homme m'a touché le bras! Il est perdu.

(Applaudissements dans la salle.)

SCÈNE V

LES MÊMES, VIDALINC, SÉRAFINA, DE BRUYÈRES
et ZERBINE. *puis tous* LES COMÉDIENS

VIDALINC, *ramenant Sérafina*

Ah! quel succès, madame, et comme il vous est dû!
Vous nous fîtes des cieux descendre Terpsychore!

DE BRUYÈRES, *à Zerbine qu'il enlace amoureusement*

Traîtresse!

VALLOMBREUSE

Venez tous et qu'il en vienne encore!

VIDALINC

Qu'a donc le duc? Il est livide.

VALLOMBREUSE, *hors de lui*

Baladins.
Paillasses, bateleurs, dignes de tous dédains,
De tous mépris et bons pour la roue, un des vôtres
Va mourir! Vous pouvez dire vos patenôtres!
Cet être, votre égal ou de même acabit,
A de son doigt abject effleuré mon habit!...
Qu'on l'écrase et que les chiffonniers dans leurs hottes
Piquent ce que mes gens en garderont aux bottes!

SIGOGNAC, *se démasquant*

Jeune homme qui parlez de tuer à plaisir,
Comme le grand Sophi de Perse à son vizir
Ou bien comme un enfant cruel à sa poupée,
Il m'avait semblé voir à vos flancs une épée!

VALLOMBREUSE

Un duel avec vous? à quelle arme? au sifflet.
Vil histron!

SIGOGNAC, *à de Bruyères*

Marquis, veuillez donc, s'il vous plaît.
Dire à ce joli fat qui je suis et qu'il tâche
De défendre sa vie, et puis qu'il est un lâche
En cinq lettres, ayant insulté sans danger
Une femme que j'aime et que je vais venger!

(*Il tire son épée.*)

VIDALINC, *à Sigognac*

Monsieur, si vous l'aimez, adieu l'épithalame!
Vallombreuse est, sans pair, notre première lame

DE BRUYÈRES, *à Vallombreuse*

Mon cher duc, vous avez devant vous l'héritier
Des Sigognac. Il vous le cède d'un quartier
Et ses aïeux, auprès des miens, en Terre Sainte
Entrèrent les premiers dans la céleste enceinte.

VALLOMBREUSE

Vous vous portez garant, de Bruyères?

DE BRUYÈRES

Garant
Et témoin. Le baron est de plus mon parent.
(*Bruit dans la salle.*)

VALLOMBREUSE

C'est bien; finissons-en tout de suite, et sur place!

SIGOGNAC

J'allais vous en prier, car le public se lasse.

VALLOMBREUSE

Monsieur de Vidalinc, vous êtes mon second?

VIDALINC

Toujours, duc, et partout.

DE BRUYÈRES, *aux comédiens*

Retirez-vous au fond.
(*Le duel commence.*)

HÉRODE

O Dieu des braves gens, au nom du long martyre
De sa mère, défends cette enfant!

VIDALINC, *à part*

Comme il tire!

VALLOMBREUSE

Touché. C'est sans exemple.
(Il vacille, Vidalinc le reçoit.)

VIDALINC, *emmenant Vallombreuse*

Où trouver un peu d'eau ?

SIGOGNAC, *à Isabelle*

Madame, votre injure est lavée.

SCAPIN

Au rideau !

*(On lève le rideau. On voit la salle pleine de monde.
Sigognac remet son masque et entre en scène.)*

SIGOGNAC, *en scène*

« Oui, je rêve, Clindor, et ne saurais résoudre
» Lequel je dois des deux, le premier, mettre en poudre,
» Du grand Sophi de Perse ou bien du grand Mogor !

SCAPIN, *en Clindor*

» Eh ! de grâce, monsieur, laissez-les vivre encor ! »

RIDEAU

FIN DU DEUXIÈME ACTE

ACTE III

A Paris. Le cabaret du Radis-Couronné, sur le Pont-Neuf. Le soir
commence à tomber à la scène V, et la lune paraît derrière la
statue d'Henri IV, que l'on aperçoit sur son terre-plein, par une
très large baie qui sert de grand'porte, au fond, au cabaret. Décoration pittoresque, tonneaux, tables, etc. A la hauteur d'un
étage, une galerie en bois, avec sa rampe, circule autour de la
table, desservant les chambres des voyageurs. Elle communique
avec la scène par un petit escalier, à droite, sous lequel est une
porte cachée. Au lever du rideau, divers types de la population
du Pont-Neuf vont, viennent, boivent et mangent. A droite, une
cheminée de rôtisseur embrasée, où tournent des broches d'oie et
poulardes que des marmitons arrosent. Grande animation.

SCÈNE PREMIÈRE

A *gauche*, HÉRODE, SCAPIN *et* LE PÉDANT, *attablés; à
droite*, MALARTIC, *dormant sur une table.* LÉANDRE,
attablé au fond, avec AGOSTIN, L'AUBERGISTE DU
RADIS-COURONNÉ, CHIQUITA, *endormie sur une
table.*

L'HOTELIER

(*Il est debout, vêtu du costume blanc traditionnel, devant
sa rôtisserie, à droite, le visage embrasé par le brasier,
et brandit une lardoire, Il interpelle les marmitons et
les servantes qui vont, viennent, se démènent, se bous-
culent et lui apportent ce qu'il réclame.*)

La cannelle!... Les quatre épices!... La muscade!...
Une barde de lard!

> *(Il arrête un marmiton.)*

Toi, reste en embuscade
Auprès de ce coulis qui se met en courroux.

> *(A un autre.)*

Saupoudrez ce jambon! Allongez-moi ce roux!
Qu'on batte six blancs d'œuf!

> *(A un autre, qu'il prend par l'oreille.)*

Or ça, le gâte-sauce,
Faut-il s'agenouiller pour que l'on nous exauce?
Ce court-bouillon languit!... Du vinaigre, à foison!
Dépêchons.

> *(A d'autres.)*

Prosecteurs, dépecez cet oison!...
Arrosez la poularde et débrochez le râble!

> *(A un autre.)*

Tu m'as laissé brûler l'andouille, misérable!
Et tu veux devenir rôtisseur? Etourneau!
Tu n'es même pas bon à conduire un fourneau.
Va me chercher un verre et descends à la cave
Avec les sommeliers, ta place est là!

LE PÉDANT

J'en bave!
Rien d'aussi beau jamais ne délecta mes yeux
Que ce chef homérique et comparable aux dieux
Qui, mêlant la grandeur des gestes aux paroles,
Mène toute une armée à l'ost des casseroles!
Vous représentez-vous Annibal autrement?

SCAPIN

Il n'en put différer que par l'accoutrement!

> *(Un arracheur de dents débouché sur le Pont-Neuf,
> suivi d'un compère qui se tient la joue à pleines
> mains et geint.)*

L'ARRACHEUR DE DENTS, *au compère qui le suit*

Non, monsieur, non, souffrez de douleurs excessives !
Criez ! Jurez ! Ayez l'enfer dans les gencives...
Les dentistes ne sont pas rares à Paris,
Moi, je n'arrache pas les dents, je les guéris !
Je ne puis rien pour vous ! Les hommes de science
Tels que moi sont plus fiers ! Ils ont leur conscience !
Ils savent qu'il existe un élixir. — Mais chut !...
Qu'une goutte, monsieur, sur vos lèvres en chût,
Vous mâcheriez du fer avec la dent malade
Aussi facilement qu'un trognon de salade.
Bonjour ! non, non, le baume est trop coûteux pour vous,
Car il coûte la somme immense de deux sous !
    (*Il disparaît suivi du compère.*)

    SCAPIN, *montrant la foule qui suit le charlatan*

Voyez-les ! Dans une heure il n'aura plus de baume
A vendre. Ah ! ce Paris, comme l'esprit l'empaume !

        HÉRODE

Enfin, nous y voilà, chers amis, en ce lieu
Formidable et charmant où l'artiste est un dieu,
Et nous y voilà tous — ou presque tous — au centre,
Sur le Pont-Neuf !...

        LE PÉDANT

        On peut se déboucler le ventre
Et se dédommager des longs jeûnes ! Mangeons !
J'avalerais des bœufs !...

        SCAPIN

        Et moi, des esturgeons !
    (*Ils mangent et boivent.*)

        MALARTIC, *à sa table*

Attention ! Ce sont mes fils de Melpomène !
Mais je n'aperçois point le jeune phénomène
Qui m'a, dedans Poitiers, si fortement roué

Que j'en ai pour ma vie à rester enroué!
Dormons du coin de l'œil en attendant Lampourde!
   (*Il se rendort.*)

SCAPIN, à Hérode

Or çà, dans quelle auberge as-tu commis la bourde
De nous loger? C'est bien pour nous tout ce qu'il faut,
Mais les femmes?

HÉRODE, désignant le premier étage

      Elles ont quatre chambres là-haut,
Très décentes!... Et puis, la maison est célèbre
Pour ses jambons du Tibre et pour ses vins de l'Ebre,
Et comme chef de troupe, il serait erroné
De vous descendre ailleurs qu'au « Radis-Couronné! »
Enfin, l'autre raison vient de notre escarcelle.

LE PÉDANT, la bouche pleine

Scapin, si tu n'as rien contre cette sarcelle,
Goûtes-en!... Cet oiseau, dans son jus dégourdi,
Me réconcilierait avec le vendredi!

HÉRODE, regardant au fond

  (*Entre Lambourde.*)
Oh! penchez-vous pour voir le nez carnavalesque
Qui vient d'entrer, tirant un visage burlesque,
Comme un navire au port cingle de l'éperon.

SCAPIN

Si j'étais un Callot ou, plus humble, un Scarron,
Soit que je dessinasse ou bien que j'écrivisse,
Je peindrais cette cape en barbes d'écrevisse,
Ce torse rouge, ces gigantesques fémurs
D'échassier famélique, à passer sur les murs
D'une seule enjambée, et ces bras en spirales
Propres à remonter l'horloge aux cathédrales!.,.
Quel modèle pour un capitan!

HÉRODE

     C'en est un!

SCÈNE II

Les mêmes, LAMPOURDE

LAMPOURDE, *entre et va lentement s'asseoir à la table
de Malartic, qu'il frappe du poing pour appeler :*
Une pipe de Flandre, un tison, du petun
Et des cartes !...
    (Il s'assied.)

MALARTIC

C'est toi ? Je commençais un somme !
Tu te décides ?...

LAMPOURDE

Oui. La fortune m'assomme !
Je n'ai plus un liard. L'enfer coalisé
S'acharne contre moi... J'avais réalisé,
Par mon travail, de quoi vivre un mois de mes rentes
Honnêtement, avec des femmes suggérantes !...
Les dés ne veulent point. Je reprends mon outil.
Donc, Malartic, causons. De quoi retourne-t-il ?

MALARTIC

C'est très simple : d'un homme à rayer de la liste
De tes contemporains.

LAMPOURDE

Je suis spécialiste !
Mais le métier m'ennuie. On ne rencontre plus
Que des lâches sans âme, énervés ou perclus,
Mauvais gladiateurs, qui parent par la tierce
Quand il faudrait parer par la quarte, et qu'on perce
Aussi facilement qu'on embroche un dindon !
C'est stupide ! On a l'air d'un assassin !...

MALARTIC, *lui versant à boire*

                              Pardon,
Tu ne bois pas !

LAMPOURDE

        Toujours ! Mais j'attendais ton offre.
Je suis bien élevé.

MALARTIC, *posant un sac sur la table*

           Tu peux puiser au coffre,
Et le client est bon ! Quant à l'homme, voici
Le personnage et son portrait en raccourci.
Il m'a, seul, — tu m'entends, — la semaine dernière,
Culbuté trois amis et jeté dans l'ornière.
En outre, il a blessé presque mortellement
Le duc de Vallombreuse !

LAMPOURDE

        Allons donc !

MALARTIC

                      Tellement
Que je dirais, — n'était mon horreur pour l'axiome —
C'est la meilleure épée — après toi — du royaume.

LAMPOURDE

Tu dis qu'il a blessé mon élève ?

MALARTIC

                      Je dis
Blessé.

LAMPOURDE

      Blessé ?

MALARTIC

      Blessé.

LAMPOURDE

        C'est son *De profundis !*
Quel homme est-ce ?

MALARTIC

Un acteur bouffon. Mais il excipe
Du titre de baron !

LAMPOURDE

J'en ai cassé ma pipe !
Mais où dois-je l'occire ?

MALARTIC

Ici, sur le Pont-Neuf.

LAMPOURDE, *avec emphase*

Il peut pleurer sa veuve, il en est déjà veuf !

SCÈNE III

LES MÊMES, LÉANDRE, AGOSTIN, L'AUBERGISTE,
puis CHIQUITA

LÉANDRE, *à Agostin*

Seigneur caballero, le tour est impossible !
Il veut, sur cette porte, en matière de cible,
   (S'adressant au groupe des comédiens.)
Mettre un enfant à la distance de dix pieds
Et prétend le sertir depuis la tête aux pieds
D'une nimbe de poignards !...

AGOSTIN

Comme un saint d'une gloire.
Que gagez-vous ?...

LÉANDRE

Bouteille !

L'AUBERGISTE

       Et moi, **par** saint Magloire,
Mon patron, j'en veux être, et j'ajoute à l'enjeu
La couchette et le droit de pique au pot-au-feu.

AGOSTIN

C'est dit?

LÉANDRE ET L'AUBERGISTE

 Oui.

AGOSTIN, *appelant*

 Chiquita!

(Chiquita sort de sous une table où elle dormait.)

HÉRODE

     Mais c'est notre fillette
Au collier!

AGOSTIN, *à Chiquita.*

 Ferme l'huis... Tire la chevillette.
Adosse-toi. Debout. Ouvre les bras en croix.

LÉANDRE, *effrayé.*

Arrêtez! Il suffit!... Je paie et je vous crois.

SCAPIN, *de loin, à Chiquita.*

Ferme les yeux au moins!

CHIQUITA

     Pourquoi? Je le regarde!

LÉANDRE

Non! non!... C'est un spectacle inhumain. A la garde!
(Il sort en se bouchant les yeux).

AGOSTIN, *la navaja au poing.*

Ne bouge plus.

 (Il lance la navaja).

MALARTIC

Dans les cheveux ! au ras du front !

LAMPOURDE

Mais vois cette gamine ! Elle leur fait affront
Par son courage !

AGOSTIN, *lançant d'autres poignards, il annonce
les coups.*

Aux flancs ! à l'épaule ! à la taille !
Aux bras ! à la cheville ! aux doigts !

CHIQUITA, *sortant de la porte.*

Pas une entaille !
Voyez et constatez, messieurs.

(*Applaudissements. Elle fait d'un côté le tour des
tables et Agostin de l'autre*).

LAMPOURDE. *à Chiquita.*

C'est très gentil.
Comment t'appelles-tu moricaude ?

CHIQUITA

Plaît-il ?

MALARTIC

Quel regard ! Assieds-toi ! Mange !

CHIQUITA

Je suis repue.

LAMPOURDE

Puise au moins dans ce sac. C'est de l'or.

CHIQUITA

Non, il pue.

AGOSTIN, *à Chiquita*

Ton repos est payé par l'enjeu des paris.
Monte dormir. Je vais au travail... dans Paris.

*(Il sort. Chiquita monte par l'escalier aux chambres
et disparaît dans l'une d'elles).*

LAMPOURDE, *la regardant monter.*

C'est d'Espagne que nous arrivent ces traînées.
On se demande à quoi servent les Pyrénées !

SCÈNE IV

HÉRODE, SCAPIN, LE PÉDANT, LAMPOURDE, MALARTIC, L'AUBERGISTE

SCAPIN

Notre ami le baron ne revient pas du quai !
Ce n'est pas bien prudent. Il peut-être attaqué,
La berge, au bord du fleuve, étant le réceptacle
De tous les sacripants.

HÉRODE

                    Mais aussi quel spectacle
Que celui de la Seine après le couvre-feu !
J'y hantais autrefois, et je vous fais l'aveu
Qu'au temps où je levais du poing une futaille
Je descendais souvent y proposer bataille,
Le soir, aux plus râblés de ces coupe-jarrets
Qui guettent la pratique au coin des cabarets.
C'était charmant !... Après ces victoires fougueuses
On était couronné de pampres par des gueuses !

SCAPIN

Tu n'irais plus ?

HÉRODE, *inquiet.*

Pourquoi ?

SCAPIN, *indiquant Lampourde et Malartic.*

                    Des présages mauvais !...
Je crains le Vallombreuse... Enfin vas-y.

HÉRODE

                              J'y vais.

(Hérode sort).

SCÈNE V

LES MÊMES, *moins* HÉRODE

MALARTIC

Dirige ton regard, sans lâcher la cruchette,
Lampourde, dans le sens où je tends ma fourchette !
Que vois-tu ?

LAMPOURDE

Le Pont-Neuf !

MALARTIC

                    Et sur le pont ?

LAMPOURDE

                              D'abord
Le soleil disparu ; puis, devers l'autre bord,
La lune en chasse avec sa meute de cerbères
Dans le scintillement poudreux des réverbères.

MALARTIC, *se levant.*

Est-ce tout ?

LAMPOURDE, *se levant.*

Par Castor et son ami Pollux !
Que de bourgeois bravant ces astres impollus !...
J'en rougis !

MALARTIC

Va toujours !

LAMPOURDE

        Une Génovéfine
Passe modestement sous la porte Dauphine,
Au milieu de truands, de malandrins tordus,
Culs-de-jatte, bancals et monstres éperdus
Ayant le nez au dos et l'œil au péritoine.
Une Tentation de monsieur saint Antoine !

MALARTIC

Continue.

LAMPOURDE

       Un gaillard, que j'estime Gascon
A son air de marcher au niveau du balcon,
S'arrête, les regarde, et rit de leurs vacarmes.

MALARTIC

Observe-le, Lampourde ! Il est ton maître aux armes !

    (*Ils sortent*).

SCÈNE VI

SCAPIN, BLAZIUS, L'AUBERGISTE

L'AUBERGISTE

Voici le couvre-feu, messieurs. Je dois fermer.
L'ordonnance est récente, il faut s'y conformer.

LE PÉDANT

Indique-nous la chambre, et gare si tu bronches,
Où nous allons tous deux tonitruer des bronches !

L'AUBERGISTE

Entrez ici. Bonsoir.

*(Ils entrent à gauche. L'aubergiste pousse la porte,
met la barre, puis il siffle. Léonarde apparaît au
haut de la galerie et descend vivement).*

SCÈNE VII

L'AUBERGISTE, LÉONARDE

L'AUBERGISTE

C'est fait. Ils sont bouclés !

LÉONARDE, *lui remettant un portefeuille.*
Voici le prix de votre auberge. Où sont les clés ?

L'AUBERGISTE *les lui donne.*
Pour acheter sur pied une auberge vivante
Celui que vous servez est riche !

LÉONARDE

Je m'en vante.
Au large, et le secret, ou bien vous êtes mort !...

L'AUBERGISTE

Je n'y tiens pas, madame.

LÉONARDE

Et vous n'avez pas tort.

(L'aubergiste sort).

SCÈNE VIII

LÉONARDE, *puis* VALLOMBREUSE, *puis* CHIQUITA

LÉONARDE, *seule devant une table.*

On devrait infliger une peine sévère
A qui laisse du vin vidanger dans un verre !
A table, comme ailleurs, je me résume, en tout,
La devise du sage est : Pousse jusqu'au bout.
        (*Elle lampe les verres*).
Mais voici le moment : on a toussé derrière
Cette porte... Est-ce vous, seigneur ?

VALLOMBREUSE

                                    Oui, douairière.
        (*Il entre*).
Eh bien, puis-je espérer qu'elle se déraidit ?

LÉONARDE

Je vous répète encor ce que je vous ai dit :
Elle n'est pas pour vous. Vous y tenez, je cède,
Mais ne commets aucun péché si je vous aide.
Vous perdez votre temps et votre argent aussi.
        (*Chiquita paraît à la galerie et écoute*).

VALLOMBREUSE

Nous verrons bien. Veuillez me la conduire ici.

LÉONARDE

Il faut donc vous cacher. A votre seule vue,
Si de vous laisser voir vous risquez la bévue,
Elle crierait : au feu ! du haut des escaliers,
Et ce sont là, seigneur, des impairs d'escholiers.
Couvrez-vous du manteau, célez-vous dans cet **angle**
Et vous serez content, ou le diable m'étrangle !

SCÈNE IX

LES MÊMES, *puis* ISABELLE

CHIQUITA, *à part, dans la galerie du haut.*
C'est cet homme méchant et lâche qui la hait.
(***Elle rentre vivement***).

LÉONARDE, *à la porte d'Isabelle.*
Isabelle !

ISABELLE, *de l'intérieur.*
Qui parle ?

LÉONARDE
Ouvrez-moi, s'il vous plait ?

ISABELLE, *même jeu.*
Excusez-moi. je suis alitée.

LÉONARDE
Isabelle.
A l'appel d'un ami ne soyez pas rebelle...
Il est blessé !...

ISABELLE, *parait en toilette de nuit.*
Qui donc ?

LÉONARDE
Je cherche mon cabas.
Pour les sels. Malheureux jeune homme ! il est en bas.
(***Elle entre chez Isabelle***).

ISABELLE

Blessé ? Lui ? car c'est lui ! par ce seigneur infâme ?
(*Regardant sa toilette*).
Mais dans quel vêtement ?... Tant pis, je suis sa femme !
(*Elle descend vivement dans la salle*).

SCÈNE X

VALLOMBREUSE, ISABELLE, SCAPIN, LE PÉDANT,
puis CHIQUITA

ISABELLE

Mon ami... Répondez. Je vous cherche. Il fait noir.
C'est Isabelle. Hélas ! je ne peux pas vous voir !

VALLOMBREUSE, *la saisissant.*

Je t'aime !

ISABELLE

Trahison ! au secours !

VALLOMBREUSE

Je t'adore !

ISABELLE, *se défendant bravement.*

Aussi fort que tu sois, tu ne m'as pas encore,
Misérable !
(*Elle le repousse*).

VALLOMBREUSE

Tudieu ! comme elle se défend !
(*Isabelle court à la porte de la chambre de Scapin
et du Pédant, s'y adosse et essaye de la pousser*).

SCAPIN, *derrière la porte qu'il secoue.*

Pousse, si tu le peux, la porte, mon enfant.

VALLOMBREUSE, *à Isabelle qui se jette sur la porte.*

Peine perdue ! elle est barrée et verrouillée !

SCAPIN, *de l'intérieur.*

Ah ! maudite vieillesse ! Ah ! ma force rouillée !

LE PÉDANT

Tiens bon, nous passerons ! J'ai d'un moine espagnol
L'art de faire chanter les murs sans rossignol.

(*On les entend crocheter la serrure*).

ISABELLE, *appelant.*

Sérafina ! Zerbine ! à mon aide !... Léandre !

VALLOMBREUSE

Ils sont narcotisés, de crainte d'une esclandre.
Mais pourquoi tant d'appels qui resteront leurrés
Quand vous n'avez qu'un mot à dire !... Vous pleurez ?
Je vous inspire donc une horreur bien profonde !
Suis-je un monstre hideux pour que l'on me confonde
Avec les caïmans, les hydres, les requins,
Et les fauves issus des sables africains ?
Et ne savez-vous pas de quels fils d'or je tresse
Les jours élyséens d'une heureuse maitresse ?
Vous ne répondez rien ?

ISABELLE

Je cherche une arme.

VALLOMBREUSE

                              Ah ! Dieu !

Quelle femme est-ce là ?

ISABELLE

                    Vous en connaissez peu

D'honnêtes, paraît-il.

VALLOMBREUSE

Si, chez les Indiennes,
Mais non, jusqu'à ce jour, chez les comédiennes !

ISABELLE

Une arme !

(*Chiquita lui jette son poignard à la mode catalane,
il va se piquer aux pieds d'Isabelle, qui le ramasse*).

CHIQUITA

La voici !

(*Elle entonne sa chanson*).

Holà ! la folle, Alza ! la sage,
Le poignard c'est la liberté.
Contre toi, tout s'est concerté ?
Ouvre à ta pauvre âme un passage !

(*Elle rentre*).

ISABELLE, *brandissant le poignard*.

Maintenant, approchez !

SCAPIN, *de l'intérieur*.

Courage ! Les verrous sont déjà décrochés.

(*Les verrous tombent de la porte*).

VALLOMBREUSE

Vous l'aimez trop, il faut décidément qu'il meure !
Voyez.

(*Il ouvre la grande porte du fond et on voit Lampourde posté sur le terre-plein du Pont-Neuf, en
train d'affiler son épée. Sigognac et Hérode paraissent au fond*).

ISABELLE

Un assassin ? Eh bien, à la bonne heure !
Et votre honneur commence à se mieux dessiner.

VALLOMBREUSE

Je n'assassine pas, je laisse assassiner.
Cet homme est le plus beau bretteur qui soit au monde,
Il n'a jamais manqué son coup.

ISABELLE

Il est immonde,
Et vaut ceux-là qu'il sert.

VALLOMBREUSE

Un mot, et le baron
Rentre vivant, sinon il est mort.

ISABELLE

Fanfaron !

VALLOMBREUSE

Vous prétendez l'aimer et souffrez qu'on le navre
Sous vos yeux ?

ISABELLE, *montrant son poignard.*

Vous aurez deux morts pour un cadavre,
Voilà tout.

VALLOMBREUSE

Il approche !... il arrive au milieu
Du pont !... Pitié pour lui !

ISABELLE, *bravement.*

Monsieur, je crois en Dieu !

SCÈNE XI

LAMPOURDE, SIGOGNAC, SCAPIN, ISABELLE,
VALLOMBREUSE, HÉRODE *et* LE PÉDANT

*(Lampourde a laissé passer Sigognac. Il lui tire sa
cape et le baron reste en pourpoint ; il se retourne
et tire son épée. Lampourde de même).*

LAMPOURDE, *se mettant en garde.*

Compris ! C'est justement ce que je voulais dire.
Mais permettez d'abord, monsieur, je n'ai point d'ire
Contre vous... Mais on m'a payé pour vous tuer ;
Voici l'argent ! à moins de le restituer ?...

SIGOGNAC

Vous venez de la part du duc de Vallombreuse ?

LAMPOURDE

Il paraît !

SIGOGNAC

Compliments, sa maison est nombreuse.

LAMPOURDE, *montrant Hérode*

Monsieur est... nos témoins ?

HÉRODE

Je suis fort amateur,

Et si vous permettez !
        (*Il s'assied sur les degrés de la statue.*)

LAMPOURDE

Comment donc ! trop flatteur !

Nous commençons.

SIGOGNAC

Quand vous voudrez.

(Ils engagent le fer.)

LAMPOURDE

Bonne parade !

Principes excellents.

SIGOGNAC

Merci. mon camarade.

LAMPOURDE

Bien ! A vous celle-ci.

(Il se fend.)

Peste !

SIGOGNAC

A vous celle-là !

LAMPOURDE, *parant*

Diable ! Voyons ! Bravo ! qui vous la révéla ?
Je m'en croyais le seul professeur.

SIGOGNAC

Certain Pierre,
Mon valet, très expert aux choses de rapière.
Voici l'un de ses coups.

LAMPOURDE, *parant*

Il est prodigieux !
En plein jour, j'y passais. Je ne dois qu'à mes yeux
De chat, familiers au reflet des ténèbres.
De n'être point parti pour les rives funèbres.
Permettez-moi, monsieur, de vous serrer la main.

HÉRODE

En avez-vous assez ?

LAMPOURDE

Qui, moi ? Jusqu'à demain !
Depuis Paraguantes, mon maitre et Girolame.
Je n'avais pas encor frotté pareille lame !

Vous vivriez cent ans si je n'existais point.
En garde, s'il vous plait, et votre épée au poing!
Monsieur, voici le fruit de mes longues études
Et je le recommande à vos sollicitudes.
> (*Il se fend de toute sa longueur. Sigognac fait sau-*
> *ter son épée.*)

LAMPOURDE

Désarmé!... moi!...

SIGOGNAC

Ramasse.

LAPOURDE

A quoi bon? C'est fini!

Tuez-moi!

SIGOGNAC

Te tuer?

LAMPOURDE

Tuez-moi donc!

SIGOGNAC

Nenni!
J'ai d'un trait incorrect commis la peccadille.
Henri quatre a toujours protégé ma famille.
> (*Il montre la statue.*)
Va-t'en!

ISABELLE

Il est sauvé, venez vite!

VALLOMBREUSE

L'enfer
Me la ravit encor!
> (*Scapin et le Pédant font tomber la porte et entrent.*
> *Ils viennent protéger Isabelle.*)

LE PÉDANT, *agitant son crochet*

Quel métal que le fer!...

SCÈNE XII

SIGOGNAC, VALLOMBREUSE, ISABELLE, HÉRODE.
SCAPIN, LE PÉDANT, LAMPOURDE.

SIGOGNAC, *entrant*

Lui! toujours lui!

VALLOMBREUSE, *avec désinvolture*

Toujours! Par un pacte tacite
Avec Satan, quand on le tue, il ressuscite.

LAMPOURDE, *un sac à la main*

Je demande à placer deux mots. Monsieur le duc,
Un viaduc qu'on coupe est-il un viaduc?
Un tronc est-il un tronc si l'on n'y peut rien mettre?
Et le maître qui trouve un maître est-il un maître?
Non. J'ai trouvé le mien. N'étant pas un voleur,
Je vous rends votre sac qui m'a porté malheur,
Car on peut dire tout de Jacquemin Lampourde,
Qu'il est friand des dés, du sexe et de la gourde,
Mais l'on ne peut pas dire, et c'est le point urgent.

(*Il jette l'argent aux pieds de Vallombreuse.*)

Qu'il ait jamais volé la pratique ou l'argent!

VALLOMBREUSE, *poussant le sac du pied*

Je ne te savais pas si bon jurisconsulte!

(*Lampourde sort.*)

SCÈNE XIII

LES MÊMES, *moins* LAMPOURDE

SIGOGNAC, *à Vallombreuse*
Vous ne bondissez pas sous l'insulte!

VALLOMBREUSE
                              L'insulte,
Quand, pareille à la boue, elle gicle d'en bas,
Est de celles que brosse un valet sur les bas ;
On ne la lave pas soi-même : à des ilotes
On les jette, et l'on va remplacer ses culottes.

SIGOGNAC
D'honneur, je crois rêver lorsque je vous entends!
Il faut que la noblesse ait depuis quelque temps,
Changé de lois, de mœurs et d'histoire! J'estime
Que d'une illusion je dois être victime
Et que vous n'êtes pas le vrai porte-pennon
De la race des preux dont vous souillez le nom!
Ventre-saint-gris, cousin, je sors de ma province.
De cette Cour, dont ma fierté seule m'évince,
Mais où je peux paraître au moins à vos côtés,
Je ne sais rien sinon que vous m'en dégoûtez.
Ma foi, monsieur, tant pis pour vous si vous en êtes!
La noblesse, mais c'est l'élite des honnêtes.
Des braves et des bons! Mon père me l'a dit,
Et vos yeux où l'orgueil du vice resplendit
Me laissent deviner, sans pouvoir m'y méprendre,
Que le vôtre a perdu son temps à vous l'apprendre.

VALLOMBREUSE
Il m'a toujours appris, dans les pires malheurs.
A ne point me commettre avec des bateleurs.

HÉRODE. *à Vallombreuse*

Vous le prenez sur vous, monsieur, j'en ai des preuves.

VALLOMBREUSE, *à Hérode*

Et quelle est, s'il te plaît, la source où tu t'abreuves?

HÉRODE

Si je vous le disais, vous seriez bien surpris!
Mais nous autres, manants, en butte à tout mépris,
Quand nous prêtons serment sur le lit d'une morte,
Nous le tenons.

SIGOGNAC. *à Vallombreuse*

Monsieur, veuillez passer la porte.

VALLOMBREUSE

Vous dites?

SIGOGNAC

Je vous dis : sortez!

VALLOMBREUSE

D'ici! Pourquoi?
Mais vous êtes mon hôte! et l'auberge est à moi!

SIGOGNAC

Ceci passe mesure et la vile manœuvre
Est digne des coquins que vous mettez en œuvre.
Ah! je me tiens pour fol à mettre chez les fous,
D'avoir touché le fer d'un vilain tel que vous!
Celle que vos désirs salissent de leur fange
Est ma femme! Elle porte à son front pur d'archange
Le cimier de baronne et les cigognes d'or.
Je lui donne mon nom, et, s'il te reste encor
Un peu de cet honneur que le tien représente,
Je la prends par la main et je te la présente.

(Présentant Isabelle.)

Isabelle, baronne et dame des trois fiefs
De Sigognac, Morsac et Gorlès, dont les chefs

Vassaux directs du roi, lequel seul les réclame,
Devant Jérusalem ont porté l'oriflamme.
Je te la nomme ici des titres qu'on lira
Sur son tombeau, cousin, quand elle y dormira
Près de moi, côte à côte, en discrète personne,
La tête au dur chevet que mon chiffre écussonne,
Et lorsqu'ayant payé par la maternité,
Avec sa part d'honneur, son droit d'éternité,
Elle aura sous les pieds le lévrier fidèle
De noble, de chrétienne et d'épouse modèle!...
Et ceci dit, monsieur, je me tais — et j'attends.

VALLOMBREUSE

Cousin, vous me parlez la langue que j'entends,
J'eusse abaissé déjà l'orgueil de ma couronne
Ducale, et fait amende à la jeune baronne,
Si parmi tous ces noms et ces titres anciens,
Vous n'aviez pas omis de m'apprendre les siens.
Isabelle est un nom charmant — mais... de baptême.

ISABELLE

Ah! ne répondez rien !

SIGOGNAC

> Ma réponse est : je t'aime.

VALLOMBREUSE

Je regrette, monsieur, d'en rester sur le mot.
Quand on se mésallie, on le fait le front haut,
Et l'on ne voile pas, de peur qu'on vous en raille,
L'origine de ceux que l'on désencanaille.

SIGOGNAC

Lâche! pour ce dernier mot-là je te tuerai !

VALLOMBREUSE, *à Isabelle, galamment.*

Je reste votre amant, ma belle, invétéré!...
  (*Il sort.*)

SCÈNE XIV

Les mêmes, MALARTIC

(Entre Malartic en vieil intendant.)

SCAPIN

Quel est ce bon vieillard ?

MALARTIC

                    Est-ce ici que réside
Une troupe nomade, à laquelle préside
Un sieur Hérode ?

HÉRODE

Oui, cet Hérode, c'est moi.

MALARTIC

Monsieur, je suis chargé par mon maitre...
    (*Il s'arrête.*)

HÉRODE

                                De quoi ?

MALARTIC

Pardonnez-moi. Je suis très vieux, et je m'essoufle.
Pour un rien ! un enfant m'abat d'une pantoufle.
    (*On lui donne une chaise.*)

Le maitre généreux dont je suis l'intendant
Très humble, et qui me garde à mon corps défendant,
Est un grand amateur de théâtre, et désire
Vous avoir au château fameux dont il est sire.
Pommereuil est le nom du comte et du château.
On y va par le coche ou bien par le bateau.

HÉRODE

Je le connais, il est à deux heures de marche ;
Mais, si le comte vit, c'est donc un patriarche :
J'ai débuté chez lui voici bientôt trente ans.

MALARTIC

Je le savais, monsieur ; c'était encor au temps
Où le roi courtisait la comtesse défunte,

HÉRODE

C'est vrai. Vous possédez ce secret ?

MALARTIC

Je l'emprunte

A l'histoire.

HÉRODE, aux comédiens

Eh bien, mais qu'en dites-vous ?

SCAPIN

Ma foi,

Paris n'est pas très sain pour nous, quant à moi.
Rien que pour dépister le duc et sa séquelle,
Je trouve que cette offre est la chance à laquelle
Nous devons raccrocher notre char ; concluez.

LE PÉDANT

Dans les filets du duc nous sommes englués.
Il enserre Isabelle et, nous, il nous affame,

HÉRODE

C'est dit ?

TOUS

C'est dit.

HÉRODE, à Sigognac

Et vous, baron ?

SIGOGNAC, donnant le bras à Isabelle

Je suis ma femme !

HÉRODE, *à Malartic*

Nous partons, topez là.

MALARTIC

Votre prix?

HÉRODE

Cent doublons.

MALARTIC

Ah! ce n'est pas assez, monsieur, nous les doublons!
Et j'amène au beau sexe en galant majordome
Le carrosse du comte. On n'y reçoit point d'homme,
Mais vous avez chacun votre cheval.

HÉRODE

Partons.

RIDEAU

FIN DU TROISIÈME ACTE

ACTE IV

Une salle du château de Vallombreuse. Vaste baie au fond.
Portrait du prince de Vallombreuse

SCÈNE PREMIÈRE

ISABELLE, MALARTIC, *assis à l'écart, masqué, dans
son déguisement de vieil intendant*

ISABELLE, *très agitée, allant de-ci, de-là*

Où m'avez-vous traînée et quel est ce manoir
Sinistre, environné d'un terrible étang noir ?...
Est-ce ici le Cocyte et son bois !... Suis-je morte
Ou vivante ? Oh ! je rêve !... A mon aide !... Main forte !...
Assassins, ravisseurs, que me voulez-vous tous ?
    (*Malartic tousse.*)
Monsieur, vous me parlez ?

MALARTIC

Non, c'est un peu de toux.

ISABELLE

Ayez pitié, monsieur. Je suis bouleversée !...
Dans l'horrible forêt au galop traversée
Vous avez été doux pour moi, noble vieillard.
Où suis-je ? Ce donjon dressé dans le brouillard.
Quel est-il ?... Qui m'arrache aux seuls êtres que j'aime ?

MALARTIC

Ce castel est très vieux, je le crois du douzième!
Quant à votre indulgent et naïf pronostic...
    (*Il se démasque.*)
Je suis un spadassin, mon nom est Malartic!

ISABELLE, *reculant*

Ah! je comprends!... Le duc?...

MALARTIC

                    Une aimable folie!...
Madame, vous avez le tort d'être jolie.
Donc au mal qu'on vous veut il faut vous aguerrir;
Il ne dépasse pas celui qu'il doit guérir!...

ISABELLE

C'est un rapt!

MALARTIC, *enjoué*

           C'en est un! Mais vous êtes experte!...
Vous en jouez sur la scène, pour notre perte,
Qui me tirent des yeux, tel que vous me voyez,
Plus d'eau, — moi qui n'en bois! — que du corps des noyés!...
Or votre art ce jourd'huy dépasse la pensée!...
Ces pleurs, ces cris d'appel, la force dépensée
Pour rompre vos liens sur ce cheval, tandis
Que monsieur votre amant nous courait sus, sandis,
Quelle scène et quel jeu!... Cela tient au génie
Et j'ai vu l'idéal en fait d'Iphigénie!

ISABELLE

Railler le faible est lâche, et vous l'êtes!

MALARTIC

                         Railler,
Moi, quand j'use en bravos ma voix... à l'érailler,
Et mes mains... à saigner!... Quand mon amour occulte
Vous nimbe d'une gloire et vous poursuit d'un culte!...

ISABELLE, *s'asseyant*

Pourquoi donc faites-vous le mal ?

MALARTIC, *naïvement.*

                    Pour de l'argent !...
Je serais vertueux si j'allais émargeant
A des caisses du bien pour la vertu fondées !
Je n'en connais, hélas ! que de dévergondées,
Et j'y touche !... Le monde est mal organisé
Puisqu'il faut vivre avant d'être canonisé !...
Mais adieu. Mes amis Piedgris, Bringuenarilles,
Tordgueule et La Rapée, — excusez ces gorilles
De leurs noms d'hommes ! — sont à quelques pas d'ici,
Et j'ai l'ordre de les griser..., leur chef aussi !

    (*Il salue. Fausse sortie.*)

ISABELLE, *se levant.*

Encore un mot. Quel est ce portrait ?

    (*Elle désigne du doigt le portrait du prince*).

MALARTIC

                    Je l'ignore.
Quelque seigneur de cour ou quelque monsignore.
Nous ne voyons les grands, dans mon art, que masqués.
Mais la touche est d'un maître et signe Velasquez !...

    (*Il sort.*)

SCÈNE II

ISABELLE, *seule,* puis CHIQUITA

ISABELLE, *seule. Elle va au portrait du prince
et le contemple.*

Tête pâle aux yeux noirs, où t'ai-je déjà vue ?...
De tout secours humain quand je suis dépourvue,

Tu m'apparais si calme et tes yeux sont si bons
Qu'à mon anxiété je sens que tu réponds.
Qui que tu sois dont l'âme en ces yeux me regarde,
Homme mort ou vivant, je me mets sous ta garde !

   (Elle se rapproche du portrait.)

Certes ! je te connais. Tu m'aimes... ou m'aimas !
Ces cheveux sur lesquels de précoces frimas
Ont neigé, j'ai senti la douceur de leurs boucles !...
J'ai tenu cette épée à pommeau d'escarboucles !...
Mes mains sur ce collier ont dit le chapelet
Des jours bénis, et, quand ma mère m'appelait,
Quelqu'un que j'ai perdu souriait ton sourire !...

   (Plus agitée et revenant.)

Si tu règnes céans, tu ne peux pas souscrire
A ta honte !... Portrait d'aïeul, je t'appartiens,
Et tu vas me sauver si ce monstre est des tiens !

   (Elle s'agenouille. Chiquita entre.)

Chiquita !... Dieu t'envoie !

   (Elle va à Chiquita et l'embrasse.)

CHIQUITA, à voix basse.

As-tu mon poignard ?

ISABELLE, le lui montrant.

Certe !

Regarde.

CHIQUITA

  Mais alors quoi donc te déconcerte ?
Puisque tu peux tuer ou mourir ! — J'étais là,
Je t'écoutais prier !... Inutile, cela !
On se défend !... Veux-tu...

   (Elle s'arrête.)

ISABELLE

Dis !

CHIQUITA

                    Que je te ramène
Ton ami ?

ISABELLE

Chère enfant ! La tâche est surhumaine !
Tâte ces murs de grès, mesure cet étang,
Et demande au soleil qui se couche où s'étend
La forêt qui m'enserre. Ecoute cette horde
De soudards avinés...

CHIQUITA, *montrant son lazzo.*

                    Je sais lancer la corde,
En cercle, en flèche, en angle, en croix de Saint-André.
Sauras-tu la tenir quand je m'y suspendrai ?

ISABELLE

Qui, toi ?

CHIQUITA

Silence !
            (*Elle va à la baie du fond avec Isabelle, et elle lui
                montre un arbre au dehors.*)
                    Vois cette branche de hêtre
Qui déborde sur la douve.
            (*Elle recule et prépare son lazzo. A Isabelle.*
                    Ouvre la fenêtre
Toute grande. Reviens auprès de moi. — Je l'ai !...
            (*Elle jette le lazzo qui reste accroché dans l'arbre.*)
Tirons !
            (*Isabelle et Chiquita tirent ensemble sur la corde.*)
            La branche vient. C'est mon chemin !...
            (*Chiquita se suspend à la corde par les poignets,
                escalade la fenêtre et crie.*)
                                        Olle !
Tiens bon !

ISABELLE, *tenant la corde.*
            Tu pèses moins dans l'air que les oiselles !

CHIQUITA, *de la coulisse.*

Je suis dans l'arbre !... Adieu. Lâche tout !
(*La corde disparaît, tirée au dehors.*)

(*Voix de Chiquita.*)
J'ai des ailes !

SCÈNE III

ISABELLE, *puis* VALLOMBREUSE

ISABELLE, *seule, à la fenêtre.*

L'arbre a repris sa place et l'enfant est loin !
(*Entre Vallombreuse.*)
Lui !...
Il était temps !

VALLOMBREUSE (*costume du IIe acte.*)

Madame, êtes-vous aujourd'hui
Plus calme, bien portante et mieux apprivoisée ?
Mais souffrez que d'abord je ferme la croisée :
L'humidité des bois est malsaine le soir !
(*Il ferme la croisée, prend Isabelle par la main et la
fait redescendre en scène.*)

ISABELLE

Que voulez-vous ?

VALLOMBREUSE

Causer ! — Il ne peut pas messeoir
Que nous causions ! D'ailleurs que faire à la campagne ?
(*Il lui tend un fauteuil; elle recule, et prend son
poignard.*)

ISABELLE, *farouche*

Le geôlier au captif veut adoucir le bagne !...
Vous n'aurez d'autres mots de moi que : je vous hais !

VALLOMBREUSE

Je parlerai donc seul. Moi, je vous aime !

(*Elle lève le poignard ; il l'arrête.*)

Ouais !

Laissez de ce couteau l'inutile menace
Et soyez plus docile à mon amour tenace.
Si détestable est-il, ne pouvez-vous un peu
Prendre quelque pitié de l'ardeur de son feu ?
Les preuves que j'en donne offrent de quoi convaincre
Du dessein inflexible où je suis de vous vaincre.
Mais je veux vous devoir à l'abandon plus doux
Qui me fera tenir la victoire de vous.

ISABELLE

Je vous hais !

VALLOMBREUSE

C'est dommage.

ISABELLE

Et pis, je vous méprise !

VALLOMBREUSE

C'est fâcheux ! — Vous doublez l'erreur d'une méprise.
Je consens à la haine et non pas au mépris.
Je pourrais être vil si je n'étais épris ;
Mais vous devez connaître au zèle que j'éprouve
La haute probité d'un amour qui se prouve.

ISABELLE

Et je vous hais ! Comment cela s'explique-t-il ?
Voilà pour votre esprit un cas assez subtil.

VALLOMBREUSE, *plus attendri*

C'est un étrange amour que le mien, et moi-même
Je n'en puis dire rien, sinon que je vous aime !

Mon sentiment est sûr comme un fait absolu.
    (*Avec tristesse.*)
Il eût été très doux si vous l'aviez voulu.
Mais, quel qu'en soit l'effet, vous en êtes la cause.
Ne vous prenez qu'à vous du mal que je vous cause.

ISABELLE

Soit ! Mais, si vous m'aimez, prouvez-le galamment.

VALLOMBREUSE

Vos ordres ?

ISABELLE, *montrant la porte*

Ouvrez-moi l'issue.

VALLOMBREUSE

        Et votre amant ?

ISABELLE

Vous ne m'aimez donc pas, car ainsi je raisonne :
Quand on aime, monsieur, on n'a peur de personne !

VALLOMBREUSE, *sombre*

Peur ?... Moi, peur ! je n'ai peur sur terre... que de moi,
Et même, en ce moment, je m'effraie !...

ISABELLE

            De quoi ?
D'avoir mis entre ceux que ma vie intéresse
Et votre épée, un mur lâche de forteresse ?
De m'avoir bâillonnée et jetée en un lieu
D'où mes cris ne vont pas à l'oreille de Dieu ?
De vouloir posséder par une embûche infâme
Le misérable corps dont vous n'avez pas l'âme ?...
Vous avez peur, vous dis-je, et vous avez raison,
Car j'en tremble pour vous et pour votre maison,
    (*Elle montre le portrait.*)
Et l'aïeul que voilà va vous regarder faire !

SIGOGNAC, *l'épée à la main*

VALLOMBREUSE, *furieux, il la désarme*

Qu'il me regarde donc ou point s'il le préfère,
Mais c'est trop me railler étant à ma merci,
Et quant à Sigognac, qu'il vienne !

    (*Il s'empare d'elle. Sigognac paraît.*)

SCÈNE IV

LES MÊMES, SIGOGNAC, *des valets ; puis successivement,*
SCAPIN, CHIQUITA, BLAZIUS, LAMPOURDE, LÉAN
DRE, MALARTIC *et ses spadassins.*

    SIGOGNAC, *l'épée à la main*
        Le voici !

    (*Coups de feu au dehors et arquebusades. La baie
    s'ouvre avec fracas, les vitres volent brisées par la
    branche d'arbre, qui s'effondre sur la scène. Sigo-
    gnac saute de cette branche, tête nue, l'épée au
    poing, et court à Vallombreuse, qui a lâché Isa-
    belle. Sigognac, à Vallombreuse.*)

Défends ta vie ou prends la mienne, car c'est l'heure !

    (*Vallombreuse presse un bouton à la muraille, et des
    valets entrent ; Chiquita entre derrière eux.*)

    VALLOMBREUSE, *aux valets*

Emportez cette femme, et que pas un n'effleure
Ses cheveux, ou sinon il est mort.

    (*Les valets s'emparent d'Isabelle. Sigognac veut se
    précipiter sur eux. Vallombreuse, l'épée tirée, s'in-
    terpose.*)

    SIGOGNAC, *aux valets*
      Scélérats !...

                    21

VALLOMBREUSE, *protégeant leur retraite*

Pardon, baron, c'est l'heure.

(Ils engagent l'épée. Les valets emportent Isabelle et
tirent la porte secrète. Mais Chiquita, qui a ramassé
le poignard, tombé de ses mains, glisse ce poignard
dans la rainure : il y reste engagé et fiché.)

CHIQUITA, *à la porte*

Oh ! tu te rouvriras !

(Après quelques passes, les combattants sont inter-
rompus par la survenue des comédiens, qui appa-
raissent successivement à la baie, à cheval sur la
branche de l'arbre, Léandre d'abord, puis Blazius,
Lampourde et enfin Scapin.)

LÉANDRE, *sautant en scène.)*

Nous y voilà.

BLAZIUS, *même jeu*

La voie est assez incommode !

LAMPOURDE, *même jeu*

Je doute que l'usage en devienne à la mode !

SCAPIN, *même jeu, puis à Vallombreuse*

Place à l'arrière-garde ! — Hérode fait le tour.
On entre comme on peut, seigneur, dans votre tour.
Nous avons pris pour pont un hêtre vénérable,
Que nous dûmes scier par le mitan du râble
Pour qu'il nous conduisît ici comme en traîneau !
Vous nous excuserez !

VALLOMBREUSE

C'est fait, bel étourneau.

Mais à présent il faut sortir !

BLAZIUS

Oui, tout le prouve !

(Vallombreuse siffle. Malartic paraît avec les spa

dassins. Mise en scène : *les comédiens à gauche ; à droite, Malartic et les spadassins.*)

VALLOMBREUSE, *à Malartic*

Veuillez précipiter cet arbre dans la douve ;
(*Ils poussent l'arbre dans la coulisse.*)
Et puis... les fruits de l'arbre !
(*Vallombreuse montre les comédiens.*)

SCAPIN

Oh ! ceci, monseigneur,
C'est plus grave ! Je suis un très mauvais baigneur,
Et Blazius craint l'eau ! Quant à Léandre, il n'aime
Que celle où le benjoin s'unit au chrysanthème !
En avant !...
(*Les comédiens se jettent sur les spadassins. Courte lutte. Scapin, terrassant Bringuenarilles.*)
C'est pitié de voir comme ils sont gris.

BLAZIUS, *le genou sur Piedgris*

Comment t'appelles-tu, mon pauvre homme ?

PIEDGRIS, *râlant*

Piedgris.
(*Léandre a aussi abattu son homme : La Rapée. Tableau:*)

LAMPOURDE, *tirant sa rapière, à Malartic*
Monsieur de Malartic ?

MALARTIC, *dégainant*
Oui, monsieur de Lampourde.
(*Petit duel de Malartic et de Lampourde au troisième plan.*)

LAMPOURDE, *tout en ferraillant*

Vous n'êtes pas en jeu. Vous avez la main gourde.
Je vais vous désarmer, et, pour prix du bienfait,
Vous demeurerez neutre et sans parti.
(*Il fait sauter l'épée de Malartic.*)

      C'est fait !
A présent, seyons-nous, si l'on veut nous permettre.
Le duc est mon élève et le baron mon maître.

  (TABLEAU. *Les comédiens sont assis sur les spadas-*
    sins terrassés. Lampourde et Malartic, côte à
    côte. Chiquita est debout près de la porte secrète.
    Un silence. Le duel de Vallombreuse et de Sigo-
    gnac recommence, solennellement.)

     VALLOMBREUSE, *touché à fond*

Je suis touché, monsieur, mortellement, je crois !
  (*Il tombe entre les bras de Malartic. Tous se dres-*
    sent.)

      LAMPOURDE, *à Sigognac*

Après ce coup, on peut faire un signe de croix !
  (*Bruit de trompes dans la coulisse, et roulement de*
    carrosse. Voix d'Hérode à la porte secrète.)

SCÈNE V

  LES MÊMES, HÉRODE *et* ISABELLE

     HÉRODE, *de l'intérieur*

Ouvrez.

    CHIQUITA, *tirant le poignard de la porte.*
Passez.

     ISABELLE, *entrant*

  Sauvée !

    HÉRODE, *entrant, à Scapin*

     Ah ! ces valets ! quels ânes !
J'ai le poignet faussé de taper sur leurs crânes !

SCAPIN, *montrant le duc étendu*

Chut ! regarde.

HÉRODE

Est-il mort ?

SCAPIN

J'en ai peur cette fois !

VOIX *du prince de Vallombreuse, dans la coulisse.*

Mon fils !... Où est mon fils ?

HÉRODE, *terrifié*

Dieu ! Scapin, quelle voix !

ISABELLE, *voyant venir le prince*

Lui ! le portrait vivant.

HÉRODE

C'est le prince !

TOUS

Son père ! ! !

SIGOGNAC, *solennel*

Maître des cieux, seul juge en qui l'honneur espère,
Tu diras si j'ai dû faire ce que je fis !

SCAPIN

Ah ! cachons-lui d'abord le trépas de son fils !

(*Ils se groupent autour de Vallombreuse pour le
masquer au prince, qui paraît à gauche, précédé
de deux valets portant des torchères de résine.*)

SCÈNE VI

Les mêmes, LE PRINCE, *pareil au portrait*

LE PRINCE, *allant à Isabelle*

Arrivé-je trop tard?... Une telle infortune
Serait dure, si Dieu veut que j'en supporte une !
— Je sais tout, mon enfant, de la bouche du roi.
Donnez-moi votre main et calmez votre effroi.
      (*Il prend la main d'Isabelle.*)
Votre nom ? .

ISABELLE

      Isabelle.

LE PRINCE

            Il m'est cher !... Isabelle !...
Je vous aime déjà pour ce qu'il me rappelle.
N'en portez-vous point d'autre à la ville ?

ISABELLE

                        Hélas ! non.
La mère donne tout à l'enfant, sauf un nom.

LE PRINCE

Ah ! sans défense !

HÉRODE, *s'avançant*

            Si, son courage, la dague
D'une Bohémienne, et peut-être une bague...
      (*Il montre la bague qu'Isabelle a au doigt.*)

LE PRINCE

Une bague ? Voyons, madame ? — Trahison !
Comment possédez-vous le sceau de ma maison ?
Répondez !

VALLOMBREUSE, *se dressant peu à peu*

Que dit-il ?

ISABELLE

Il me vient de ma mère.
Des jours les plus lointains de mon enfance amère
J'ai toujours vu briller à ses doigts longs et blancs
Cette pâle améthyste et ses iris tremblants.
C'est là que je l'ai prise après qu'elle fut morte
Et comme un talisman à mon tour je la porte.

LE PRINCE, *troublé, à part*

Sa mère !... serait-elle ?...

    (*Il marche avec agitation.*)

Ah ! vieux seigneurs d'ici,
Épargnez-moi l'affront de retrouver ainsi
L'enfant perdu, la fille ayant le droit d'aînesse,
Dont un premier amour a fleuri ma jeunesse !

    (*Revenant à Isabelle.*)

Dites-moi combien d'ans et de jours il y a
Qu'elle est morte... et son nom ?

ISABELLE

Seize ans. Cornélia.

LE PRINCE, *terrible*

O malédiction sur ma lignée affreuse
Si l'inceste a souillé le sang des Vallombreuse !...

VALLOMBREUSE

Mon père !...

LE PRINCE

Vous osez !...

VALLOMBREUSE

Mon père !...

LE PRINCE

Taisez-vous !
J'ai toléré longtemps que, fol entre les fous,
Vous mésusiez du temps où tout veut que l'on aime !
Mais vous dénaturez la nature elle-même,
Et vos débordements ont atteint le bas-fond
Où le libertinage au crime se confond !
Malheureux ! cet enfant que ta débauche vile
Épouvante, meurtrit, traque de ville en ville,
Elle est ta propre sœur, et ton viol hideux,
Monstre, aux mains du bourreau nous jette tous les deux.

(*Il cache sa tête entre ses mains.*)

VALLOMBREUSE, *d'une voix qui s'éteint*

Gentilhomme et chrétien, sur ma foi, je le jure,
Elle est, pareille aux lis, immaculée et pure,
Et tout homme d'honneur peut l'épouser !... Les morts
Ne mentent pas, mon père..., et je meurs... sans remords !

(*Il tombe inanimé.*)

LE PRINCE

Mon fils ! Ah ! cette plaie !... Un médecin, de grâce !

(*Malartic, Lampourde, Scapin, Hérode et tous emportent Vallombreuse.*)

Mais qui donc m'a tué l'héritier de ma race,
Assassins !... C'est mon sang qui s'épanche du sein
De mon pauvre Annibal !...

SIGNOGNAC

Il n'est point d'assassin,
Monseigneur, où la lutte, ayant été loyale,
Peut affronter le ciel, la justice royale
Et même la douleur d'un père. Le duel
Est pour moi plus fatal qu'il n'est pour vous cruel.
S'il vous ravit un fils, il vous rend une fille,
Et la race tarie y laisse une famille.
Vous n'y perdez pas tout !... J'étais aimé, j'aimais.
O père d'Isabelle !... Un meurtre désormais

Me sépare de celle... Ah ! ma douleur est autre,
Mais mon malheur du moins n'en redoit rien au vôtre,
Et tout clame du fond de nos deux cœurs broyés,
Que l'assassin n'est pas celui que vous croyez !

LE PRINCE

Baron, je suis de ceux pour qui tache de boue
Plus que tache de sang est rude sur la joue
Et j'aime mieux mon fils mort que déshonoré.
S'il faut avoir de la bravoure, j'en aurai ;
Mais partez, et cherchez dans l'absence un refuge
Contre un père qui souffre trop pour être un juge.
Venez, ma fille.

ISABELLE

Moi ?

LE PRINCE

Comtesse de Lineuil,
La coutume est chez nous d'obéir au clin d'œil.
On connaît à ce trait les filles de noblesse.
Votre place est au lit du duc. Point de faiblesse,
Venez.

ISABELLE

Mais, monseigneur, je l'aime.

LE PRINCE

Appelez-moi
Votre père. L'honneur vous revient, — c'est la loi, —
De veiller cette nuit en femme valeureuse
Au chevet du dernier des ducs de Vallombreuse.

ISABELLE, à Sigognac

Adieu, je reste vôtre et par delà les temps,
Et nul autre n'aura ma foi.

LE PRINCE

Je vous attends.

ISABELLLE, *à Sigognac*

Ami, je vous conserve une amour obstinée.

SIGOGNAC

Comtesse de Lineuil, à votre destinée !...
Oh ! que je vous aimais et que j'étais heureux.
Comme je me livrais au sort aventureux
Qui me réglait ma vie aux heures de la vôtre
Et qu'il est doux d'avoir son âme dans une autre !
Gardez-la ! J'ai vécu ! J'ai ma part. Je bénis
Ces instants fugitifs et pourtant infinis
Où vous avez été charitablement belle
Comme on est bienfaisante. Adieu, chère Isabelle.
Le ciel qui vous replace en un rang mérité
Ne vous devait plus rien que la prospérité,
Et pareille à ces fleurs des pays de lumière
Que le vent apporta sur une humble chaumière
Vous embaumiez un cœur indigne du parfum !
Remontez au soleil !... Pauvre amant importun,
Je pars, je m'en retourne en ma triste Gascogne.
Dans mon trou de hibou je rentre et me rencogne.
N'y venez plus ! Je n'ai plus rien à vous offrir
Que le spectacle affreux de voir quelqu'un souffrir.

LE PRINCE, *à la porte*

Ma fille, vous tardez étrangement !

ISABELLE, *affolée*

Je tarde ?
Ah ! mon père... mon père ! Adieu donc !

SIGOGNAC

Qu'il vous garde !

RIDEAU

FIN DU QUATRIÈME ACTE

ACTE V

Même décor qu'au prologue. Le château de la Misère.

SCÈNE PREMIÈRE

PIERRE, *il entre un flambeau à la main, appelant*

Belzébuth ! Belzébuth !... Où diantre est-il ? La soupe !...
Qu'on est bête ! Ce chat, son absence me coupe
L'appétit ! Bélzébuth !... Vais-donc souper seul ?
Miraut est convié par un noble épagneul
De ses amis à des agapes de durée.
Qu'en langage de chien ils appellent curée,
Au château de Bruyère. — Inviter le cheval ?
Pauvre Bayard, il dort ! — Quel désert que ce val !
Pas un pauvre n'y passe, et sous la lune haute,
Seuls les corbeaux repus croassent côte à côte !
Voilà que mon festin tombe à plein désarroi !...

(*Il s'assied dans l'âtre.*)

Et lui, mon maître, où donc soupe-t-il ?... Chez le roi.
Parbleu ! Car où, sinon à cette table auguste ?
Je l'y vois !... Je l'y bois !... Trop peu, je l'y déguste !...
Il est clair que l'enfant ici se fourvoyait.
Ăh ! si feu le baron, son père, le voyait !...
Il tient tête aux plus fiers, et, quand il entre au Louvre,
Monsieur le cardinal lui-même se découvre !...
Dans sa dernière lettre, — elle date du neuf, —
Il semblait soucieux du duel du Pont-Neuf.

L'acharnement du duc me rend un peu perplexe.
Bon, monsieur, à Paris, c'est la dîme au beau sexe!
Allons-nous pas faiblir quand nous touchons au but?
Poussez ferme!... Hardi!... Que devient Belzébuth?
(Il reprend le flambeau et monte chercher Belzébuth.
Chiquita paraît au fond sur le seuil.)

SCÈNE II

CHIQUITA, *seule, puis* PIERRE

CHIQUITA, *sombre*

J'ai revu le plateau; j'ai revu la caverne!
Sous les grands sapins noirs que la bise gouverne,
J'ai refait, un par un, tous les sentiers connus
Où le jour et la nuit, je courais les pieds nus.
Tout m'a parlé de lui, cruellement! Les choses
Parlent! Il y croyait, à ces métempsycoses,
Et quand il m'expliquait la mort, dans sa prison,
Il disait que son âme, enjambant l'horizon,
Reviendrait habiter la lande réprouvée!...
Agostin m'a menti, je ne l'ai pas trouvée!
Où donc est-il si rien ne me revient de lui?
Et qu'est-ce que la mort, si depuis qu'il a fui,
Tout m'en parle?... L'étrange et le méchant mystère!...
Pour le comprendre alors j'ai remué la terre
Où celui qu'ils nommaient Matamore est couché,
Et je l'ai vu sans yeux et sans bouche, écorché
Si lamentablement par la ronce et les pierres,
Que deux fontaines d'eau m'ont jailli des paupières!...
Ah! si mon Agostin doit revenir ainsi,
Qu'il reste dans le vide et qu'on m'y jette aussi!

PIERRE, *il rentre*

Qui va là? Ce serait une joie assez vive
Qu'un larron vint enfin me servir de convive!

Chiquita !... De quel trou sors-tu ? Sous quel baquet ?
Si Belzébuth n'était si vieux, il te croquait !...

CHIQUITA

Chiquita ne connaît ni la peur ni l'entrave.
Elle monte et descend à son gré, forte, brave,
Et légère, elle rampe, elle vole, et souvent,
Quand le fil du vent passe, elle s'accroche au vent.
Si haut que soit un mont, elle en atteint la cime,
Et si profond un gouffre, elle en touche l'abîme.
La nuit est son amie et le jour son amant.
Mais elle ne peut pas gravir le firmament
Et c'est là qu'elle veut aller pour l'y rejoindre.

PIERRE

Qui ? Quoi ? Qu'est-ce ? On en cloître à possession moindre !

CHIQUITA

J'aimerais à mourir ici. Je viens de loin
Pour vous le demander, monsieur; là, dans ce coin,
Me le permettez-vous ?

PIERRE

Que je te le permette ?
Laisse-moi donc jeter au feu cette allumette
Pour te voir sous ce jour imprévu ! c'est trop fort.
Tu tuais et tu veux mourir ?

CHIQUITA. *les yeux fixes.*

Je sais la mort.

PIERRE

Bah ! Quel âge as-tu donc ?

CHIQUITA

Je l'ignore. Qu'importe ?
On est toujours assez vieille pour être morte.

PIERRE

Caramba ! Sambregnoy ! Capdebious ! Vertuchoux !
Fleure-moi, mon enfant. cette garbure aux choux.

Assieds-toi dans cet âtre, agrippe cette écuelle
Et communique-moi la raison pour laquelle
Tu veux mourir chez nous, car c'est extravagant.

CHIQUITA

Mon Agostin est mort.

PIERRE

Agostin, le brigand,
C'est la profession qui veut ça ! Bonne et brève.
Mort, comment ?

CHIQUITA

Sur la roue.

PIERRE

A la place de Grève ?

CHIQUITA, *farouche*

On l'y torturait trop ! Oh ! les lâches !… Il faut
Qu'on mange !… J'ai grimpé le long de l'échafaud.
Et pendant qu'il tournait sur cette roue infâme,
De mon poignard, au cœur, j'ai fait voie à son âme.
Il m'a crié : Merci ! Le bourreau s'est couvert.
Mais à présent, c'est moi dont le cœur est ouvert,
Et la vie hors de moi goutte à goutte s'épanche
Comme l'huile au goulot de l'urne que l'on penche.

PIERRE

Et tu viens te tarir chez nous absolument ?
Mais ce manoir n'est pas encore un monument.

CHIQUITA

Le seul être que j'aime à présent chez les hommes,
Tous méchants, m'apparut dans la salle où nous sommes.
Elle avait ce collier. Elle me le donna.
Pour la première fois Chiquita pardonna.
Pour la première fois Chiquita vit un ange !…
Je le lui rapportais.

PIERRE

Cette enfant est étrange.

CHIQUITA, *embrassant le collier.*

Adieu, mon cher collier ! — Monsieur, ce souvenir,
Voulez-vous le lui rendre ?

PIERRE

Elle va donc venir ?

CHIQUITA

Elle est ici.

PIERRE.

Qui donc ?

CHIQUITA.

Isabelle et son frère.
Le duc de Vallombreuse.

PIERRE

Ah ! pardieu, c'est à braire !
Le duc de Vallombreuse est son frère à présent ?

CHIQUITA

Obligez-moi de lui remettre son présent ?

PIERRE, *apercevant Isabelle et Vallombreuse au fond.*

Sur ma foi, les voici. Remets-le-lui toi-même.

CHIQUITA

Oh ! non, je resterais !

PIERRE

Tu t'en vas ?

CHIQUITA

En Bohême !

(*Elle disparaît.*)

SCÈNE III

PIERRE, ISABELLE, VALLOMBREUSE

ISABELLE, *entrant*

Venez, mon frère. Ici, nous bornerons nos pas.
Voici la grande salle où se fit le repas,
Et cette cheminée antique est la cuisine.

VALLOMRBEUSE

La misère partout lutte avec la lésine.

ISABELLE

A l'étage au-dessus la chambre où je dormis.
N'y montez pas si vous redoutez les fourmis.
Nous avons visité les communs, l'écurie,
Et les jardins témoins de cent ans d'incurie.
Nous avons, pour prier dans la chapelle, été
Contraints de nous frayer comme en forêt, l'été,
Une route à travers les ronces et les mûres.
Les termes effrités, les bassins sans murmures,
Les sentiers reconquis par la lèpre des bois,
Je vous ai fait tout voir en une seule fois,
Et quand je vous aurai présenté monsieur Pierre,
Le valet du baron et son maître en rapière,
Puis Belzébuth, un chat, Miraut, un chien, Bayard,
Un cheval, vous saurez où vous êtes.

VALLOMBREUSE, *à Pierre*

Vieillard.

Je vous dois la leçon d'une admirable feinte
Dont j'ai failli périr à Poitiers, oh ! sans plainte !
Un coulé dégagé, le liment, un coup droit,
La parade et l'octave. On n'est pas plus adroit

Que votre élève. Il faut dire ses patenôtres
Quand on l'a devant soi.

PIERRE

> Monseigneur, j'en sais d'autres.

VALLOMBREUSE

Vous me les apprendrez. — Mais comment se peut-il
Qu'un gentilhomme vive en un pareil chenil !
A quoi songeait le roi ? Ma sœur, je vous rends grâces
De m'avoir dévoilé de pareilles disgrâces.
Un Sigognac dans un abandon si complet ?
Tous les barons en ont, sur ma joue, un soufflet.
Comtesse, vous rendez service à la noblesse.
Je ferai restaurer ce castel. Il me blesse !
Changeons, si vous voulez en partager l'honneur,
Ce château de misère en château du bonheur.

ISABELLE, *émue*

Vous cachiez sous l'orgueil du duc le cœur d'un homme,
Mon frère ; avec fierté de ce nom je vous nomme,
Et je suis votre sœur à dater d'aujourd'hui.

PIERRE, *tendant l'oreille*

Ah ! mon Dieu !

ISABELLE

Qu'avez-vous, monsieur Pierre ?

PIERRE

> C'est lui.

VALLOMBREUSE

Trop tôt !

PIERRE

Entendez-vous comme Miraut aboie ?
Et voici que Bayard aussi hennit de joie.

VALLOMBREUSE

Vous semblé-je barbare et plus Hun qu'Attila,
Ma sœur, il ne faut pas qu'il vous voie. Entrons là.
> (*Ils sortent à droite.*)

32.

SCÈNE IV

PIERRE, LE PÉDANT, puis HÉRODE, SCAPIN et ZERBINE.

LE PÉDANT, *il entre comme au prologue.*

Seigneurs, de bonnes gens ont besoin de votre aide.
Les chemins sont glissants, l'escarpement est raide,
Et notre chariot, c'est celui de Thespis,
Quoiqu'il soit par des bœufs issus du bœuf Apis...

HÉRODE, *il entre*

Maître Pierre, salut. Sans qu'il vous en repente,
Cette fois nous avons escaladé la pente,
Dépourvus d'aide, et nous ramenons le baron,
Votre maître, moins gai qu'en la barque à Caron,
Mais bien portant, et c'est l'essentiel !

ZERBINE

     La troupe
N'est pas très au complet. Fortune a pris en croupe
Notre Isabelle, et sans un effort de Titan,
L'amour nous enlevait aussi le capitan.

SCAPIN

Sérafina, l'ingrate, a quitté la volière.
Elle court la province avec certain Molière,
Concurrent dangereux qui, dit-on, fait florès,
Et dame Léonarde est entrée au Marais.
Quant à Léandre, il est marié... — pis, peut-être !
Ainsi vont nos destins. Mais voici votre maître.

SCÈNE V

LES MÊMES, SIGOGNAC

SIGOGNAC, *à la cantonade*

Bas les pattes, Miraut ! Du calme, pauvre chien !
Vous êtes donc toujours nomade et bazochien
Que l'on vous trouve errant dans le monde ? — A la niche
Paix là, mon Belzébuth. Est-ce qu'un chat pleurniche ?
Dors, vieux Bayard, dors donc !
(Il entre).
Bonsoir, Pierre.
(Il s'assied dans l'âtre).
Vaincu !

Je te reviens, comme au départ, sans un écu,
Sans gloire, dégoûté de la vie, et très morne,
Tel un mauvais coureur qu'on ramène à la borne
Après une incartade, — et me voilà ! Conclus.

PIERRE

Vous venez de Paris ?

SIGOGNAC

Je ne m'en souviens plus.

Nous avons vaguement traversé des villages.
As-tu de quoi manger, rogatons, cartilages,
N'importe quoi !... J'ai faim, comme les gens heureux,

ZERBINE

Devant votre destin, vous voilà bien peureux !
Le soleil tous les jours renaît dans la charmille.

(Pierre lui donne une écuelle de soupe).

SIGOGNAC

Pierre, il faut déblayer le caveau de famille,
Mon heure d'y descendre est venue, et mon tour !...

ZERBINE

Le fossoyeur est loin !

SIGOGNAC, *montrant sa poitrine*
Il est là !

SCAPIN

Bon ! L'amour ?
Avant que d'en mourir, même pour Isabelle,
Plus d'une fois encor vous paîrez la gabelle !

PIERRE

J'ai peine, je l'avoue, à deviner comment
Cette dame a pour vous changé de sentiment
Rien qu'à changer d'état. Je l'estime plus fière.

SIGOGNAC

C'est une Vallombreuse, hélas, mon pauvre Pierre.

PIERRE

Eh ! justement, autant que j'en puis débrouiller
Dans un crâne où je sens trop de choses grouiller.
Tenez, écoutez donc. C'est, si je ne me trompe,
Un appel de pastour ou bien de porte-trompe
Quand il annonce un hôte aux toits hospitaliers.

SIGOGNAC, *secouant la tête*
Yolande de Foix traverse les halliers,
Et les varlets de chiens sonnent dans les bruyères.
Ne te dérange point.

SCÈNE VI

LES MÊMES, DE BRUYÈRES, puis VALLOMBREUSE,
ISABELLE, puis CHIQUITA

PIERRE, *annonçant*

Le marquis de Bruyères.

DE BRUYÈRES, *entrant*

Je précède, cousin, et vous annonce, fier
D'en être le héraut, deux visiteurs, qu'hier
Le roi m'a fait l'honneur de m'envoyer pour hôtes.

SCAPIN, *du fond et voyant venir Vallombreuse
et Isabelle*

C'est monseigneur Jason avec ses argonautes !
La Toison d'or est là.

DE BRUYÈRES

Je les crois vos amis.
Pour vous les présenter je me suis entremis,
Usant du droit que donne un lointain cousinage.
La dame et le seigneur sont dans le voisinage.

SIGOGNAC

Marquis, depuis longtemps vous savez mieux que moi
Que les pauvres n'ont pas d'amis.

(*Les portes s'ouvrent. Vallombreuse paraît d'abord*).

VALLOMBREUSE

Hormis le roi !

SIGOGNAC

Lui !... Mon épée !...

VALLOMBREUSE

      Encor. La lutte est déloyale,
Puisque j'ai dans la main l'ordonnance royale
Qui vous fait gouverneur de province !... — Prenez.

SIGOGNAC

De vous, jamais !

VALLOMBREUSE

      Ce sont des dégoûts effrénés
Et je vois qu'il faudra, pour que votre humeur cède,
Qu'auprès de vous quelqu'un d'influent intercède.
    (*Isabelle paraît*).
Comtesse de Lineuil, ma sœur, voudriez-vous
Remettre ce brevet royal... — à votre époux !

SIGOGNAC, *reculant*

Elle !

ISABELLE

    La mission ne va pas sans vergognes !
Vous envolez-vous pas, mesdames les cigognes ?

SIGOGNAC, *à Vallombreuse*

Merci, frère.

VALLOMBREUSE

     Non pas. C'est le roi ! Je ne veux
Etre qu'un architecte, ici, — pour mes neveux.
Je ferai rebâtir, avis aux tourterelles,
Ce vieux château gascon et ses quatre tourelles.
Il aura son théâtre et ses comédiens
Ordinaires, messieurs, comme un prince les siens,
Et comme il faut qu'il ait pour un oncle ses charmes,
Vous en dirigerez, Pierre, la salle d'armes.

CHIQUITA *paraît au fond*

Ah ! venez voir, venez !... Sous un pied d'églantier
Je viens de découvrir un trésor tout entier !
Des doublons !... Des ducats !... Ma robe s'en lacère !
    (*Elle laisse tomber des pièces d'or*).

PIERRE

Vous voyez bien, monsieur, qu'il existait ! Misère !
Fallait-il que pendant cent ans on le cherchât !
C'est elle qui le trouve !

CHIQUITA

En enterrant le chat.

SIGOGNAC

Belzébuth ! Il est mort !

PIERRE

                    Oh ! ce n'est point de graisse,
Mais plutôt, le pauvret, de trop vive allégresse.
Le bonheur veut un mort, les dieux sont apaisés.

SCAPIN

Et les bons dénouements, ce sont les plus usés.

        (Au public).

Mesdames et Messieurs, c'est une comédie
Héroïque. — La mode aujourd'hui répudie
Cette forme, et la mode a ses raisons pour ça.
Don Quichotte étant mort, vive Sancho Pança
Que Dieu termine en paix ce siècle monotone.
Mais, si notre critique érudite s'étonne
Qu'un moderne ait usé des instants précieux
A tirer de l'oubli ce vieux genre, messieurs
Et mesdames, que nul de vous au moins n'accable,
A cause de l'essai, le poète impeccable
Dont le roman illustre inspira notre auteur.
Théophile Gautier reste sur la hauteur !
Un gendre vient parfois d'une fâcheuse étoile !
Le vrai coupable est là, derrière cette toile.
Lardez-le, comme avec une flamberge un rat,
Il s'appelle monsieur Emile Bergerat.

FIN DU *CAPITAINE FRACASSE*